LE GUIDE
RÉUSSIR

les métiers après les écoles de commerce

Deuxième volume de la collection
Guide Réussir

sous la direction de
Bernard Cier

ont collaboré à cet ouvrage
Sarah Finger
Philippe Hubert
Nathalie Ruffier
Isabelle Stroesser

espace
ÉTUDES
éditions

une division du magazine espace **PRÉPAS**

SOMMAIRE

SOMMAIRE

❖ INTRODUCTION ❖

Contrairement à ce qui s'entend ici ou là, le système français des grandes écoles de commerce et de gestion démontre, dans ce contexte de difficultés économiques qui nous cernent depuis plusieurs années, sa capacité à répondre et à s'adapter tout en gardant en vue le souci de l'excellence et de l'innovation. Chaque école, chaque année, apporte son lot d'initiatives qui, si elles se révèlent concluantes, sont adoptées par les autres. Par exemple, il suffit que l'ESSEC mette en œuvre en 1993 un dispositif d'apprentissage à l'intention de certains de ses étudiants, pour que plusieurs écoles en 1994 (Grenoble, Pau, Tours) s'engouffrent dans la brèche ouverte et apportent leurs solutions.

Bien entendu, sous prétexte que la période moyenne d'intégration du jeune diplômé est passée d'un mois et demi à trois mois, on s'inquiète qu'elle ait « doublé » et la presse en a fait quelquefois de gros titres (« A quoi servent les écoles supérieures de commerce ? », « Bac + 5 = chômage »). Sensationnalisme qui laisse dans l'ombre le fait que les étudiants qui entrent dans les écoles de commerce aujourd'hui sortiront diplômés en l'an 2000.

En réalité, après quelques années étranges où les étudiants pouvaient se permettre de « snober » leurs recruteurs, les entreprises sont redevenues les maîtres du jeu. Ce qui est somme toute logique et probablement plus sain. Ce sont elles qui déterminent les conditions de recrutement pour les jeunes diplômés. Elles prennent également une place grandissante dans le processus de formation. Voilà pourquoi le système français des grandes écoles de commerce et de gestion n'est pas devenu, tout d'un coup, obsolète.

S'il avait probablement trop fait parler de lui sans forcément parvenir à expliquer à quoi il servait, il s'adapte aujourd'hui de façon très sûre, aux mutations du marché de l'emploi. Cette formidable machine à former des cadres dirigeants rivalise d'imagination pour répondre aux besoins des entreprises et former des professionnels de haut niveau, adaptés au monde du travail et reconnus pour leurs réelles qualités intellectuelles. Cette préoccupation a toujours été sienne. La conjoncture l'a conduite à renforcer ses initiatives et ses moyens d'action.

Dès lors pourquoi ce livre ? Premièrement parce qu'il n'existait encore aucun ouvrage tentant de couvrir l'ensemble des fonctions occupées par un diplômé d'école de commerce. Cela tient d'abord au fait qu'il n'y a aucun secteur de l'économie qui ne soit susceptible d'accueillir un diplômé d'école de commerce. Les fiches des écoles qui ont désiré devenir partenaires de ce guide présentent chacune les secteurs et les fonctions occupés par leurs anciens. La répartition de ces graphiques indique bien la largeur du spectre de l'intervention des anciens des écoles : le commerce, la grande distribution et le marketing sont naturellement fortement présents, la communication, la publicité, bien entendu, la banque et l'assurance, sans doute, mais aussi l'industrie lourde ou légère, l'agro-alimentaire, l'énergie, le transport, l'informatique, la chimie, le tourisme, voire la culture ou la presse… Nous n'avons pas cherché à être exhaustif, mais à couvrir tout le champ le plus large des métiers auxquels le diplômé pouvait prétendre et dont le marché a besoin soit plus d'une cinquantaine.

Nous avons voulu être le plus précis possible en refusant la spécialisation. C'est un guide d'initiation à la vie professionnelle que nous avons cherché à faire ; chaque métier est présenté selon un scénario : la définition du métier (la fonction du professionnel), la place du métier dans l'entreprise (la place dans la hiérarchie et les interlocuteurs du professionnel, son niveau de salaire…), le profil du professionnel (les diplômes exigés, les qualités requises, les « plus » souhaitables…), l'agenda du métier (le quotidien du professionnel) et les mots clés pour que le vocabulaire usuel du métier ne soit pas totalement inconnu du lecteur. Nous aurons voulu donner à ce dernier un aperçu synthétique des métiers, de façon à ce qu'il puisse soit informer ses aspirations, soit comprendre une petite annonce, soit situer une fonction par rapport à une autre.

Les ESC préparent à l'ensemble de ces métiers, certaines plus à celui-ci, d'autres plus à celui-là. Il était utile de signaler à la fois dans les fiches et dans le texte ces diverses spécialisations, de façon à permettre au candidat de choisir sa formation en toute connaissance de cause. Ce qui est commun à toutes ces écoles c'est la volonté de veiller à ce que l'insertion de leurs diplômés dans le monde du travail soit non seulement rapide mais encore rapidement opérationnelle.

Certains diplômés des ESC s'engagent dans des parcours professionnels plus novateurs : on en trouve dans les métiers de l'humanitaire, du trade marketing, de l'audit financier, voire de la gestion de collectivités locales ou territoriales… qui seront sans doute, demain, des métiers « classiques ». Nous n'avons pas voulu les présenter dans la première édition de ce guide pour ne pas trop l'alourdir ; mais il y a déjà lieu de penser que nous n'hésiterons plus à les intégrer dans la seconde puisque les écoles se proposent déjà de les incorporer à leur offre de formation.

LE GUIDE
DES ÉCOLES AU CONTACT DE L'ENTREPRISE

❖
MUTATIONS DU MARCHÉ DU TRAVAIL
❖

Les années 80 se sont caractérisées par une sorte de mythe de la réussite. Tout semblait sourire à ceux qui avaient de l'ambition ; le golden boy faisait figure de modèle et la crise, dont on parlait déjà, ne semblait toucher que « les autres » : ceux qui n'avaient pas choisi les bonnes études, qui n'étaient pas au bon endroit, qui ne connaissaient pas les bonnes personnes, etc.

Ces deux dernières années, la montée du chômage, qui avait jusqu'à maintenant épargné les cadres et dirigeants, les a désormais effleurés. Conséquence principale : il y a davantage d'obstacles dans les conditions d'accès des jeunes diplômés au premier emploi. Jusqu'alors privilégiés et choyés, ils ont été subitement confrontés à l'allongement du temps de recherche, à la stagnation des rémunérations d'embauche et au développement des propositions d'emplois précaires. Comme on le voit, la situation est loin d'être catastrophique mais elle a froidement douché l'arrogance de certains et la relative insouciance des autres et a sans doute remis les pieds sur terre une génération qui avait tendance à penser que tout était facile.

En réalité les jeunes diplômés parviennent toujours à s'insérer dans le monde du travail mais leur diplôme, s'il continue de jouer un rôle protecteur, a cessé d'offrir une garantie automatique de statut – on n'est plus forcément cadre le jour de sa premièr embauche –. C'est ce que relève l'INSEE dans son enquête annuelle sur l'emploi. En effet, pour les bacheliers, la probabilité d'être sans emploi a augmenté de 1,7 point et leur taux de chômage est actuellement de 11,2 %. Pour les diplômés de l'enseignement supérieur, le taux de chômage, s'il a augmenté lui aussi, reste limité à 7,1 %. Autre signe prometteur : si les prévisions du Centre d'Observation Économique (COE) se confirment, le chômage devrait diminuer légèrement en 1995. Son taux devrait être de 12,4 % contre 12,6 % en 1994.

Quoi qu'il en soit, cette mutation du marché de l'emploi a profondément modifié les règles du jeu : désormais, ce sont les entreprises qui règnent sur le marché et dictent leurs conditions en termes de salaire, de poste et de statut. Les candidats sont redevenus des "demandeurs", alors que pendant une certaine période, les recruteurs avaient le sentiment désagréable d'être sélectionnés et jugés par les jeunes diplômés. Aujourd'hui, les entreprises ne recherchent pas une "élite", mais des professionnels de haut niveau, capables de s'adapter aux bouleversements économiques ou technologiques qui les agitent. Les nouvelles technologies ou les nouvelles alliances ne doivent en rien réduire leurs capacités d'action.

Pour cela, l'entreprise demande souvent au jeune diplômé d'effectuer d'abord une ou plusieurs missions professionnelles de durée limitée. Il doit faire ses preuves. Dans cette situation, un seul élément devient déterminant : l'individu et son savoir, son savoir-faire, mais aussi et surtout, son savoir-être. Il est certain que la qualité de l'enseignement reçu à l'intérieur des établissements est déterminante pour son insertion professionnelle. Mais elle ne suffit plus.

Les écoles supérieures de commerce l'ont bien compris. Elles favorisent, depuis quelques années déjà, l'immersion des élèves dans le monde du travail via des stages, les missions en entreprise ou les projets de fin d'études... Car plus la relation à l'entreprise est importante pendant la durée des études, plus l'insertion professionnelle est aisée.

Elles les encouragent également à édifier un projet professionnel. Mais cela ne s'improvise pas. L'étudiant doit, dès la terminale, savoir ce qu'il veut faire, puis se préparer et s'affirmer dès l'entrée en école supérieure de commerce. Le présent ouvrage devrait l'aider à répondre à la question "que vais-je faire à la sortie d'une école supérieure de commerce ?", et l'amener à réfléchir sur ses propres aptitudes puis à découvrir les métiers qui lui correspondent le mieux.

❖

SE FORMER AUX MÉTIERS
DE LA GESTION ET DU COMMERCE

❖

Plus que centenaires pour certaines, les écoles supérieures de commerce sont des établissements d'enseignement privés, consulaires ou entièrement indépendants comme l'Institut Supérieur du Commerce, l'École Supérieure de Gestion ou l'ESLSCA. Elles forment aux métiers de la gestion et du commerce et délivrent des diplômes souvent visés par le ministère de l'Éducation nationale (niveau bac + 5). Leur cursus, de trois ans pour la plupart, alterne cours fondamentaux, travaux pratiques et missions en entreprise. Il s'adresse majoritairement à des étudiants venant de classes préparatoires au haut enseignement commercial, à l'issue d'un concours sélectif. Mais certaines comme l'ESSCA, l'IPAG ou l'IÉSEG qui recrutent par le concours VISA ou, pour les formations internationales les sept écoles du concours S.E.S.AM.E, recrutent au niveau baccalauréat. La première année est souvent dédiée à l'acquisition de bases solides dans les différentes disciplines de la gestion d'entreprise. Les deuxième et troisième années permettent l'acquisition de compétences en management. Elles dispensent une formation de généraliste mais proposent souvent des voies de spécialisation (majeures, filières...) dès la deuxième année.

Derrière cette architecture type, bien des aménagements existent. Chaque école développe ses propres spécificités : les ESC de Lyon, de Tours, et de Nantes Atlantique, entre autres, encouragent leurs étudiants de première année à intégrer une entreprise pendant un an («année sandwich ») avant d'effectuer leurs deux dernières années d'études.

L'ESSEC d'abord, puis les ESC de Grenoble, de Pau et de Tours ont ouvert la voie de l'apprentissage, proposant à leurs élèves de deuxième et troisième années une mise en pratique directe de l'enseignement dispensé sur les bancs de l'École par un partage de leur temps entre la formation et le travail en entreprise... Pour opérer cette révolution, il faut que les écoles s'adaptent et organisent leur enseignement en cours modulaires pour que l'étudiant en situation de travail dans l'entreprise puisse "rattraper" à un autre moment des cours qu'il aurait "ratés". De la même façon, certains étudiants qui partent à l'étranger pour un stage ou pour une mission doivent pouvoir bénéficier à leur retour des modules d'enseignement qui se sont déroulés pendant son absence.

Pour toutes les écoles, il s'agit bien de former à un métier, ou à ce que le dictionnaire définit comme "une expérience acquise, qui se manifeste par une grande habileté technique". Cela implique un savoir, mais aussi du savoir-faire et donc l'utilisation des outils les plus récents du métier que l'on exerce. De s'adapter à toutes les évolutions, voire même les anticiper...

Un maillage école/entreprise toujours plus serré

De tout temps, les entreprises se sont placées aux côtés des écoles supérieures de commerce. Souvent émanations des chambres de commerce et d'industrie, sorte de parlement des entreprises, certaines écoles ont reçu un soutien plus actif encore. Par exemple : réunies en association, cinquante entreprises ont vigoureusement aidé à la création de Sup de Co Grenoble en 1984. Elles conjuguèrent aides financières et soutien logistique mais elles ont également accompagné l'école dans l'élaboration de son programme pédagogique.

Animées par un souci constant de rapprocher la formation de l'entreprise, les écoles ont instauré des partenariats de formes diverses. Parmi les plus fréquents :

- **la mise à disposition de matériel pédagogique ou informatique**. Certaines écoles ont même passé un accord de partenariat important avec des constructeurs informatique pour équiper à coût très réduit l'ensemble de leurs étudiants ;
- **l'accueil de stagiaires**. La plupart des écoles ont un service de stages dans leurs murs. Deux ou trois personnes y travaillent à plein temps ;
- **la participation aux jurys de recrutement**, ce qui n'est pas une mince affaire puisque la plupart des écoles acceptent entre mille et deux mille candidats à l'oral et que chacun est reçu entre une demi-heure et une heure par deux ou trois jurés. Ce qui signifie que chaque école de commerce soustrait chaque année deux à trois mille heures de travail aux entreprises françaises. Les mêmes jurés peuvent d'ailleurs se retrouver trois ans plus tard à la sortie du diplômé lors de l'évaluation de son stage de dernière année ;
- **les parrainages** qui permettent à l'étudiant de bénéficier des conseils d'un cadre ou d'un chef d'entreprise en activité. Le regard extérieur du professionnel aide l'élève à faire le point sur ses atouts et ses faiblesses mais aussi à appréhender la réalité des métiers et des compétences requises pour l'exercer.
- **l'accompagnement pédagogique** : les entreprises participent alors à des comités réfléchissant aux méthodes et outils novateurs d'enseignement. Leurs cadres interviennent en cours, donnent des conférences, présentent des cas réels ou animent des jeux d'entreprise. Ils peuvent également élaborer avec l'école des programmes d'enseignement. Exemple : une majeure de vente et négociation internationale à l'EDHEC, des cours de logistique à l'ESC Tours ou une école de vente à l'ICN, une chaire de commerce international à Lille... Quelques écoles comme l'ESC Bordeaux, Tours, l'EDC, ont constitué des observatoires où des professionnels et des enseignants réfléchissent aux nouveaux métiers et aux nouveaux contenus et formes d'enseignement. Ces comités ont pour charge de vérifier l'adéquation de l'enseignement à la vie économique et aux évolutions technologiques. Signalons en outre qu'à l'ESC Lyon, au sein du Centre de recherche en management, une équipe de trois chercheurs travaille sur la gestion des carrières des cadres, sur l'évolution du marché de l'emploi, sur la gestion des ressources humaines dans les PME et sur la recomposition des métiers dans le secteur bancaire.

• **les contrats de recherche intégrés à l'enseignement.** Exemple : les "chaires d'entreprise". Les entreprises s'impliquent alors dans la pédagogie et apportent une aide directe à l'élaboration et la diffusion d'enseignements et de recherches dans un domaine spécialisé qui intéresse les deux partenaires...

Tous ces partenariats se concrétisent souvent par la signature d'une convention ou d'une charte entre l'école et l'entreprise. Il ne s'agit pas d'intervention ponctuelle mais d'un engagement réciproque, portant souvent sur plusieurs années, ce qui pérennise l'intervention et permet d'affiner au fil du temps les modalités de l'apport mutuel du point de vue pédagogique et institutionnel. En tout état de cause, cet éventail de partenariats constitue à l'heure actuelle le véritable « plus » pédagogique de la filière du haut enseignement commercial. L'Université, si elle dispose d'enseignements fondamentaux de bonne qualité en économie, voire en gestion, n'a pas les structures, l'organisation et... les moyens d'offrir à ses étudiants d'aussi nombreuses possibilités de connexions avec le monde de l'entreprise.

Appréhender les métiers et s'y préparer

Réunies en association ou en club, les entreprises s'investissent de plus en plus dans la pédagogie ou tout simplement dans la vie de l'école. Exemple : le Club Danone de l'ICN ou le Club Montaigne de Sup de Co Bordeaux. Directeurs généraux et DRH de grandes sociétés réfléchissent ensemble, à Bordeaux, à l'évolution de la formation et à l'intégration des jeunes diplômés dans l'entreprise.

C'est plus de deux cents entreprises et trois cent soixante-dix tuteurs que regroupe le Club de Sup de Co Rennes. Plus qu'une simple participation à la vie de l'école, à son évolution et à son adaptation aux réalités du terrain, les membres de ce club accompagnent les étudiants durant leurs trois années de scolarité. Objectifs de ces tuteurs : permettre l'acquisition d'un comportement professionnel et accroître le réseau relationnel de l'élève.

Mais sans entrer plus en détail pour l'instant dans l'arsenal des aides à l'insertion que proposent écoles et entreprises aux futurs diplômés, notons que les sociétés se rapprochent aujourd'hui des écoles mais aussi des élèves. Signe des temps, elles expliquent elles-mêmes en quoi consistent leurs métiers au quotidien. Philips ou Renault ont adopté cette démarche pédagogique : l'un édite un livre des métiers de deux cents pages présentant une centaine de professions. L'autre propose une plaquette de trente pages expliquant les principales fonctions du groupe.

D'autres entreprises préfèrent participer aux forums ou conférences qu'organisent de plus en plus les écoles sur les métiers. Il s'agit d'apporter au futur diplômé une connaissance précise de l'entreprise et de son organisation. La société donne ainsi des indications sur ses besoins en matière de profils et l'école assure une insertion plus aisée de ses diplômés.

Les rencontres sur les métiers sont légion. Les Thémas de l'EDHEC, rendez-vous mensuels, permettent aux entreprises d'un secteur d'exposer leurs activités. Chaque Théma débute par une conférence-débat sur les métiers animée par des responsables opérationnels. Suivent des tables-rondes pendant lesquelles les étudiants et les entreprises se rencontrent. Autre exemple : l'ESC Rouen organise des "Info-métiers", tables rondes hebdomadaires. Deux ou trois professionnels des fonctions concernées présentent les multiples facettes des métiers accessibles à la fin des études.

Bien des écoles se sont dotées dans les dernières années d'observatoires des métiers, véritables outils de prospective. Ils effectuent chaque année des enquêtes sur le positionnement des anciens diplômés. Ils étudient l'émergence de nouveaux métiers et disposent ainsi d'indicateurs de rémunération, de fonction, de profil, de marché de l'emploi, d'évolution de carrières particulièrement instructifs. Mais la forme de ces observatoires peut varier : service à part entière depuis 1992 à l'ESC Bordeaux, ou à l'ICN depuis 1993, certaines écoles préfèrent confier la collecte de ces informations aux responsables de département de formation. Informations, documentations sont alors apportées aux étudiants par ce que l'ESC Pau appelle un "centre ressources". Sup de Co La Rochelle organise chaque année une enquête sur les métiers (en 94/95, elle porte sur le premier métier offert au jeune diplômé). Quelle qu'en soit la forme, l'observatoire des métiers est aujourd'hui une préoccupation majeure pour la quasi-totalité des écoles.

Un corps professoral de haute qualité

Les écoles supérieures de commerce préservent jalousement leurs points forts : la proximité avec l'entreprise et le caractère appliqué de leurs enseignements. Mais il leur faut aussi garantir un niveau théorique élevé. Les professeurs recrutés ont pour cela une double appartenance : souvent docteurs, ils ont été praticiens de l'entreprise et beaucoup continuent de l'être au-delà de leurs responsabilités pédagogiques. L'ESC Lyon a, par exemple, constamment encouragé ses professeurs à maintenir une activité en entreprise pour confronter à la gestion de l'entreprise les outils et méthodes de management qu'ils élaborent. Cette proximité se traduit d'ailleurs par un grand nombre de partenariats avec les entreprises, tant en matière de formation que de recherche. Cinquante-six entreprises sont à ce jour associées au Groupe dans le cadre de contrats de recherche : clubs de recherche ou chaires d'entreprise.
Docteurs et praticiens d'entreprise, les professeurs permanents sont également des managers. Tels de véritables chefs de projets, ils ont la responsabilité d'organiser un cursus ou de gérer un programme de recherche... Les écoles se disputent fréquemment ces "denrées rares" qui encadrent souvent un grand nombres d'intervenants extérieurs, cadres dirigeants précieux pour le savoir-faire qu'ils transmettent aux étudiants.

Des outils et moyens pédagogiques les plus performants

Bases de données sur CD Rom, réseau vidéo interne et réception satellite... toutes les écoles supérieures de commerce se sont dotées des outils et moyens pédagogiques les plus performants : libre-service informatique, centre de documentation et d'information, service audio-visuel, centre de traitement de l'information et laboratoires de langues. Toutes s'équipent ainsi pour préparer leurs élèves à l'utilisation de moyens de communication et des outils de travail de demain. On demande très souvent à l'étudiant lui-même de posséder un micro-ordinateur portable qui devient pour lui un outil quotidien de rédaction et de travail (utilisation de bases de données) et l'occasion de s'initier aux différents logiciels de planning, d'aide à la décision, financiers, etc.

Quatre écoles viennent de s'associer autour de projets multi-média et du concept d'autoroute de l'information : l'ESSEC, l'EDHEC, l'ESC Lyon et l'ESC Nantes Atlantique. Baptisée « Mercure », leur association devrait développer de nouvelles formes de formation liées au multimédia : auto-apprentissage pour les disciplines de base, formation d'un public plus large, notamment en entreprise, conférences suivies simultanément dans plusieurs écoles françaises et même étrangères... L'ordinateur ne devrait pas remplacer, mais plutôt optimiser le travail du corps professoral. L'ESC Chambéry est sur ce point la plus avancée.

La conception de tous ces outils pédagogiques ne s'improvise pas. Les écoles, aidées en cela par les entreprises, y réfléchissent longuement et mènent des études approfondies. La recherche, il est vrai, est une activité à part entière dans les écoles : recherche individuelle des professeurs, relayée par l'enseignement qu'ils dispensent, ou contractuelle et liée à des entreprises qui les commanditent.

Certains programmes internationaux apparaissent, tel celui homologué par la CEE en octobre 1993 et conduit par l'ESC Grenoble. Réalisé avec Henley (UK), l'Université de Twente (NL), HTW Saarbrucken (Allemagne) et trois universités américaines (Suny à Buffalo, Giorgia Tec à Atlanta et George Washington à Washington DC), ce programme devrait permettre de créer des outils de formation au management interculturel commun aux deux zones géographiques en s'appuyant sur de véritables expériences d'échanges d'étudiants et de professeurs.

L'international au quotidien

L'international est avant tout un état d'esprit : il s'agit de comprendre les "autres", leurs modes de vie, leurs usages commerciaux. Première étape : maîtriser les langues étrangères, deux au minimum. Laboratoires de langues en libre-service, programmes individualisés de perfectionnement, les écoles multiplient les initiatives. Elles enseignent le droit, l'économie ou le marketing... international. A titre d'exemple, l'ESSEC possède un mastère en "Droit des affaires internationales" pendant que les ESC Amiens, Rennes, l'ESCO et bien d'autres ont des spécialisations de troisième année consacrées au marketing international.

Elles favorisent également la présence dans les salles de cours d'étudiants et de professeurs étrangers. Certains cours sont dispensés en langues étrangères... Certaines matières sont exclusivement enseignées en anglais.

Mais les écoles font plus encore. Par-delà l'enseignement, c'est l'expérience internationale qui fait partie de leur cursus. Elle est intégrée dans la scolarité sous forme de stages et de missions export, de séjours dans une université étrangère. Car rien ne vaut l'immersion totale des études à l'étranger : études qualifiantes ou diplômantes : MA, MBA, MSc..., petites ou grandes, les entreprises sont friandes de ces titulaires de double diplôme.

Toutes les écoles développent pour cela des accords internationaux d'échanges réciproques avec des universités européennes, américaines, ou asiatiques... Certaines organisent des programmes internationaux, un Executive-MBA avec l'Université de Purdue (USA) pour l'ESC Rouen ou un doctorat avec Henley Management College (UK) pour l'ESC Grenoble…

Un environnement de recherche et de formation spécialisée

Les écoles supérieures de commerce ont rapidement accompagné la demande des entreprises en créant, autour de leur cursus de formation initiale, des programmes complémentaires d'enseignement et de recherche : mastères spécialisés, 3e cycles, doctorats ou formations continues...

Les professeurs spécialistes qui les dispensent, les réflexions poussées sur certains métiers qu'ils impliquent (exemple : le "Management de la qualité" à l'ESC Bordeaux, le "Commerce international des Vins et Spiritueux" à Dijon, le "Management européen" à Montpellier, "Back office/ingénierie et gestion internationale de patrimoine" à l'ESC Nice, etc.) sont autant d'enrichissement pour le cursus initial. Ces spécialisations renforcent le champ d'expertise de l'école et de ses professeurs. Elles peuvent donner lieu à des ouvertures de filières en troisième année.

Les Mastères spécialisés sont des formations spécifiques, lancées par la Conférence des Grandes Écoles en 1985. Ouvertes aux étudiants français et étrangers titulaires d'un diplôme d'enseignement supérieur de niveau Bac + 4/5, elles permettent d'acquérir une compétence complémentaire en douze mois : six mois de cours et conférences et six mois de mission en entreprise avec thèse industrielle. Des ingénieurs peuvent ainsi se former au marketing international, des juristes au management du patrimoine ou des économistes au management des risques...

Certaines écoles investissent de nouvelles voies de formation complémentaire et expérimentent quelquefois d'autre voies pédagogiques. Former de futurs entrepreneurs par une pédagogie de transfert de savoir-faire est le pari de l'Institut de Formation des Entrepreneurs, géré par le Groupe ESC Grenoble. Il s'agit là d'une méthode basée sur la mise en situation réelle pendant neuf mois, de missions en entreprise. La formation est assurée par des chefs d'entreprise. Les travaux des étudiants sont évalués par un jury de professionnels du monde économique...

❖

UNE FORMATION
À LA VIE PROFESSIONNELLE

❖

La proximité du haut enseignement commercial avec le monde de l'entreprise est un "plus" pédagogique envié par bien des formations. Certaines s'en inspirent. Mais cette longue tradition est difficile à égaler : les écoles supérieures de commerce ont, dès lors origine (le XIXᵉ siècle pour certaines), tissé des liens privilégiés et réguliers avec les entreprises nationales et internationales. Elles proposent depuis longtemps des points de rencontre avec les cadres dirigeants, qu'il s'agisse de conférences, de stages ou de forums : quelquefois regroupées entre elles, voire alliées à des écoles d'ingénieurs, toutes développent des salons baptisés "forums" qui réunissent nombre d'entreprises locales et nationales, décidées à présenter leurs particularités et leurs atouts. Des plates-formes de rencontre très prisées par les futurs diplômés mais aussi leurs homologues fraîchement sortis.

Toutes les écoles reçoivent des offres d'emploi, qu'elles diffusent à leurs diplômés. Elles ouvrent de véritables bureaux de placement pour les jeunes diplômés. Quelques-unes reçoivent des centaines d'offres d'emploi et les diffusent sous forme de bulletins (ESC Pau, Montpellier…).

Des journaux pour informer

Les services "relations entreprises" se sont étoffés, les actions des anciens coordonnées. Les responsables «communication» des écoles amplifient ces rapprochements en éditant et diffusant aux entreprises des bulletins d'informations. De périodicité assez diverse, ces journaux sont de plus en plus nombreux depuis dix ans. Des exemples ? "ICN Infos, trois fois par an, "Repères" diffusé par l'ESC Lyon à 14 000 exemplaires, "Actuacom" trimestriel de l'EDC, "Référentiels", trimestriel de l'ESC Nantes Atlantique, "EDHEC Magazine" trimestriel envoyé par l'EDHEC à 2 000 entreprises partenaires… Nous vous donnons, dans l'encadré de la page suivante, la liste de ces magazines ou Lettres d'écoles que l'on peut demander ou consulter dans leurs biliothèques pour se faire une idée de la vie de ces écoles au quotidien. La lecture de ces journaux donne un bon aperçu de la multiplicité des initiatives et de la densité des projets et des réalisations de chacun des établissements.

Un cursus sans cesse réélaboré

Afin d'adapter leur formation aux modifications du monde des affaires, les écoles rénovent régulièrement leur cursus et tentent ainsi d'anticiper les évolutions du marché. Les traditionnelles rencontres avec les entreprises se sont pro-

LES JOURNAUX ET MAGAZINES DES ÉCOLES

ESC	nom du journal	périodicité
AMIENS	News	Bi-mensuel
BORDEAUX	Business Scoop	Lettre interne hebdomadaire
COMPIEGNE	L'oreille fine	Mensuel
EAP	European Management Journal	
EDC	Actuacom	Trimestriel
EDHEC	Edhec Magazine	Trimestriel
ESCO	La vie à l'école	Bi-annuel
ESG	Forum ESG	
ESLSCA	Prospective	Trois fois par an
ESSEC	Reflets	Trimestriel
IÉSEG	Journal en cours de création	
INSEEC	Regards	Trimestriel
ISC	La lettre de l'ISC	Trimestriel
LA ROCHELLE	La lettre de Sup de Co La Rochelle	Trimestriel
LE HAVRE /CAEN	Contact	Trimestriel
LILLE	CAP 96	
LYON	Repères	Trimestriel
MARSEILLE	Les nouvelles de l'EIA	Mensuel
NANCY	ICN Infos	Trois fois par an
NANTES	Référentiels	Trimestriel
NEGOSUP	La lettre de Negocia	Trimestriel
PAU	Le souffleur	Trimestriel
REIMS	Chorus	Trimestriel
RENNES	Pumagazine	Mensuel
RENNES	Sup'info	Semestriel
STRASBOURG	Hermès	Trimestriel
TOULOUSE	Brèves	Bulletin heddomadaire
TOURS	Sup d'Échos	Trimestriel

fessionnalisées, laissant place désormais à des tables rondes sur les métiers ou à des forums de grande qualité. Les missions en entreprise ont été repensées et mieux intégrées dans la scolarité. Leur encadrement reçoit toutes les attentions. Ainsi, des maîtres de stage sont formés dans les entreprises ; les professeurs sont eux-mêmes préparés à leur rôle de tuteur par des formations de formateurs tuteurs dispensées par les écoles.

Un suivi professionnel régulier et élargi

Ces dernières développent également des aides plus personnalisées : définition d'un projet professionnel, mise en place d'ateliers emplois et suivi personnel... Ainsi, l'ESC Bordeaux propose depuis cette année un accompagnement individuel à chacun des étudiants. Baptisé "Itinéraire", ce programme apporte un soutien à l'élaboration du projet professionnel de chaque étudiant... Et ceci pendant trois ans. Un "parrain" en entreprise et un "coach" interne (professeur, assistant ou administratif) leur sont proposés.

Dans d'autres écoles, ce programme se nomme "Parcours" ou "Service Orientation carrières" (ESSEC). L'esprit de corps, si important dans les écoles de commerce, se renforce également. Les anciens amplifient leur soutien non seulement auprès des «sortants» mais également auprès des anciens condisciples qui éprouvent des difficultés dans leur carrière. Certaines écoles, telle l'ESC Nantes Atlantique, ont même mis au point des systèmes d'évaluation et d'accompagnement pour leurs anciens avec l'aide de cabinets de recrutement.

Enfin, les écoles se sont dotées des moyens de communication les plus innovants : service minitel de diffusion d'offres d'emplois, véritables journaux d'information et de liaison, audioscopies vidéo pour toute préparation d'entretien... Toutes les écoles rivalisent d'imagination et de moyens pour monter des actions d'insertion.

De fréquentes incursions dans le monde de l'entreprise

De tout temps, le haut enseignement commercial s'est distingué de l'enseignement universitaire par la place qu'il accorde aux périodes de stages en entreprise : une moyenne de neuf mois de mission en entreprise est ainsi répartie sur les trois années d'études. Des missions effectuées en France et à l'étranger, seul ou en équipe. Écoles et entreprises passent alors convention. L'étudiant, toujours sous statut universitaire, est encadré par un maître de stage dans l'entreprise et assisté d'un professeur de l'école. Ces missions donnent aux étudiants la latitude nécessaire pour affiner leur positionnement professionnel et, au delà, développer leur champ de compétences.

Toutes les écoles se sont dotées pour cela de bureaux de stages qui se nomment soit "Cap entreprise", soit "Antenne stages & carrières" soit encore tout simplement "Service stages". Dans certaines, cette activité relève du service "Relations entreprises". Deux à trois personnes s'en occupent. Sans compter tous les professeurs mis à contribution pour leur encadrement pédagogique. C'est dire toute l'importance qu'accordent les écoles à ces périodes d'immersion dans le monde du travail.

La nouveauté réside plutôt dans le degré d'importance donné à ces périodes : la durée de certains stages est quelquefois extensible. Exemple : les projets de fin d'études qui de trois mois peuvent atteindre six mois, l'étudiant recevant alors son diplôme en septembre et non plus en juin. Certaines écoles aident les entreprises à préparer leurs cadres "maîtres de stage", voire à les former. Situées à des périodes charnières, ces missions en entreprise sont pleinement intégrées dans le cursus et servent, non seulement de préparation, mais aussi de support à la pédagogie. L'objectif est de tirer le meilleur parti de ces expériences. Les chiffres sont clairs : selon la Conférence des Grandes Écoles, 16 % des stages débouchent sur un emploi. Et, désormais, avant de décrocher un contrat à durée indéterminée, les jeunes diplômés doivent bien souvent multiplier stages, contrats à durée déterminée, missions en tout genre : une véritable période purgatoire et une course de plus en plus effrénée. Si bien que les écoles développent désormais des stratégies de recherche de stages.

Certains établissements élargissent ces périodes de stage. Leurs étudiants effectuent des projets d'entreprise tout au long de l'année. Seize mois sur les deux premières années, à raison d'une demi-journée par semaine à l'ESC Bordeaux... "L'internat" de l'ESC La Rochelle s'inspire directement du modèle appliqué en médecine : des groupes de trois à six élèves de deuxième année, pilotés par un professeur ("chef de clinique") effectuent une mission en entreprise sur l'année. Depuis 1992, des étudiants de l'ESC Grenoble effectuent des missions en temps partagé, compatibles avec leurs obligations académiques. Les rémunérant et/ou prenant en charge les frais de scolarité, les entreprises les emploient à des postes d'aide contrôleur de gestion, d'évaluation des coûts relatifs à la non-qualité ou de formation du personnel à la micro-informatique...

D'autres écoles privilégient les années "sandwich", proposant à leurs élèves de passer douze mois en entreprise à la fin de leur première année d'études. C'est le cas à l'ESC Lyon, Tours ou Saint-Etienne. L'ESC Rouen ouvre cette possibilité en fin de seconde année. Comme nous le disions plus haut, cette alternance ne peut se résumer à un simple changement d'architecture du programme pédagogique. Au fond, ces expériences sont des laboratoires pédagogiques : il s'agit de former autrement pour répondre au besoin de l'entreprise et de faire cohabiter des rythmes de formation différents au sein d'un même groupe. On n'a pas encore pris l'exacte mesure du progrès et des transformations de la manière d'enseigner que cela impliquait mais on voit déjà que les systèmes anciens de transmission du savoir n'étaient plus opérationnels.

Jeunes diplômés avec un ou deux ans d'expérience

Nouveau chemin emprunté par les écoles de commerce pour former les professionnels dont les entreprises ont besoin et pour favoriser les perspectives de pré-embauche : l'apprentissage.

Après l'ESSEC qui, la première, osa proposer un apprentissage version «cols blancs», d'autres écoles ont ouvert ou s'apprêtent à le faire, un centre de formation d'apprentis : l'ESC Grenoble, l'ESC Lyon, l'ESC Pau, l'ESC Tours ou l'ESC La Rochelle...

Volontaires, leurs étudiants alternent cours et missions en entreprise. Diverses formules existent même si l'enseignement théorique reste identique : le cursus de l'ESSEC se rallonge pour les candidats à l'apprentissage ; l'ESC Grenoble propose une alternance courte (deux jours et demi par semaine en entreprise) adaptée aux PME, et une autre, plus longue (deux à trois mois) concernant plutôt les grandes entreprises. L'ESC Lyon se rapprocherait de ce double rythme d'apprentissage.

Complétant le parcours académique d'un programme professionnalisant, ces écoles ne créent pas de flux supplémentaire d'étudiants et n'isolent pas ces apprentis des autres élèves.

Paradoxe, l'étudiant devient un jeune diplômé avec un ou deux ans d'expérience. De quoi lui assurer une insertion professionnelle sans faille. Devenir apprenti, c'est déjà se frotter aux entretiens de recrutement et persuader l'entreprise de l'intérêt de sa "candidature". L'apprenti se voit confier des responsabilités réelles : son "recruteur" intègre véritablement ce nouvel élément qui restera un an, voire deux. Son contrat peut d'ailleurs déboucher sur un emploi. Par ailleurs, pour l'entreprise, la formule de l'apprentissage peut lui éviter des erreurs de recrutement si coûteuses pour elle. En effet, cette dernière anticipe, réalise un test en grandeur réelle et minimise le coût d'intégration en cas d'embauche. Pour éviter l'écueil de l'enfermement de l'élève dans une monoculture (il ne côtoie qu'une entreprise), l'école conseille à l'étudiant de travailler dans plusieurs services, voire de partir dans une filiale étrangère...

Autre avantage souvent méconnu : les cadres nommés "maîtres de stage" améliorent leur expérience d'encadrement, des compétences tout à fait réutilisables pour gérer une équipe quelle qu'elle soit.

L'école, quant à elle, se rapproche plus encore des préoccupations des entreprises, investit des pédagogies nouvelles et invite ses professeurs à améliorer leurs méthodes d'enseignement.

Les associations : se propulser dans le monde des affaires

Très développée dans les écoles de commerce, la vie associative est un laboratoire grandeur nature pour tout apprenti manager. Et les élèves ont l'embarras du choix : bureau des sports ou des arts, mais aussi Junior Entreprise, organisateur de forum ou journal interne.. les initiatives sont nombreuses et variées.

Véritables écoles de responsabilité (certains budgets de fonctionnement atteignent plusieurs millions de francs), ces associations permettent aux élèves d'appliquer immédiatement les connaissances acquises. Elles mettent également en valeur aptitudes et compétences de ses membres élus.

De tout temps, cette vie associative bénéficia d'une reconnaissance institutionnelle. Elle est désormais fortement valorisée. Le programme pédagogique a certes toujours été organisé pour permettre aux élèves de s'investir largement dans les associations. Mais aujourd'hui, les initiatives se multiplient. L'implication donne lieu, chez certaines, à des évaluations. Ces dernières restent qualitatives et annuelles à l'ESC Saint-Etienne. Elles apportent des points de bonification à l'EDC, l'ESC Marseille Provence, l'ISC, l'IECS Strasbourg, Le Havre Caen... Dans d'autres établissements, cette implication, nécessaire à l'obtention du diplôme, est notée. C'est le cas de l'ESG ou de l'ESC Tours (notation sous forme de crédits). A l'ESC Amiens, l'évaluation est semestrielle. La moyenne est alors indispensable pour obtenir le diplôme. Cette note est intégrée dans une évaluation de la personnalité axée sur l'apprentissage des comportements professionnels.

Pour d'autres, comme à l'ESC Rouen, la présidence d'association ou tout poste de responsabilité dans une association importante peut faire l'objet d'un projet personnel validé comme électif dans le cursus. Cette évaluation est réalisée à partir d'un compte rendu d'activité écrit présenté au directeur de programme ou à un enseignant permanent.

A l'ICN, chaque élève consacre un jour et demi par semaine à la réalisation d'un projet-école, qui se déroule sur deux semestres entre la première et la deuxième année. Il est encadré par un enseignant permanent de l'École, évalué et noté. Il compte pour une part importante dans l'obtention du diplôme.

Dans certaines écoles, ces "projets" donnent lieu à des contrats individuels et deviennent partie prenante du programme pédagogique. C'est le cas à l'ESC Grenoble. L'étudiant s'engage sur un défi de management personnel. Et ce en deuxième année. Il effectue des entretiens de régulation et remet un rapport d'activité individuel ou collectif devant administrateur et jury. Dix critères sont retenus : responsabilité, animation d'équipe, fiabilité, faculté d'innovation, esprit de réalisation, gestion de l'incertitude contextuelle, dynamique et engagement personnel, contrôle de soi, éthique et équité et nature des apprentissages personnels. L'élève s'engage à assumer seul un certain nombre de critères. La réussite d'un critère permet l'obtention d'un point venant s'ajouter à la somme des points obtenus en deuxième année.

Les écoles amplifient donc de plus en plus le rôle qu'elles attribuaient à la vie associative, pour le plus grand bonheur des responsables des associations, souvent fortement impliqués dans ces structures, mais jusqu'alors pénalisés dans leur scolarité. Et pourtant, ces leaders associatifs avaient déjà la faveur des recruteurs. Cette contradiction s'efface désormais.

De solides projets de carrière

Depuis quelques années, des ateliers de formation aux relations humaines, d'évaluation personnelle et de suivi personnalisé apparaissent dans les cursus pédagogiques. Ils apportent de véritables conseils individuels à partir de tests de personnalité, de simulations d'entretiens, d'aide à la rédaction de CV, de conseils sur les secteurs qui recrutent... Les entreprises ont, en effet, plus que jamais besoin de détenteurs de projet personnel et professionnel pertinent. Les écoles ont décidé, dans leur grande majorité, d'accompagner leurs étudiants dans cette démarche. Elles ne se suffisent plus des traditionnels forums ou de la simple diffusion d'offres d'emploi.

Spécialistes psychologues ou responsables de recrutement conduisent pour cela ateliers, réunions et rencontres individuelles. Ils fournissent des outils de réflexion sur les projets professionnels et analysent les capacités de chacun. Certaines écoles ouvrent même des permanences "psycho", lieux d'écoute et d'échange. D'autres, comme l'ESC Nantes Atlantique ou ICN, étendent ces dispositifs d'aide à la recherche d'emploi aux anciens. D'autres permettent encore à tous leurs diplômés, pendant les trois années qui suivent la sortie de l'école, de préparer gratuitement à une ou plusieurs unité de valeur.

L'ESC Bordeaux a baptisé le parcours progressif couvrant les trois années de bilan professionnel "Itinéraires". Chaque élève est accompagné par un "coach" interne à l'école ainsi que par un parrain, cadre d'entreprise.

L'ESC Rouen, elle, a ouvert "Parcours" à tous ses étudiants depuis 1994. Soixante-dix entreprises ont accepté de tester les CV et les lettres de motivation des futurs diplômés.

Ce cursus de formation et de réflexion sur le projet et l'insertion professionnelle des étudiants s'appuie sur une démarche de type "bilan de compétences" et sur les apports de professionnels de l'entreprise et du recrutement. Le programme intègre des "info-métiers", rencontres avec des professionnels pour connaître les métiers. Il développe le tutorat pour aider l'étudiant à réfléchir à ses projets. Le projet professionnel d'abord élaboré est ensuite examiné et validé par des professionnels, des anciens par exemple. L'école aide enfin l'étudiant à maîtriser les outils de recrutement. Autre initiative : les ateliers «emploi» développés par l'ESC Grenoble et organisés par les professeurs de ressources humaines. Ces ateliers préparent l'élève à la recherche d'emploi sous forme de tutorat. Au programme : bilan personnel, bilan de compétences et vidéoscopie. Chaque atelier compte quatorze étudiants volontaire. Chaque élève aura été, au préalable, sensibilisé pendant toute sa scolarité au développement personnel. Objectif : parfaire son expression orale, mieux se connaître, apprendre à travailler avec les autres.

Ces nombreux ateliers ou structures d'accueil ne manquent pas d'informer les étudiants sur les dispositifs d'aide à l'emploi de jeunes diplômés. Les conventions industrielles de formation par la recherche (Cifre) ouvrent, par exemple, la possibilité, pour une entreprise, d'embaucher, à coût très réduit, un jeune diplômé Bac+5 et de lui confier une mission de recherche pouvant durer 3 ans. Deux jeunes sur trois trouvent un emploi dans l'industrie à l'issue de leur mission.

Autre conseil dispensé aux élèves : utilisez les propulseurs que sont les VSNE, services nationaux en entreprise, accessibles à tout jeune diplômé sortant de formation. Le candidat recherche une entreprise qui pourrait l'accueillir dans l'une de ses structures à l'étranger. Condition : que l'entreprise nourrisse des projets de développement à l'export. 55 % des jeunes sont embauchés à l'issue du contrat...!

L'entraînement à la recherche d'emploi est aujourd'hui indispensable. Mais cela ne dispense pas l'élève de garder les oreilles grandes ouvertes sur les nouveaux dispositifs nationaux d'aide. Bien au contraire !

Le réseau des anciens, un tremplin pour l'emploi

Signe des temps, les réseaux d'anciens s'activent et renforcent leur soutien aux écoles et à leurs jeunes condisciples. Cet esprit de corps, si caractéristique dans les écoles de commerce, s'accentue. Le retour au "compagnonnage" sonnerait-il ? Quoiqu'il en soit, les anciens multiplient leurs actions : organisation de rendez-vous "métier", aides à la construction de stratégies de recherche d'emploi, d'outils cv, de lettres ou de réseau, stage piscine (suivre un ancien trois jours dans son entreprise et sa fonction)...

Certains aident leur école à détecter stages et emplois. Il est loin le temps où les anciens se limitaient à publier un annuaire spécifiant leur activité professionnelle et leurs coordonnées ! Animés d'une véritable dynamique d'entreprise, ils fourmillent d'idées nouvelles. Mieux, associations d'anciens et écoles réunissent aujourd'hui leurs énergies et construisent ensemble : cela passe par la création d'une cellule emploi où jeunes diplômés et seniors s'informent sur les meilleures pistes d'emploi et s'entraident. A l'ESC Reims, par exemple, le "coaching" des jeunes diplômés est assuré par un ancien. Il suit son projet de recherche d'emploi et ce, jusqu'à la découverte du premier emploi.

A l'ESC Rouen, l'association des anciens, forte de cinq mille cinq cents noms, organise des rencontres avec les diplômés (info-métier) et publient deux supports d'information : le "fax", mensuel qui témoigne de l'insertion et de la mobilité professionnelle des diplômés et la "lettre", trimestriel à thème.

Renforçant cette mise en commun d'énergies, certaines écoles accentuent leur soutien aux seniors. L'ESC La Rochelle leur propose, par exemple, des séminaires à la carte de réactualisation des connaissance. L'ICN développe des actions de formation continue à titre gratuit pour une remise à niveau ou une reconversion. Qui douterait encore de l'existence de cet esprit de corps si cher aux grandes écoles françaises ? Mais le statut de ces associations évolue : certaines espèrent être reconnues d'utilité publique et pouvoir ainsi collecter des fonds et les capitaliser pour mettre en œuvre des opérations plus importantes. L'une des priorités pourrait être alors d'aider financièrement les jeunes diplômés et les détenteurs de projets porteurs d'avenir.

Les initiatives ne manquent pas. D'autres devraient encore émerger. Le haut enseignement commercial français ne faillit pas à sa réputation. Il sait s'adapter aux besoins nouveaux des entreprises et le prouve en cette période agitée.

Serait-ce parce que ces écoles sont, elles aussi, gérées comme des entreprises ? Parce qu'elles sont comptables de leurs résultats devant des élèves, des parents d'élèves, des élus, des chambres de commerce ?

Soumises aux lois du marché et aux contraintes financières, elles évoluent sous le sceau de la haute qualité pédagogique. Exercice difficile ! Souvent semblables à de grosses PME, elles font toutes tourner une machine qui forme chaque année entre cent et cinq cents étudiants et souvent autant, si ce n'est plus, de cadres en activité dans leurs filières de formation continue. Pour l'exemple, l'ESC Paris est une entreprise qui emploie 270 personnes et dispose d'un budget de 370 millions de francs.

Leur double logique, pédagogique et financière, les prépare, sans nul doute mieux que quiconque, à mettre en adéquation leur enseignement, donc leur produit, avec le marché. Leurs diplômes demeurent de véritables passeports pour l'avenir. Aux élèves d'utiliser au mieux les potentialités offertes et de s'orienter vers les écoles les mieux adaptées à leurs aspirations et à leurs capacités.

Tout savoir pour bien choisir son école de commerce

- Comment choisir son cursus ?
- Toutes les prépas publiques et privées
- Le résultat de toutes les prépas pour toutes les écoles
- Des fiches synoptiques pour toutes les grandes écoles
- Tous les concours importants
- Tous les établissements Bac + 3/4 et Bac + 2
- Comment choisir son établissement Bac + 3/4 et Bac + 2
- Le programme de tous les BTS/DUT
- Comment intégrer au niveau Bac + 2 en admissions parallèles ?

Pour chaque grande école :

- **L'adresse**
- **Les interlocuteurs**
- **Le concours d'accès**
- **Ce que ça coûte**
- **Le financement**
- **Le logement**
- **Les enseignants**
- **Les moyens pédagogiques**
- **Les spécificités pédagogiques**
- **Les spécialisations de 3ᵉ année**
- **Le nombre de diplômés...**

Disponible en librairies

**200 pages
59 francs**

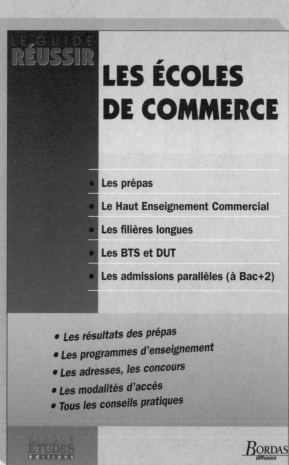

LE GUIDE
RÉUSSIR

LES ÉCOLES DE COMMERCE

- Les prépas
- Le Haut Enseignement Commercial
- Les filières longues
- Les BTS et DUT
- Les admissions parallèles (à Bac+2)

- *Les résultats des prépas*
- *Les programmes d'enseignement*
- *Les adresses, les concours*
- *Les modalités d'accès*
- *Tous les conseils pratiques*

espace
ÉTUDES
éditions

BORDAS
diffusion

LE GUIDE
53 MÉTIERS
À LA SORTIE
DES ÉCOLES
DE COMMERCE

Préparer votre entretien pour intégrer une école de commerce...

L'ENTRETIEN, mode d'emploi

par Michel Bourse et Frédéric Palierne

Le livre référence que vous attendiez...
68 francs (port inclus)

■ *Les sciences humaines au service de votre entretien.*

La leçon des philosophes.
La leçon des psychanalystes.
La leçon des linguistes.
La leçon des anthropologues.

■ *Comment êtes-vous évalué ?*
La grille d'évaluation du jury décryptée ligne par ligne.

■ *Pour une confrontation sans stress.*
Comment se préparer à l'épreuve d'entretien aux concours ?

■ *Les questions les plus posées.*

■ *Modalités des épreuves concours par concours, école par école.*
Fiches pratiques, véritable vademecum pour vos épreuves.

- ✂

BON DE COMMANDE

Coupon à renvoyer (avec chèque de règlement de 68 F) à Espace Prépas 28, rue de La Trémoille – 75008 Paris – Tél. : 42 93 21 46

Je commande **L'entretien, mode d'emploi**, au prix de 68 francs TTC

Nom : ....

Adresse : ....

....

Code Postal : .... Ville : ....

Vendeur

Définition

Indispensable trait d'union entre l'entreprise et la clientèle, le vendeur prend en charge l'acte de vente dans sa globalité : il détecte en amont les clients potentiels et les prospecte (prise de contact, visite..). Identifiant leurs besoins, il leur conseille les produits, les services adéquats. Il négocie avec eux les prix et les délais de paiement. Il fixe enfin le calendrier des remises, veille au respect des délais de livraison et à l'enregistrement des paiements. Soucieux de la satisfaction des clients, il tente également de les fidéliser en leur proposant ensuite un service après-vente efficace ou des avantages divers : remises, primes, conseils, etc.

Élément moteur de la stratégie d'entreprise, le vendeur est aussi un agent de renseignements. Les informations qu'il recueille du terrain sont particulièrement convoitées par le service commercial et le service marketing qui s'en servent pour leurs études sur l'évolution du marché.

Talents de persuasion et de négociation ne suffisent pas à faire un vendeur ; pour remplir ses carnets de commande, il lui faut aussi organiser ses actions

Le vendeur passe 60 % de son temps en clientèle (visite + déplacement), 20 % à régler en interne les problèmes d'adaptation des produits, de logistique, à gérer ses comptes clients, 10 % à analyser ses résultats, travailler à de nouveaux argumentaires, à se former aux nouvelles technologies développées par ses produits ... Il consacre les 10 % restants à la prospection et à la veille commerciale.

La semaine du vendeur

Lundi **14** (03) Mars	Mardi **15** (03) Mars	Mercredi **16** (03) Mars	Jeudi **17** (03) Mars	Vendredi **18** (03) Mars	Samedi **19** (03) Mars
8	8	8	8	8	8
Réunion 9	9	9	9	9	9
hebdomadaire 10	10	10	10	*Préparation* 10	10
avec chef des				*planning*	
ventes 11	11	11	11	*rendez-vous* 11	11
Présentation 12	12	12	12	*Bilan de* 12	12
nouveaux				*la semaine*	
outils d'aide 13	*Clientèle* 13	*Clientèle* 13	*Clientèle* 13	13	13
à la vente 14	14	14	14	14	14
Suivi comptes 15	15	15	15	*Information* 15	15
clients				*formation*	
Points avec 16	16	16	16	*sur nouveaux* 16	16
service 17	17	17	17	*produits* 17	17
logistique 18	18	18	18	18	18
Mise à jour 19	*Compte rendu* 19	*Compte rendu* 19	*Compte rendu* 19	19	19
fichier clients	*de la journée*	*de la journée*	*de la journée*		
20	20	20	20	20	20
21	21	21	21	21	21

TÉMOIN

Gaëtan Bouleau, vendeur « clients clés » chez Procter & Gamble

« Je veux évoluer vers des postes à responsabilité. Or le commercial me donnait cette possibilité assez rapidement. Et puis le métier me plaisait. Pour les contacts, l'autonomie et la visualisation rapide des résultats de vos efforts.

1989. En moins d'une semaine, j'ai été recruté chez Procter & Gamble. Vendeur de détergents pendant 23 mois sur un peu moins de deux départements, j'ai ensuite commercialisé pendant 18 mois des produits d'hygiène et de beauté. J'étais déjà un meneur d'hommes puisque j'avais la responsabilité d'une équipe de vendeurs. Aujourd'hui, j'occupe mon troisième poste. Et ce depuis 18 mois. Je ne gère plus directement une équipe de vente. Je suis responsable régional des comptes clés, en l'occurrence Carrefour et Leclerc. Je vends les produits Procter & Gamble aux responsables régionaux des deux enseignes. Je les informe, je les motive pour faire en sorte que nos vendeurs intervenant auprès de chaque grande surface puissent eux-mêmes encourager la vente de nos produits. »

dans le temps (planning) et dans l'espace (gestion du territoire), gérer son temps, assurer la mise à jour de son fichier…

Être vendeur, c'est soit appartenir à une entreprise (attaché commercial, chargé de clientèle…), soit fonctionner de façon externe : agents commerciaux, VRP… C'est avoir des objectifs de chiffres d'affaires et de volumes ou être, comme dans le secteur grande consommation, apprécié pour sa politique de prix et la qualité de la présence des produits sur les linéaires… Le vendeur s'adresse, dans ce cas, à un revendeur ou un détaillant et non au consommateur final.

Le vendeur dans l'entreprise

Salarié ou indépendant, le vendeur est rattaché à un chef des ventes qui l'accompagne, le forme et le soutient. Ses rapports avec la hiérarchie sont certes réguliers (réunion hebdomadaire, suivi sur le terrain…), mais il est, par sa fonction, rarement présent physiquement dans l'entreprise. Il doit cependant monter des dossiers de financement avec le service correspondant ou travailler avec le service marketing lorsqu'il dispose d'une enveloppe de promotion. Il suit attentivement les mauvais payeurs avec le service comptable. Il s'inquiète de la livraison des produits vendus, en vérifie l'exécution auprès du service logistique…

Dans les PMI, son champ d'investigation en interne peut être plus large. Pour mieux répondre aux besoins du client, il peut s'adresser directement aux responsables des bureaux d'études, et interpeller la production, voire les achats…

Job de débutant lorsque l'on sort d'une ESC, la vente est un passage fortement recommandé pour celui qui aspire à des fonctions de management. Après trois à quatre années d'expérience commerciale sur le terrain, le vendeur peut accéder à d'importantes responsabilités d'encadrement, voire devenir, à terme, directeur d'unité ou d'entreprise…

Difficile d'avancer une fourchette de salaires pour le vendeur, tant ses modes de rémunération sont divers : fixe, fixe + commissions, fixe + primes, fixe +

commissions + primes, voire uniquement commissions. Selon l'APEC, les rémunérations du vendeur oscilleraient entre 170 et 310 KF par an.

Profil du vendeur

Le vendeur peut être issu d'une ESC, d'un BTS… ou tout simplement autodidacte. Aucune règle n'existe en la matière. Mais la vente est souvent, pour les diplômés d'ESC, un tremplin irremplaçable pour devenir manager, et ce assez rapidement.

Même s'il est débutant, le vendeur doit être rapidement opérationnel ce qui suppose pragmatisme, autonomie, audace, curiosité, mais aussi sens de l'organisation.

C'est d'abord un négociateur de talent qui sait séduire et conseiller les clients, leur prouver les avantages de l'offre et les convaincre de l'acquérir au prix fixé. Pour cela il doit bien connaître les techniques développés par ses produits ou ses services, bien situer le métier de ses clients et maîtriser leur vocabulaire,…

Quand il n'est pas en clientèle, le vendeur est au téléphone… ou sur son ordinateur qui lui permet d'organiser rationnellement son travail, de gérer directement son fichier clients, facilitant ainsi ses liaisons quotidiennes avec le siège…

Pour commercialiser des produits ou services hors de France, la maîtrise de l'anglais et d'une autre langue étrangère, la connaissance des particularités culturelles de ses clients et un bon niveau de culture générale sont indispensables…

Il lui faut être à la fois intuitif et joueur, mais aussi rigoureux et persévérant. Sa confiance en soi, sa résistance au stress sont des alliés indispensables pour convaincre, gagner et… tirer profit de ses échecs. Enfin, ses clients attendent aujourd'hui de lui qu'il soit un homme honnête avec lequel on peut pérenniser des relations commerciales.

Les grandes écoles et leurs formations spécialisées

L'enseignement des ESC semble surdimensionné pour former des vendeurs. Mais, en réalité, c'est précisément ce métier qui est l'application de base de tout enseignement commercial. Aucune école ne le néglige donc et certaines, comme l'EDHEC, y ont consacré une chaire d'entreprise. D'autres, comme l'ESC Rennes, l'ont mis au centre de la pédagogie.

LES MOTS-CLÉS DU VENDEUR

Fixe : rémunération de base du vendeur.

Commission : pourcentage du montant de la vente réalisée.

VRP : « voyageur représentant placier ». Sous contrat avec une ou plusieurs entreprises, il commercialise ses produits.

Référencement : s'utilise surtout pour la grande distribution, où les produits sont connus des grossistes, des centrales d'achats, donc inscrits dans leurs « catalogues » d'achat.

Linéaire : nombre de mètres au sol disponibles pour la présentation de marchandise.

Lettre de change : titre par lequel une personne appelée « tireur » donne l'ordre ou mandat à une autre personne (le « tiré ») de payer, à une certaine date, une certaine somme à une troisième personne, le « bénéficiaire ».

Notation : évaluation de la solvabilité d'une société.

Bonification : rabais ou remise sur un prix ou un tarif.

Conseiller en marchandising

Définition

Le conseiller en marchandising (ou merchandising) est la personne qui, au sein d'une entreprise de production, est chargée d'organiser dans les surfaces de vente (hypermarchés ou autres) la mise en place des produits dont il est responsable afin d'en optimiser la présence et la vente. Son rôle consiste à recueillir l'information et analyser l'ensemble des études concernant les habitudes d'achat des consommateurs, son marché, les paramètres qui peuvent intervenir dans le choix d'un produit en rayon, l'implantation de ces produits. A partir de cette analyse, il est chargé de concevoir et de rédiger un plan d'action à destination de la force de vente. Ce plan d'action est un document qui explicite, à l'aide de schémas, l'organisation des linéaires, l'emplacement et le volume des produits dans le rayon, en tenant compte des paramètres qui contribuent au choix de ces produits par les consommateurs. Il veille ensuite à la mise en œuvre et au suivi de ce plan d'action en jouant le rôle de conseil auprès de sa force de vente dont il assure l'information et la formation. En parallèle, il est chargé de convaincre les chefs de rayon de l'intérêt de ses recommandations pour la rentabilité de leur surface de vente. Le conseiller en marchandising intervient aussi auprès de la direction du marketing

Le conseiller en marchandising passe 50 % de son temps en déplacements (accompagnement de la force de vente, visite de points de vente), 25 % à des réunions marketing avec des cabinets d'études ou des agences conseil en merchandising. Le reste de son temps est consacré à l'étude et à la rédaction de plans d'action.

La semaine du merchandiseur

Heure	Lundi 14 (03) Mars	Mardi 15 (03) Mars	Mercredi 16 (03) Mars	Jeudi 17 (03) Mars	Vendredi 18 (03) Mars	Samedi 19 (03) Mars
8						
9	Réunion avec société marketing		Rédaction d'une recommandation pour le lancement d'un produit		Déplacement en Province	
10		Déplacement en province				
11						
12				Déplacement en Province		
13		Accompagn' de la force de vente				
14	Rédaction d'une proposition de plan d'action			Formation de la force de vente	Étude des données chiffrées	
15			Réunion avec cabinet d'étude ou agence conseil en merchandising			
16		Visite d'un point de vente				
17					• marché	
18					• habitude de consommation	
19						
20						
21						

TÉMOIN

Anne Trouillard Perrot, conseillère régionale merchandising, Henkel France SA.

« A la suite de mon école de commerce, j'ai suivi un 3ᵉ cycle, un mastère spécialisé en « techniques quantitatives appliquées aux métiers du marketing ». Pendant cette période, j'ai effectué deux stages, un chez Cartier en tant qu'assistante chef de produit et un dans le groupe Egor comme chargé d'études qualitatives et quantitatives. Mes études terminées, au début de l'année 1991, j'ai été recrutée chez Henkel France et intégrée dans la force de vente en tant que chef de secteur région parisienne et responsable des produits détergents. Après 20 mois passés sur le terrain, j'ai été nommée en janvier 1993 conseiller en merchandising pour les produits d'entretien. Il faut préciser que l'exercice de ce métier n'est possible qu'après une expérience significative sur le terrain qui permet une bonne connaissance des circuits de la distribution, de la négociation et des produits. »

à laquelle il apporte ses vues sur les éléments de la stratégie marketing relevant de ses compétences.

Le conseiller en marchandising dans l'entreprise

Dans une entreprise de production, le conseiller en merchandising peut dépendre soit de la direction commerciale, soit de la direction du marketing. Face à ses interlocuteurs, il apparaît comme un prestataire de services sollicité pour les conseils qu'il peut donner en raison des compétences acquises grâce à l'étude approfondie du marché et des habitudes des consommateurs. Sous la responsabilité d'un responsable merchandising, il joue le rôle de relais entre la force de vente et ces deux directions pour tout ce qui concerne le merchandising. Très proche des chefs de secteurs avec qui il est régulièrement présent sur le terrain, il assure leur formation et recueille auprès d'eux les informations utiles à sa connaissance du marché. Il est aussi en contact avec les centrales qui se chargent de négocier avec les enseignes l'achats de ses produits. Pour le recueil de l'information, il est en relation avec le service études interne à son entreprise, des services études externes (Nielsen, Secodip…) et peut faire appel à des agences spécialisées dans le conseil en merchandising. Chez les distributeurs, il négocie la présence de ses produits dans les linéaires avec les chefs de rayons et chefs de départements.

Avec 4 à 5 ans d'expérience, ce métier très spécialisé permet d'évoluer dans l'entreprise vers des fonctions liées à l'action commerciale, au marketing, à la formation interne, à la direction des ventes, vers des agences spécialisées ou des cabinets d'études. Les salaires se situent dans une fourchette allant de 140 KF à 220 KF par an et varient en fonction du diplôme (BTS, Grandes Écoles) et le nombre d'années d'expérience.

Profil du conseiller en marchandising

Les conseillers en marchandising ont suivi pour la plupart une formation commerciale (Grandes Écoles, BTS, DUT) et ont commencé leur carrière sur le terrain dans la force de vente en tant que responsable de secteur. Cette période d'initiation (en moyenne 2 ans pour les écoles de commerce et 3 à 4 ans pour les autres formations) s'avère indispensable pour acquérir de l'expérience mais aussi pour asseoir sa crédibilité de futur conseiller face à une force de vente. Le débutant découvre ainsi les circuits de distribution, les impératifs du marché et les relations distributeurs fournisseurs. Accédant à ces fonctions, le conseiller en marchandising peut suivre un certain nombre de formations complémentaires : techniques d'utilisation de logiciels (notamment le logiciel Apollo, logiciel d'allocation de linéaire qui permet au travers de planogrammes (*cf. mots-clés*) de visualiser graphiquement l'organisation d'un rayon), formation à la lecture de l'information (études et panels), formation de formateur, management. Le métier de conseiller en marchandising est un métier d'études, de conseil et de communication. Celui qui l'exerce doit se montrer capable d'analyser, de synthétiser et de valoriser l'ensemble des informations à sa disposition. Pour transmettre et faire accepter ses recommandations, il doit manifester un sens relationnel très développé. Le métier nécessitant de très fréquents déplacements en province, la disponibilité et la mobilité sont indispensables. Outre ces qualités propres, le conseiller en marchandising doit posséder une bonne perception du marché et de ses produits, savoir anticiper les besoins et les évolutions de comportement des consommateurs et intégrer ses observations dans sa démarche. La maîtrise d'une langue étrangère n'est pas indispensable.

Les grandes écoles et leurs formations spécialisées

Toutes les formations d'écoles de commerce conduisent à ce métier. Celles qui ont une filière « grande distribution » ou « grande consommation », ou encore « force de vente » comme le Cesem Reims ou Négosup ou l'ESG prépareront les étudiants aux subtilités de l'aménagement des magasins, de la publicité sur le lieu de vente ou encore sur les moyens de remplir au mieux les linéaires. Citons également l'INSEEC qui abrite un troisième cycle de Marketing des produits de grande consommation.

LES MOTS-CLÉS DU MERCHANDISEUR

Merchandising : le bon produit à la bonne place.

Planogramme : représentation graphique d'un rayon et visualisation de la structure ainsi que des articles (images digitalisées ou symboles).

Rupture : absence d'un produit dans la surface de vente.

Facing : unité de présentation d'un produit vu de face.

Linéaire : rayonnages dans une surface de vente.

Linéaire développé : longueur totale des linéaires occupés par la famille de produits considérée.

PLV : publicité sur le lieu de vente ; par extension, matériel de vente, merchandising de séduction ou d'agencement.

Réalocation : optimisation du rayon en fonction de critères (stock, performance).

Diagnostic : analyse de la situation d'un rayon.

Tri : permet de mesurer l'influence de l'exposition d'un produit sur les ventes.

Implantation : présentation d'un magasin, d'un rayon, d'une famille de produits ou d'articles.

Chef de rayon

Définition

Le métier de chef de rayon est un métier complet qui cumule les trois aspects suivants : le commerce, la gestion et les relations humaines.

En ce qui concerne le commerce, le chef de rayon est avant tout responsable du chiffre d'affaires réalisé dans sa surface de vente. Il est chargé d'atteindre les objectifs annuels fixés par la direction du magasin. En un mot, il doit vendre. En gestionnaire, il est responsable des achats de marchandises et de la gestion des stocks. Pour cela il négocie avec les fournisseurs ou les centrales d'achat afin d'obtenir les meilleurs prix. Il est ensuite chargé d'établir ses prix de vente qui tiennent compte de la marge qu'il s'est assignée. Il est en outre responsable du choix des produits qui seront proposés dans son rayon et de l'organisation de sa surface de vente. Sous l'angle des relations humaines, il doit diriger en motivant et en intéressant l'équipe (de 3 à 20 personnes) qui travaille dans son rayon. Il doit l'informer des objectifs assignés et des moyens de les atteindre. Il peut attribuer aux membres de son équipe des « primes de progrès » en cas de réussite. Le chef de rayon est avant tout un homme de terrain qui passe la plupart du temps hors de son bureau. Il doit connaître les actions et les tarifs pratiqués par

En règle générale, le chef de rayon passe 50 % de son temps sur le terrain (travail avec l'équipe, agencement du rayon, réassort etc..), 40 % dans les contacts avec les fournisseurs, les analyses comptables et la gestion des stocks), le reste étant consacré aux réunions avec l'encadrement ou avec son équipe.

Lundi **14** (03) Mars	Mardi **15** (03) Mars	Mercredi **16** (03) Mars	Jeudi **17** (03) Mars	Vendredi **18** (03) Mars	Samedi **19** (03) Mars
8	8	8	8	8	8
Réunion chefs de secteur — 9 / 10	*RDV fournisseur Présence en rayon* — 9 / 10	*Présence en rayon* — 9 / 10	*RDV fournisseur* — 9 / 10	*Réunion encadrement Gestion des imprévus* — 9 / 10	*Préparation de commande* — 9 / 10
11	11	*Achat à la Centrale* — 11 / 12	*Présence en rayon* — 11	11	11
12	12		12	12	12
13	13	13	13	*Présence en rayon* — 13	13
Analyse comptable — 14 / 15	14 / 15	*Présence en rayon* — 14 / 15	*Réunion d'Équipe* — 14 / 15	14 / 15	14 / 15
16	*RDV fournisseur* — 16 / 17	16	16	16	16
Présence en rayon — 17 / 18	18	17 / 18	17 / 18	17 / 18	17 / 18
19	19	19	19	19	19
20	20	20	20	20	20
21	21	21	21	21	21

TÉMOIN

Anne Feldmann, chef de rayon à Auchan La Défense

« *Je suis sortie de l'école en juin 1991. Après un stage de fin d'étude à France Telecom, comme je souhaitais m'orienter vers une fonction plus commerciale, j'ai prospecté du côté de la grande distribution. En novembre 1991, j'ai été embauchée par Auchan, d'abord en tant que stagiaire chef de rayon pour une durée de 6 mois. Pendant cette période, sous la responsabilité d'un parrain (lui-même chef de rayon), j'ai alterné les formations théoriques à « l'École des Managers » et la formation pratique sur le terrain (remplissage de rayons, gestion de stocks, gestion d'un sous-rayon). A l'issue de cette période, j'ai été nommée en février 1992 chef du rayon textile enfant, poste que j'occupe toujours actuellement. C'est un métier passionnant et très prenant qui nécessite un investissement personnel et en temps très important. L'absence de week-ends, le nombre d'heures de travail quotidien peuvent effrayer, mais le travail avec son équipe et la réussite des objectifs fournissent toujours la motivation nécessaire.* »

la concurrence et doit pouvoir offrir dans son rayon les produits que la clientèle demande.

Le chef de rayon dans l'entreprise

Le chef de rayon dans l'entreprise est placé sous la responsabilité d'un chef de secteur (textile, produits alimentaires etc...), lui-même sous la responsabilité du directeur adjoint puis du directeur de magasin. Le chef de rayon, en interne, est en relation avec l'ensemble des services du magasin. Avec son équipe tout d'abord (du gestionnaire de sous-rayon aux employés de service) et son chef de secteur, avec qui sont discutés les objectifs et les moyens à mettre en place pour les atteindre. Il est également en relation avec la comptabilité qui est à même de lui fournir les comptes d'exploitation concernant son rayon. Avec le service du personnel pour tout ce qui a trait aux problèmes de paie, d'embauche ou aux éventuels litiges intéressant son équipe. Enfin, il est en relation avec la caisse centrale du magasin qui lui fournit à tout moment l'état des ventes de son rayon. En externe, il est en contact avec l'ensemble des représentants et des fournisseurs avec qui il négocie les prix d'achat de produits ou la présence de ceux-ci dans son rayon. Il traite également avec la centrale d'achats du magasin où il achète en fonction de son budget les produits qui lui sont proposés. Il est de même chargé de superviser le travail des merchandiseurs. Enfin, il est en contact direct avec la clientèle pour la renseigner, la conseiller ou régler certains différends. Ici intervient une notion incontournable de « service ».

Les postes de chef de rayon sont pourvus à 50 % par promotion interne et à 50 % par recrutement externe dont une grosse partie de diplômés d'écoles de commerce. Après 4 à 5 ans à ce poste, le chef de rayon peut évoluer vers des fonctions de chef de secteur, de contrôle de gestion, de contrôle interne du magasin, vers des postes à responsabilités au sein de la direction des ressources humaines ou d'acheteur pour une centrale. Il faut noter que nombre de directeurs de magasin ont commencé leur carrière comme chef de rayon.

Pour ce qui est de la rémunération, les salaires tournent autour de 130 à 150 KF annuels brut auxquels s'ajoutent des primes liées aux résultats pouvant atteindre jusqu'à deux mois de salaires brut.

Profil du chef de rayon

La particularité de cette fonction réside dans le fait qu'une grande part des postes sont pourvus par promotion interne. En effet, la capacité d'adaptation au rythme de la grande distribution est aussi importante que la formation initiale, celle-ci pouvant être complétée par une « formation maison » qui fait alterner théorie et pratique. Le chef de rayon suit ainsi des modules de formation en management, commerce, gestion de stocks, de culture générale mais aussi une formation dans le magasin même. Ces postes sont donc ouverts à tous, les accepter relève surtout d'une question de motivation car week-end et vie de famille ne sont pas toujours compatibles avec les contraintes qu'ils impliquent. Néanmoins, les personnes issues d'écoles de commerce y sont plus naturellement disposées par la vocation même de leurs études.

Le chef de rayon est avant tout une personne de terrain. Il doit être dynamique, ouvert, aimant exercer des responsabilités et travailler avec une équipe et n'hésitant pas à mettre « la main à la pâte ». Il doit être organisé et rigoureux. Toujours à l'écoute des commentaires des clients qui passent dans son rayon pour améliorer sans cesse la qualité du service qu'il leur rend, mais également pour mieux connaître leur comportement d'achat. La curiosité d'un chef de rayon doit pouvoir se transformer à court terme en amélioration du résultat des ventes.

Il maîtrise les logiciels de gestion propres à son magasin qui lui permettent de consulter à tout instant l'état des stocks et des ventes de son rayon. La connaissance d'une langue étrangère est utile notamment lorsqu'il travaille avec des fournisseurs étrangers mais elle n'est pas indispensable.

Les grandes écoles et leurs formations spécialisées

Ce poste pourra être un très bon tremplin pour un étudiant d'ESC voulant faire carrière dans la grande distribution et ayant suivi une spécialisation dans ce secteur, par exemple à l'Institut Supérieur du Commerce ou à l'ESC Compiègne.

LES MOTS-CLÉS DU CHEF DE RAYON

Linéaire : rayonnage dans une surface de vente.

Rayon : ensemble des linéaires constituant la surface de vente d'une catégorie d'articles.

Gondole d'entrée : emplacement saisonnier situé en début de linéaire.

Référencement : attribution pour chaque article du rayon d'une référence. Aujourd'hui, il s'accompagne de l'attribution d'un code barre.

Code barre : système d'identification des produits par lecture optique.

Réserve : espace de stockage.

Palette : unité de stockage des produits permettant leur rangement et leur déplacement rapide.

Rack : étagère où l'on range les palettes dans la réserve.

Réassort : réapprovisionnement permanent d'un rayon.

CA : le chiffre d'affaires.

Directeur de magasin

Définition

Le directeur de magasin est la personne qui dirige et anime l'ensemble des activités commerciales et coordonne les différents services (administratifs et commerciaux) d'une surface de vente. Il est chargé de faire appliquer dans son magasin la politique commerciale et sociale définie par sa direction générale. Il intervient dans la gestion du personnel, dans le recrutement, dans la formation et dans le suivi de la politique sociale du groupe. Il est l'interlocuteur des salariés pour le règlement des questions sociales. Il est responsable des résultats financiers de son point de vente. A ce titre, il intervient dans la supervision de la comptabilité et de la gestion. A l'intérieur de son magasin, lui incombent la sécurité des biens et des personnes, le respect de la réglementation en matière de sécurité et de législation du travail. Il est responsable de l'organisation générale du lieu de vente (organisation des rayons, mise en place des produits) ainsi que l'image de marque de sa surface de vente et de son groupe, et de son implication dans la vie locale (soutien aux associations, sponsoring). Il assure les relations avec l'ensemble des services municipaux et départementaux (voirie, inspection du travail…) et les autres surfaces de

Le directeur de magasin consacre 30 % de son temps à la gestion et au contrôle, 15 % à des réunions avec l'encadrement. Il en passe 40 % dans le magasin à superviser, contrôler et observer l'activité. Le reste de son temps est consacré à la formation des personnels, aux relations avec les services internes et les sociétés qui participent au fonctionnement du magasin.

La semaine du directeur de magasin

Lundi **14** (03) Mars	Mardi **15** (03) Mars	Mercredi **16** (03) Mars	Jeudi **17** (03) Mars	Vendredi **18** (03) Mars	Samedi **19** (03) Mars
Bilan de la journée précédente					
Réunion avec l'encadrement pour fixer les objectifs de la semaine *Attribution des objectifs* *Déroulement rush* *Observation* *Comptabilité et gestion contrôle des résultats* *Fermeture*	*Tour de maintenance et propreté* *Point sur la sécurité* *Présence en magasin* *Fermeture*	*Vérification des plannings* *Déjeuner fournisseur* *Réunion avec société de maintenance* *Présence en magasin* *Fermeture*	*Réunion avec la Direction Générale* *Réunion avec responsable de rayon* *Présence en magasin* *Fermeture*	*Contrôle de l'état du magasin et du service apporté à la clientèle* *Mise en place d'opération : supervision* *Rush* *Présence sur le terrain observation* *Fermeture*	*Gestion et comptabilité* *Repos* *Fermeture*

TÉMOIN

Philippe Merlin, directeur de magasin « Kangourou »

« J'ai terminé mes études commerciales en 1979. De 1980 à 1982, j'ai participé à la création d'un guide de vente par correspondance En 1983, je suis entré chez Strafor Facom en tant que responsable grands comptes où je m'occupais de la vente aux industriels. En 1984, il y a de cela dix ans, j'ai été recruté par Mac Donald France qui était à cette époque en train de se développer sur le marché français. J'ai donc travaillé dans cette société de 1984 à 1991, les deux premières années comme assistant manager, c'est-à-dire comme adjoint d'un directeur de restaurant, puis comme 1er assistant et à partir de 1987 comme directeur chargé de la supervision de trois restaurants, soit un total de 80 à 120 personnes. En 1991, j'ai quitté Mac Donald pour la société Kangourou qui m'a recruté en tant que directeur de magasin responsable de l'extension du réseau de franchise. Que dire de ce métier sinon qu'il est passionnant et, comme toute passion, très prenant. »

ventes. Il est chargé de relayer à son niveau les campagnes publicitaires ou autres opérations nationales de son groupe.

Le directeur de magasin dans l'entreprise

Les tâches d'un directeur de magasin varient en fonction de la taille de son point de vente. Limitées à un rôle de supervision et de contrôle dans les grandes surfaces type hypermarché, elles se diversifient et comprennent une plus grande implication sur le terrain dans les petites et moyennes surfaces. Quoi qu'il en soit, il est bon de savoir qu'un directeur passe régulièrement 8 à 12 heures par jour dans son magasin et ce, entre 5 et 7 jours par semaine dans les périodes chargées (fêtes de fin d'année...). De plus, toujours en fonction de la taille du point de vente, le nombre de personnes qu'il dirige peut varier de 10 et 400, toutes fonctions confondues.

Dans son magasin, le directeur est seul maître à bord après sa direction générale qui lui a assigné des objectifs commerciaux. Ceux-ci sont fixés au cours de réunions annuelles durant lesquelles il est consulté. Pour assurer l'application de ces directives, il travaille en collaboration avec les services internes de sa structure : la direction du personnel, la comptabilité, la réception, la caisse centrale. Avec eux mais aussi avec les personnes qui travaillent sur le terrain (chefs de rayon ou de département…), il assure la mise en place de procédures (gestion du personnel, disposition du magasin, sécurité, dépôt d'argent, respect des heures d'ouverture…) et l'application de la politique commerciale.

A l'extérieur, il est en relation avec l'ensemble des personnes ou sociétés qui constituent son environnement. Elles sont nombreuses. Les centrales d'achats, les fournisseurs, les sociétés de livraison, les sociétés de maintenance, de gardiennage, d'entretien etc. Avec l'ensemble de ces interlocuteurs, il peut être amené à négocier les meilleurs services, les meilleurs prix. Il doit aussi, dans une certaine mesure, prendre en compte les réclamations des clients et trouver une solution rapide à leurs problèmes.

Les salaires varient eux aussi en fonction de la taille de la surface de vente. Ils se situent entre 250 et 350 KF annuels auxquels peuvent s'ajouter des avantages en nature (voiture ou appartement de fonction). Les possibilités d'évolution de carrière sont nombreuses ; un directeur de magasin peut choisir l'opportunité de progresser dans la hiérarchie de son groupe, de prendre la tête d'une surface de vente plus importante, ou d'ouvrir sa propre affaire par l'intermédiaire d'un réseau de franchise.

Profil du directeur de magasin

Le métier s'adresse principalement à des personnes de formation commerciale ayant une expérience de plusieurs années dans la distribution comme chef de département ou de secteur. Ces postes sont aussi accessibles à de jeunes diplômés des grandes écoles de commerce après une première expérience comme directeur adjoint ou, à l'opposé, à des autodidactes, après qu'ils aient gravi peu à peu l'échelle hiérarchique. Métier complet, il intègre les aspects humains et commerciaux… Le directeur de magasin est responsable de tout ce qui se passe dans son point de vente, aussi doit-il savoir s'entourer d'une véritable équipe qu'il doit motiver et rendre performante. Il doit savoir déléguer tout en contrôlant de façon intelligente. Il doit faire preuve d'adaptabilité, en même temps que de rigueur, savoir se remettre en question et se former. Le directeur de magasin doit posséder des compétences en gestion, en comptabilité et en droit. Il peut compléter sa formation en suivant des stages de management, de gestion opérationnelle et d'informatique. Il n'est pas rare qu'il suive aussi des stages de gestion des ressources humaines afin d'appréhender la psychologie des individus (stages d'analyse transactionnelle, de programmation neurolinguistique). L'anglais est bienvenu mais non indispensable, l'informatique, qui lui permet d'établir les plannings ou la gestion des commandes, est généralement constituée de logiciels maison dont la maîtrise s'acquiert sur le poste.

Les grandes écoles et leurs formations spécialisées

Toutes les ESC conduisent naturellement à prendre la responsabilité d'un magasin. Il est préférable bien évidemment de se spécialiser en 3e année en distribution, marketing/vente, ou encore en grande consommation ou grande distribution.

LES MOTS-CLÉS DU DIRECTEUR DE MAGASIN

Panier moyen : la moyenne des dépenses par client.

Rush : les périodes où l'activité du magasin est la plus forte, généralement à midi et le soir (heures d'affluence).

Chiffre d'affaires : la somme des ventes réalisées par le magasin.

Ratio chiffre d'affaire au m² : le chiffre d'affaires divisé par la surface du point de vente.

Ventilation du chiffre d'affaires : la répartition par secteur (liquides, produits ménagers..) du chiffre d'affaires.

Vitrine : le premier contact avec un magasin, doit donner envie de pénétrer dans le lieu de vente.

Thèmes annuels : Noël, fête des mères, autant d'événements qui conditionnent l'organisation des activités du magasin.

Objectifs : résultats commerciaux à atteindre fixés par la direction.

Actions promotionnelles : actions ponctuelles menées par le magasin (soldes, foire aux vins…).

Chef des ventes

Définition

Chaînon indispensable du système de vente de l'entreprise, le chef des ventes met en œuvre, sur le terrain, la politique commerciale de l'entreprise : il définit les objectifs de vente de son secteur (pays ou région), anime et contrôle les activités d'une équipe de vente chargée de réaliser ces objectifs et participe lui-même à la vente. Sa mission est claire : accroître le volume des ventes, le chiffre d'affaires, la marge et la part du marché détenue par l'entreprise.

L'animation de l'équipe de vente est la première de ses préoccupations. Interlocuteur privilégié des vendeurs, il sait se rendre disponible pour les informer, leur définir clairement les règles du jeu, les accompagner dans les négociations difficiles, arranger certains délais de payement, les former et répondre, si possible, à leurs aspirations personnelles… Car ne pas savoir motiver ou rassurer, c'est l'échec possible. Responsable de la qualité de sa force de vente, le chef de vente oriente son recrutement, décide des mutations et des promotions et répond de ses vendeurs devant la hiérarchie…

Sa force de vente doit certes être motivée et adaptée aux réalités du marché, mais

Le chef des ventes consacre 40 % de son temps à l'animation et la gestion de sa force de vente (réunions, téléphone, accompagnement sur le terrain...). Il se déplace beaucoup, près de 30 % de son temps, en clientèle. Les 10 % restants lui permettent de se caler avec les services internes (logistique, marketing, production...), de mesurer les résultats obtenus et de monter ses plans d'action.

Lundi 14 (03) Mars	Mardi 15 (03) Mars	Mercredi 16 (03) Mars	Jeudi 17 (03) Mars	Vendredi 18 (03) Mars	Samedi 19 (03) Mars
8	8	8	8	8	8
9	9	9	*Réunion dvpt produit avec labo* 9	9	9
Réunion cadres de l'entreprise 10	10	*Clientèle* 10	10	10	10
11	11	11	11	*Visite* 11	11
Réunion force de vente hebdomadaire 12	12	12	12	*clientèle* 12	12
13	13	13	*Réunion responsables de production* 13	*avec* 13	13
Téléphone suivi clients 14	*Clientèle* 14	*Entretien recrutement vendeur* 14	14	*nouveau* 14	14
15	15	15	15	*vendeur* 15	15
16	16	*Étude résultats du mois écoulé* 16	*Mise au point argument de vente pour nouveau produit* 16	16	16
17	17	17	17	17	17
18	18	18	18	18	18
19	19	19	19	19	19
20	20	20	20	20	20
21	21	21	21	21	21

Alex Maupas,
chef des ventes Rexor
Rhône-Poulenc

« Je suis arrivé dans l'industrie un peu par hasard mais j'avais choisi le commercial comme filière professionnelle. Par goût du contact, de l'autonomie, de la liberté d'action, de l'initiative... Un conseil pour progresser : choisir de vendre de bons produits ! J'en ai fait moi-même la triste expérience...

Je suis depuis 1991 chef des ventes France de Rexor, transformateur de film plastique, leader sur le marché des couvertures de survie (300 000 ventes par an), fabricant des bandes d'arrachage pour produits alimentaires (portions de fromage lisse, apéricubes...). Je réalise avec mon équipe (4 personnes) un chiffre d'affaires de 40 MF. J'étais arrivé dans l'entreprise en 1989 en tant qu'attaché commercial export. Mais j'avais occupé déjà quatre postes auparavant.

A la sortie de l'École, j'ai été responsable des prêts à l'habitat social au Crédit Agricole (2 ans), puis chargé d'études chez Rank Xerox (2 ans). J'ai ensuite créé et géré une entreprise d'export, Primexport (1 an) avant de rejoindre la société Ohmeda, spécialiste de matériel hospitalier lourd de chirurgie et de réanimation, en tant qu'attaché commercial (1 an). Mon parcours est assez éclectique. Mais c'est un peu la logique du métier. »

elle doit aussi répondre à des objectifs précis de commercialisation. Le chef des ventes suit attentivement les résultats commerciaux, analyse les écarts et établit d'éventuels plans d'action pour rattraper les objectifs préalablement définis. Il peut stimuler son équipe en attribuant des primes ou en organisant des concours de vente…

Le chef de vente prospecte enfin lui-même les clients potentiels les plus importants, négocie les affaires délicates et apporte à sa hiérarchie toutes les informations recueillies sur le terrain qui sont susceptibles d'améliorer la stratégie commerciale de l'entreprise.

Le chef des ventes dans l'entreprise

Rattaché à la direction commerciale, le chef des ventes est responsable d'une zone et d'une équipe de vente. L'étendue de sa zone d'action nécessite quelquefois un découpage géographique supplémentaire, chacune des parties est alors sous la responsabilité d'un chef de secteur, lui-même directement responsable de quelques vendeurs.

Au-delà des contacts réguliers avec les vendeurs (internes et externes à l'entreprise) et les chefs de secteur…, le chef des ventes a des relations étroites avec le marketing, la finance, la production, la logistique, l'informatique… Il traite et règle avec eux tous les problèmes liés à la conception, à la fabrication, à la distribution des produits pour que les commandes clients soient satisfaites. Pour cela, il interpelle le bureau d'études s'il s'aperçoit que des modifications techniques sont nécessaires. Il s'assure que les livraisons seront effectuées au bon moment, dans les quantités et la qualité requises.

Il signale à la production les chutes probables de vente ou annonce les augmentations ; il s'inquiète des stocks et des délais. Il contrôle l'exécution des programmes de promotion prévus avec le marketing. Il règle les contentieux avec le service juridique…

Le chef des ventes est un homme d'expérience. Vendeur pendant trois ans minimum, il est devenu chef de secteur avant d'accéder au poste de chef des ventes. Il a pu changer fréquemment d'entreprise. Il se destine traditionnellement à la fonction de directeur commercial. Son salaire se situe entre 260 à 470 KF par an.

Profil du chef des ventes

Certains autodidactes parviennent à ce poste, mais les études supérieures en gestion et en commerce sont largement appréciées par les recruteurs. Etudes qu'il faut obligatoirement prolonger d'une expérience de la vente.

Le chef des ventes est avant tout le capitaine de son équipe. Meneur d'hommes et fin pédagogue, il sait motiver, entraîner, guider, accompagner, rassurer, former et récompenser... C'est un homme de terrain qui est rompu à l'animation professionnelle de la vente.

Il doit faire preuve de facilité dans le relationnel, et d'enthousiasme communicatif. Mais il sait également trancher, décider ou défendre ses vendeurs. Il se fait respecter en tant que responsable et se fait aimer en tant qu'individu.

Gestionnaire rigoureux, il veille au respect du budget, des délais, des contrats de vente. C'est un homme de chiffres qui sait utiliser les systèmes informatiques (gestion intégrée).

Expert en techniques de vente et négociateur, il a le sens du marketing, de la stratégie et le goût du défi.

Les grandes écoles et leurs formations spécialisées

Ici encore, c'est la vocation première des ESC de former leurs étudiants à prendre la responsabilité du secteur vente d'une entreprise. Toutes les écoles enseignent l'ensemble des outils qui permettent d'optimiser les ventes. Certaines, comme l'EDHEC, ont mis au point des matériels pédagogiques (EAO) pour simuler des situations de négociations commerciales.

LES MOTS-CLÉS DU CHEF DES VENTES

Force de vente : équipe de vendeurs internes ou externes à l'entreprise, de chefs de secteur, chargés d'effectuer les ventes.

Stimulation : outil ponctuel et tactique qui provoque la mobilisation temporaire d'une équipe autour d'un objectif par la promesse d'une gratification exceptionnelle.

Réseau commercial : organisation de la frappe commerciale de l'entreprise mêlant vendeurs internes, agents indépendants, distributeurs...

Référencement : s'utilise surtout pour la grande distribution, où les produits sont connus des grossistes, des centrales d'achats, donc inscrits dans leurs « catalogues » d'achat.

Délai : temps accordé pour fournir au client le produit commandé.

Prix marché : prix auquel le marché achète.

Prime : somme versée par l'entreprise au vendeur pour l'intéresser aux résultats commerciaux obtenus.

Marge : différence entre le prix de vente hors taxe et le coût.

Concours de vente : méthode d'émulation des vendeurs où il s'agit de faire le plus gros chiffre d'affaires. Les gagnants sont récompensés de diverses manières : cadeaux, voyages...

Agent : mandataire indépendant négociant et concluant des contrats au nom et pour le compte d'une entreprise.

Part de marché : pourcentage de la demande du marché actuel d'un produit ou d'un service obtenu par l'entreprise.

Ingénieur commercial

Définition

La fonction d'ingénieur commercial est propre aux entreprises qui développent des biens industriels ou des produits et services de haute technologie (électronique, informatique, télécommunication…). L'objectif de l'ingénieur commercial est de faire progresser le chiffre d'affaires de la société en emportant de nouveaux contrats. Il assure pour cela le développement commercial, l'accroissement des ventes et la pénétration de la société auprès d'une clientèle essentiellement industrielle.

Il alterne actions de prospection et actions de consolidation : chasseur, il multiplie ses contrats et recherche de nouveaux acheteurs. Éleveur, il développe les service offerts aux clients et leur propose des produits toujours plus performants.

Tout à la fois chasseur et éleveur, donc, l'ingénieur commercial se rapproche de l'architecte dans l'attention qu'il porte aux solutions qu'il amène au client et dans son suivi de la construction du produit ou du service…

Ce client, il l'aura auparavant largement rencontré pour lui présenter ses produits et pour identifier puis qualifier très clairement ses besoins. De retour dans l'entre-

L'ingénieur commercial passe 40 % de son temps en clientèle, 30 % en rédaction de proposition, 20 % en prospection et coordination de tous les services de l'entreprise, et 10 % en formation aux nouvelles technologies…

La semaine de l'ingénieur commercial

Lundi 14 (03) Mars	Mardi 15 (03) Mars	Mercredi 16 (03) Mars	Jeudi 17 (03) Mars	Vendredi 18 (03) Mars	Samedi 19 (03) Mars
8	8	8	8	8	8
9 *Réunion équipe commerciale*	9	9	9 *Prospection téléphonique*	9 *Rencontre avec production conception logistique pour mise au point produit ou service*	9
10	10	10	10	10	10
11	11	11	11	11	11
12	12 *RDV chez client*	12 *RDV client dans l'entreprise*	12	12	12
13	13	13	13	13	13
14	14	14	14 *Rédaction proposition*	14	14
15 *Rédaction proposition*	15	15	15	15	15
16	16	16	16	16	16
17	17	17	17 *Veille techno-logique sur concurrence*	17	17
18	18 *Rapport de la journée*	18 *Rapport de la journée*	18	18	18
19	19	19	19	19	19
20	20	20	20	20	20
21	21	21	21	21	21

Christophe Mathevet, ingénieur commercial chez ITMI-APTOR

« J'ai toujours été fortement intéressé par l'informatique... Alors ITMI, ce n'est pas un hasard. Filiale du Groupe Cap Gemini Sogeti, nous sommes des spécialistes des technologies avancées de l'informatique mises au service de l'industrie. Nos clients : Sollac, Dassault, Valéo, Alcatel, Peugeot et bien d'autres...

J'ai intégré l'ESC après un an de Deug A, et un IUT GEA. J'ai complété ma formation par un DEA de stratégie d'entreprise. ITMI est ma première entreprise. J'y suis entré en 1990 comme ingénieur commercial. J'ai eu la chance de pouvoir allier ma passion de l'informatique, mon désir d'autonomie et de travail d'équipe. Je suis, de nature, plutôt chasseur. D'ailleurs, je pencherais assez vers la fonction chef de produit dans le futur. Mon job m'y prépare bien »

prise, l'ingénieur commercial soumet cette demande aux services techniques de l'entreprise. Estimation, devis, voire maquette ou prototype... l'ingénieur commercial peut être accompagné d'un ingénieur technique dans ses contacts avec le client. Seul ou en binôme, il mène les négociations commerciales, techniques et financières. Sa mission se poursuit souvent au-delà de la signature du contrat de vente. A lui de suivre l'équipe chargée d'élaborer le produit ou le service vendu, de le livrer, de l'installer... L'ingénieur commercial s'apparente alors au chef de produit.

Le titre d'ingénieur commercial est quelquefois abusivement porté par des attachés commerciaux.

L'ingénieur commercial dans l'entreprise

Souvent sous l'autorité du directeur commercial ou d'un directeur d'unité, l'ingénieur commercial est la courroie de transmission entre le client et la conception, la production et les services administratifs de l'entreprise. L'entreprise lui laisse pour cela bien souvent carte blanche. Exemple : suite à un cahier des charges rédigé par le client, la proposition émise par l'ingénieur commercial, est une synthèse des travaux du bureau d'études, validée par le responsable qualité de l'entreprise. Des juristes et des financiers l'aideront enfin à monter le contrat de vente. Habituellement, l'ingénieur commercial mène en direct les négociations mais il peut s'appuyer sur une équipe de vente. Il peut être alors chef de vente et il accompagne ses agents sur le terrain, les forme aux techniques commerciales propres à l'entreprise et les motive. Il peut également évoluer dans une logique « chef de produit ». Il définit alors une politique marketing adaptée aux produits ou services dont il a la charge, et engage des plans d'actions de commercialisation et de communication : il se préoccupe, par exemple, des circuits de distribution par lesquels les produits seront commercialisés ou de leur campagne publicitaire de lancement. L'ingénieur commercial est un homme d'expérience, ingénieur promu à la vente ou commercial rompu aux techniques développées par l'entreprise. S'il n'accède pas forcément au poste de directeur commercial, il traite progressivement d'affaires de plus en plus importantes, voire s'oriente ouvertement vers la fonction de chef de produit.

La rémunération de l'ingénieur commercial évolue dans une fourchette allant de

170 à 530 KF par an. Sa rémunération est souvent faite d'un fixe et de commissions, voire de primes sur objectifs.

Profil de l'ingénieur commercial

L'ingénieur commercial allie souvent formation d'ingénieur ou de technicien et expérience commerciale. Mais la fonction est ouverte aux diplômés d'ESC fortement sensibles à la technique, par passion et par connaissance. Un conseil pour ces commerciaux de formation : multiplier les stages en industrie, à des postes similaires.

L'ingénieur commercial est avant tout un vendeur : il sait écouter, convaincre, négocier. Mais ce n'est tout de même pas un vendeur ordinaire, il bénéficie d'une grande autonomie dans sa prospection et dans ses négociations. Il est créatif et doit faire preuve d'imagination en temps réel (face au client par exemple) même s'il n'est en aucun cas l'ingénieur ou le technicien développeur. Il est organisé, pragmatique, rigoureux et précis. Il sait coordonner gestionnaires et scientifiques pour remplir le contrat signé avec le client, sans se laisser envahir par le stress… Il lui faut pour cela maîtriser leur langage respectif, comprendre leurs contraintes et les convaincre du bien-fondé de ses propres obligations. Sans véritable pouvoir hiérarchique sur eux, il doit redoubler de diplomatie pour obtenir leur engagement.

Il parle couramment anglais, et quelquefois une autre langue.

Les grandes écoles et leurs formations spécialisées

Toutes les ESC, en particulier celle de Grenoble qui a fondé toute sa pédagogie sur le management technologique, visent à préparer l'étudiant à être une interface efficace entre les clients des hautes technologies et les industries des produits et services high tech. C'était la première fois qu'on voyait un étudiant d'ESC travailler en binôme avec un élève ingénieur sur un projet. Citons encore l'ESC Montpellier qui a ouvert un DESS de « Carrière technico-commerciale de l'informatique » et l'ESC Lille qui abrite un 3e cycle en « Gestion d'affaires et Ingénierie ».

LES MOTS-CLÉS DE L'INGÉNIEUR COMMERCIAL

Chasseur : commercial dont l'objectif principal est la prospection de nouveaux clients.

Éleveur : commercial dont l'objectif principal est de proposer à d'anciens clients des développements ou produits nouveaux.

Qualifier un client : valider les informations importantes commercialement (budget, planning, procès de décision...).

Cahier des charges : document recueillant l'ensemble des besoins et des contraintes du client pour un produit ou un service donné et le choix des solutions préconisées.

Recherche et Développement (R & D) : ensemble des activités permettant l'innovation par la découverte de nouvelles techniques, de nouveaux produits, voire de nouveaux usages.

Marge : différence entre le prix de vente hors taxe et le coût.

Prime sur objectif : somme versée par l'entreprise à l'ingénieur commercial si les objectifs sont atteints.

Contrat à terme : contrat entre deux sociétés pour la livraison de marchandise à une date ultérieure et à un prix convenu.

Directeur commercial

Définition

Le directeur commercial est l'un des hommes clés de l'entreprise. Sa mission : accroître le chiffre d'affaires de la société en optimisant la qualité des services et des produits vendus. C'est lui qui coordonne toutes les activités de conception et de réalisation de l'action commerciale.

Le responsable commercial visualise avec détails l'état du marché, de la concurrence grâce aux études qu'il commandite au service marketing. Les informations qui lui reviennent des contacts terrain (feed-back des vendeurs) ou qu'il glane dans les salons professionnels lui sont également précieuses.

Il dresse, après analyse de l'ensemble de ces données, d'une part le profil de l'acheteur et, d'autre part, le portrait du produit qu'il voudrait acquérir. Il mobilise alors l'ensemble des services (marketing, études, logistique, finances…) dans l'adéquation du produit à l'acheteur et évalue parallèlement les ressources nécessaires à sa commercialisation. Ressources en hommes et en outils de vente. Il procède, avec la direction des ressources humaines, au recrutement du personnel : vendeurs, chefs de vente… Il définit avec le marketing et la direction communication les outils de vente

Le directeur commercial passe 30 % de son temps à gérer ses hommes, à les accompagner, à les motiver… sur le terrain, au téléphone, en réunion…
Il en consacre également 30 % à coordonner tous les services de l'entreprise pour remplir les objectifs de sa politique commerciale, et partage les 40 % restants entre la négociation des gros contrats, l'étude du marché et la préparation de son plan d'action.

Lundi 14 (03) Mars	Mardi 15 (03) Mars	Mercredi 16 (03) Mars	Jeudi 17 (03) Mars	Vendredi 18 (03) Mars	Samedi 19 (03) Mars
8 Réunion avec chefs de vente	8 Réunion pour nouveau catalogue	8 Etape finale de négociation grand compte	8 Entretien recrutement 2 chef des ventes	8 Présentation du budget prévisionnel	8
11 Entretien téléphonique avec agent en difficulté de négociation	Déjeuner responsable recrutement	Déjeuner avec client	Téléphone client Déjeuner		
14 Préparation du budget prévisionnel	RDV responsable des achats	Client invité dans l'entreprise	resp. production Réunion équipe sur la concurrence	Réunion d'information avec chef des ventes et vendeurs France	
Entretien téléphonique avec client	Réunion avec service financier				

47

Frédéric Lazareth, directeur commercial de CMS Braillon

« J'ai toujours eu le goût pour l'industrie et la PME. La PME vous donne la possibilité de progresser, d'être rapidement décideur. Financièrement ce n'est pas la meilleure situation, mais cela m'importe peu. Ce que je veux, c'est accéder à la direction d'une entreprise, en la créant ou en la reprenant... Et là, l'expérience du commercial, et plus encore de la direction commerciale est fondamentale. Vous travaillez avec tous les services, vous suivez des dossiers de plusieurs milliers de francs, passant de l'export à la logistique, aux finances, aux moyens de payement, au travail avec le bureau d'étude. Et vous avez carte blanche. Objectif : augmenter votre CA et aider l'entreprise à se développer. Mais attention, vous devez donner l'exemple, être là dans les coups durs.

Je suis chez CMS Braillon, division filtres mécaniques, depuis 3 ans. Je commercialise, dans 40 pays différents, des filtres fins et superfins pour l'eau, eau potable, eaux industrielles, rejets dans l'environnement.

Dès la sortie de Sup de Co, en 1989, je suis entré dans le commercial. D'abord, ingénieur commercial grands comptes d'une PME spécialisée dans le façonnage des couvertures métalliques, je suis devenu rapidement chef de département, chargé de réorganiser une division de l'entreprise... Cela a duré un an. »

appropriés. Il négocie enfin avec la direction un budget prévisionnel de fonctionnement.

La politique commerciale qu'il présente à la direction générale répond à trois questions fondamentales : que vendre, à qui et comment ? Mais sa mission ne s'arrête pas là. Responsable de la mise en œuvre de cette politique, il intervient souvent dans la négociation de gros contrats. Attentif à l'évolution des indicateurs économiques de l'entreprise et du marché, il veille à leur mise à jour régulière et réajuste si nécessaire sa politique commerciale et les moyens dont il l'a dotée.

Le directeur commercial peut être chargé d'animer le réseau commercial, s'il exerce, dans le même temps, la fonction de directeur des ventes. Ce qui est souvent le cas dans les PME.

Le directeur commercial dans l'entreprise

Sous l'autorité immédiate du dirigeant, le directeur commercial est l'un des décideurs de l'entreprise. La politique qu'il élabore influe sur l'organisation de l'entreprise et des différents services, bien qu'il n'exerce sur eux aucun pouvoir hiérarchique : il définit, avec les responsables de production, des études, du personnel et des finances... des objectifs communs afin d'optimiser la commercialisation des produits ou des services de l'entreprise. Par exemple, il évalue la situation économique des clients avec les services financiers, réfléchit avec eux à des formules de règlement spécifiques ou il informe les vendeurs de la solvabilité de leurs clients...

Il apporte méthode et organisation de travail à ses agents. Il mobilise les équipes en communiquant son enthousiasme mais aussi en proposant des objectifs clairs. Il lui revient de déceler les potentiels et les faiblesses de sa force de vente. S'il ajoute la direction des ventes à sa fonction, son contact avec les vendeurs est régulier. Il favorise leur initiative et leur créativité. Car ne pas savoir motiver ou rassurer un réseau peut conduire à l'échec.

Le directeur commercial est un homme d'expérience. Il a probablement d'abord été vendeur, puis a progressé alternativement dans la vente et le marketing. Il a occupé pendant cinq ans minimum un poste de responsabilité : directeur des ventes, chef de zone… La direction commerciale est une porte ouverte vers la direction générale d'unité ou de filiale…

Le salaire du directeur commercial évolue dans une fourchette allant de 300 à 950 KF par an.

Profil du directeur commercial

Même si les autodidactes montés à la force du poignet accèdent à ce poste, les diplômés d'école d'ingénieur ou d'ESC sont les plus recherchés. Ce qui ne les dispense pas d'une expérience de terrain, bien au contraire. Le secteur industriel privilégie encore beaucoup les ingénieurs, bien que d'anciens ESC commencent à y faire leur trou.

Poste attirant par ses responsabilités et par sa dimension opérationnelle, la direction commerciale est un métier complexe : son responsable se soucie autant des hommes que des résultats financiers. Il doit allier rigueur professionnelle et chaleur humaine. Le directeur commercial est un manager disponible : il ne se limite pas à organiser des réunions avec les vendeurs, il est sur le terrain et montre l'exemple. Il exige les mêmes qualités pour ses vendeurs que pour lui-même. Il a certes une connaissance poussée des techniques de ventes et de promotion, il connaît parfaitement les réseaux de distribution propres à chaque produit, le marché et l'ensemble des partenaires… D'autre part, il est souvent le porteur de l'image de l'entreprise en interne comme à l'extérieur ; il est alors apprécié pour sa forte aptitude à motiver et à mobiliser ou à communiquer.

Parlant l'anglais, il maîtrise aussi d'autres langues étrangères si l'entreprise exporte. Il s'est alors aussi familiarisé avec la législation et les pratiques commerciales des pays clients.

Généraliste, ce praticien de la vente et du marketing est un gestionnaire rigoureux, un fin financier, un stratège averti.

Les grandes écoles et leurs formations spécialisées

Devenir le directeur commercial d'une grande entreprise doit être le rêve de tout étudiant des ESC qui désire travailler dans la vente. Après sa formation initiale, il veillera à poursuivre sa formation grâce aux nombreuses spécialisations offertes par les écoles, que ce soit dans les outils, dans les secteurs ou dans les méthodes.

LES MOTS-CLÉS DU DIRECTEUR COMMERCIAL

Dumping : vente à un prix très bas, parfois en dessous du prix de revient.

Cotation : détermination du prix de transaction sur le marché.

Part de marché : pourcentage de la demande du marché actuel – d'un produit ou d'un service – obtenu par l'entreprise.

Tableau de bord : ensemble des indicateurs et des ratios de gestion utilisés pour suivre le fonctionnement d'une entreprise.

Arbitrage : procédure de règlements des litiges commerciaux autres que la procédure judiciaire. L'arbitre peut être un groupe d'experts : l'un deux sera désigné pour prendre la décision finale, appelée « sentence arbitrale ».

Vente missionnaire : synonyme de prospection de nouveaux clients ; technique utilisée pour soutenir la force de vente d'un grossiste ou d'un distributeur.

Dans chaque numéro d'Espace Prépas :

espace INFOS

Evaluation des écoles ; organisation des concours, les dates et les conseils utiles ; grandes enquêtes sur l'organisation des écoles, sur la vie et la motivation des étudiants...

espace CONCOURS

Les sujets et les corrigés des épreuves, des dossiers de langue, les avis des correcteurs, des conseils méthodologiques par matière, des bonnes copies, les épreuves de l'oral ...

espace NEWS

L'actualité économico-éditoriale : dans chaque numéro un dossier sur un sujet d'économie susceptible de tomber au concours réalisé par un professeur d'une grande prépa parisienne .

espace ACTU

Des articles de fonds d'actualité politique et économique pour affronter l'oral.

espace PROFESSION

Les métiers à la sortie des grandes écoles.

espace VITE VU

La vie des écoles de commerce : initiatives pédagogiques, transformations, organisation, vie des associations, nouvelles filières de formation... Toutes informations qui vous aideront à choisir vos inscriptions et à répondre lors de l'entretien.

Chef de produit

Définition

Homme clé de l'adaptation du produit aux évolutions et aux opportunités du marché, le chef de produit est responsable du développement d'un produit ou d'une ligne de produits, depuis sa conception jusqu'à sa commercialisation et sa « consommation ». Objectif : assurer la meilleure rentabilité et un chiffre d'affaires optimum pour le (s) produit (s) confié (s).

Il conçoit en amont les politiques et les stratégies marketing : il recueille toutes les informations commerciales, techniques et économiques (étude de marché) propres au produit. Après analyse de ces données, il consigne les éléments les plus importants dans un document nommé *fact board* (livre de faits) qui lui permet d'avancer des préconisations. Il détermine un plan marketing puis le décline en objectifs, prévisions de vente et budget. Il définit les moyens d'atteindre efficacement le marché visé (*marketing mix, cf.* mots-clés) et fixe les profits, prix, marges… dans un « plan produit » (le mot employé le plus souvent est le terme anglais « *product plan* »).

Il coordonne ensuite toutes les activités de développement du produit : il participe à la définition de son cahier des charges, assure l'interface entre les services R & D, fabrication, commercialisation, finances… pour aboutir au produit le

Le chef de produit passe 40 % de son temps en gestion opérationnelle du quotidien avec les différents services de l'entreprise, 30 % à l'extérieur avec l'agence de publicité, les prestataires extérieurs ou les commerciaux. Il consacre les 30 % restants en travail de réflexion.

La semaine du chef de produit

Lundi **14** (03) Mars	Mardi **15** (03) Mars	Mercredi **16** (03) Mars	Jeudi **17** (03) Mars	Vendredi **18** (03) Mars	Samedi **19** (03) Mars
8	8	8	8	8	8
Défense plan marketing devant direction 9-10-11	RDV prestataire maquette doc. 9-10-11	Organisation journées de promotion et mailing invitation client potentiel 9-10-11-12	9-10-11	Réunion dvp. produit avec ingénieur conception/fab. pour lancement produit 9-10-11-12-13	9-10-11-12
12-13	12-13	13	Journée 12 terrain 13		13
Réunion du service marketing 14-15-16	Réunion bureau d'études et production sur modification technique 14-15-16-17-18	Mise au point diaporama de formation pour commerciaux 14-15-16-17	avec 14 commerciaux 15	Réunion avec agence de pub. mesure résultats dernière campagne 14-15-16-17-18	14-15-16
Rapport sur marché produit A 17-18-19	19	18-19	18	19	17-18-19
20-21	20-21	20-21	20-21	20-21	20-21

Sylvie Humbert, chef de produit chez Tornier SA

« J'étais initialement attirée par la gestion des ressources humaines. Mais je me suis aperçue que je me laissais rapidement envahir par l'affectif. Le marketing est plus dans mon tempérament. Après mon DUT Tech de Co, j'ai donc décidé de poursuivre. Depuis 1988, année de sortie de l'ESC, j'ai surtout évolué dans le marketing. Assistante chef de produit chez Valisère, fabricant de sous-vêtements féminins pendant deux ans, j'ai fait une brève incursion dans le commercial. Pas concluant. Six mois plus tard, je rejoignais une société de conseils marketing, Pluris, comme chargée d'études. J'y suis restée deux ans et demi. Je suis maintenant, et ce depuis huit mois, chef de produit chez Tornier SA, entreprise du secteur médical, spécialisée dans les prothèses. Je m'occupe des prothèses du coude et de l'épaule. J'aime particulièrement ce métier d'observation et d'action, où vous avez carte blanche. Le marketing, c'est 20 % de techniques et 80 % de feeling. Pendant vos études, vous apprenez à apprendre et là, c'est très utile pour passer du textile aux prothèses ! »

mieux adapté au marché. Il construit des instruments de vente en faisant réaliser les documents de présentation du produit. Sa fonction comporte également un aspect formation auprès des commerciaux à qui il apporte des outils d'aide à la vente…

Le chef de produit suit et contrôle enfin les résultats obtenus, imagine les actions correctives nécessaires…

Le chef de produit de grande consommation, rarement en contact avec la clientèle, concentre ses efforts sur la promotion des ventes et la publicité, dont il gère le budget. En industrie, le chef de produit s'implique fortement dans la technique du produit, participe éventuellement à sa conception, apporte une assistance technique à la force de vente…

Le chef de produit dans l'entreprise

Rattaché au responsable marketing, le chef de produit est l'homme le mieux informé de l'entreprise. Sa situation centrale par rapport aux informations le met en relation avec tous les services de l'entreprise. Coordinateur, il est en lien direct avec les « fonctionnels » du marketing qui réalisent les études de marché, se préoccupent de promotion et de publicité… le chef de produit étant, lui, responsable de la présentation de ses produits sur le marché. Il travaille d'ailleurs quelquefois directement avec l'agence de publicité à laquelle il fournit tous les renseignements nécessaires à l'élaboration d'une campagne d'annonce et dont il vérifie ensuite l'efficacité du message retenu.

Il établit des liens constants avec le réseau de distribution afin de faire référencer ses produits par tous les points de vente choisis et d'éviter les ruptures de stock.

Il intervient également auprès de différents services : production, R & D, finances, commercial… pour la recherche de nouveaux produits ou la stimulation des forces de vente. Il évolue alors plutôt dans le court et moyen terme. La mise en œuvre des mesures qu'il préconise intéresse à ce stade de multiples services dans l'entreprise, sur lesquels il n'a, en général, aucune autorité hiérarchique. C'est dire combien sa capacité de persuasion doit être grande.

Le chef de produit est souvent un homme d'expérience en marketing. Après deux ou trois postes d'assistant, il accède à ce poste qui constitue un véritable tremplin pour parvenir à la direction générale, de par l'étendue et l'importance de ses actions. Le chef de produit reçoit entre 200 et 400 KF par an.

Profil du chef du produit

S'il est presque toujours diplômé en commerce et en gestion, voire titulaire d'un 3e cycle de marketing (DESS), le chef de produit peut être ingénieur ou technicien d'origine. Cette double compétence est souvent demandée dans l'industrie.

Plutôt jeune, mais déjà expérimenté (quelques années à des postes de marketing), le chef de produit est un créatif ayant le sens du produit, du terrain et sachant entraîner l'adhésion. Homme de négociation et de dialogue, il sait user de diplomatie et transmettre son enthousiasme pour mobiliser les ressources humaines, dont il n'est pas responsable. Il sait se faire comprendre de ceux qui ont la charge d'assurer la réalisation de ses objectifs. Il doit lutter contre l'inertie, la résistance au changement, la tendance au secret et l'isolement de chacun des services de l'entreprise.

Homme de coordination, de contrôle et de gestion, il est rigoureux et a un grand sens de la responsabilité.

Il sait écouter, analyser mais aussi agir, répondre aux contraintes, convaincre et trancher. Il doit être posé mais gagneur.

Les fréquents déplacements qu'il doit accomplir pour accompagner les vendeurs dans leurs tournées ou pour faire les enquêtes sur les lieux de vente (« store checks ») exigent de sa part une grande disponibilité. Autre obligation : maîtriser l'anglais. La pratique d'une deuxième langue étrangère étant aussi fortement appréciée des employeurs.

Les grandes écoles et leurs formations spécialisées

Toutes les écoles de commerce possèdent au moins une spécialisation de troisième année en marketing. Certaines ont des mastères (ESSEC, ESCP, Nantes Atlantique, Grenoble…) ou des 3e cycles (ICN, Reims…).

LES MOTS-CLÉS DU CHEF DE PRODUIT

Marché : découpage, dans l'étendue des produits et des acheteurs, du champ précis dans lequel l'entreprise exerce son action.

Cycle de vie d'un produit : succession de phases de vie d'un produit : lancement, développement, maturité, déclin…

Ligne de produits : série de produits s'adressant à une clientèle particulière.

Plan marketing : assure la cohérence de la pensée marketing. Résume la politique marketing de l'entreprise, établit un calendrier et des moyens d'action. Prélude au marketing mix.

Mix marketing : dosage et équilibrage des paramètres entrant l'élaboration d'un produit (le produit, son prix, sa place, son packaging) en vue d'atteindre une cible choisie.

Plan produit (product plan) : document qui établit les budgets, fixe les profits, définit prix et marges.

Compte d'exploitation produit : compte d'exploitation permettant de veiller à la réalisation du profit maximum sur le produit.

Positionnement : conception d'un produit et de son marketing dans le but de lui donner une place déterminée dans l'esprit de son utilisateur.

Chef de groupe

Définition

Le chef de groupe est responsable du développement d'une marque ou d'une gamme de produits. Des chefs de produits l'aident à gérer tout ou partie de ces produits de leur conception à leur mise à disposition du marché.

Chef d'orchestre, le chef de groupe pilote leurs actions, les accompagne et travaille en binôme avec eux. Il s'inquiète de la cohérence des actions, décide de la valorisation de certains produits… Sa vision est globale.

A l'instar du chef de produit, il conçoit, en amont, politiques et stratégies marketing pour la gamme de produits ou la marque dont il est responsable. Il détermine, avec ses chefs de produits, un plan marketing global. Il le décline en objectifs, prévisions de vente, budget et méthodologies qu'il demande aux chefs de produits de respecter dans leur propre champ d'action. Ensemble, ils prévoient les actions communes aux produits : publicité, packaging... Le chef de groupe est responsable des résultats obtenus sur l'ensemble des produits, à charge pour lui d'imaginer les actions correctives nécessaires…

Le chef de groupe est quelquefois lui-même chef de produit pour l'une des lignes de produits de la gamme ou de la marque dont il a la responsabilité.

Le chef de groupe passe 40 % de son temps en gestion et
accompagnement des hommes,
30 % à l'extérieur avec l'agence de publicité, les prestataires extérieurs
ou les commerciaux.
Il consacre les 30 % restants en travail de réflexion.

La semaine du chef de groupe

	Lundi **14** (03) Mars	Mardi **15** (03) Mars	Mercredi **16** (03) Mars	Jeudi **17** (03) Mars	Vendredi **18** (03) Mars	Samedi **19** (03) Mars
8						
9	*Brief service*	*BAT nouvelle plaquette*		*Analyse résultats*	*Contact clients*	
10						
11	*Réunion avec service informatique*	*Brief avec société construction stand*				
12			*Réunion avec force de vente*			
13						
14	*Participation réunion avec fournisseurs sur matières 1re nouvelles*	*Travail sur publicité presse*			*Réunion développement*	
15				*Mise au point actions correctives avec chefs de produits*		
16						
17		*Réunion avec responsable marketing*				
18						
19						
20						
21						

Laurent Badois, chef de groupe chez Rhône-Poulenc Jardin

« *Je suis chef de groupe d'une des deux marques de Rhône-Poulenc Jardin : Fertiligène, et ce depuis juin 1990. Cela représente 231 produits, 250 MF de CA et un budget marketing de 15 MF par an. Deux chefs de produits me secondent. C'est un job qui me plaît vraiment : mener des projets en heure et en temps, être chef d'orchestre. Vous gravitez autour de tous les services de l'entreprise. Les hasards de la vie professionnelle m'ont permis d'accéder rapidement à ce poste. Ingénieur diplômé d'école de commerce, je suis rentré en septembre 1987 chez Limagrain, comme chef de produit. Dès juin 88, restructuration dans l'entreprise oblige, deux lignes de produits me sont confiées. Je deviens, en février 90, chef de produit chez Rhône-Poulenc Jardin. Là encore, dès juin 90, l'entreprise opère des regroupements de marques. On me confie alors la marque Furtiligène. J'ai tout construit de A à Z : gamme, positionnement... »*

La fonction de chef de groupe est plutôt réservée aux entreprises du secteur de la grande consommation, où les produits sont souvent nombreux. Cette fonction apparaît également dans les agences de communication. Mais il s'agit là pour le chef de groupe, aidé d'adjoints, de chefs de publicité et d'assistants, de définir des stratégies de communication, de s'assurer de la cohérence et de la réalisation des actions préconisées. Contrairement à son homologue dans l'entreprise, pour qui c'est un souci prioritaire, le chef de groupe en agence mesure moins souvent le feedback du terrain par rapport à ses initiatives. Cette tâche est prise en charge par l'entreprise pour laquelle il travaille.

Le chef de groupe dans l'entreprise

Rattaché au responsable marketing, le chef de groupe coordonne l'action des chefs de produits de la gamme ou de la marque qu'il gère. Les informations fournies par ses collaborateurs, les relations qu'ils développent avec tous les services de l'entreprise, font de lui un centre névralgique dans l'entreprise. Coordinateur, il veille à ce que les « fonctionnels » du marketing réalisent les études de marché, assurent promotion et publicité…, et à ce que les chefs de produits interviennent auprès de tous les services interlocuteurs. Les études qu'ils préconisent font en effet intervenir de multiples services : les acheteurs, les distributeurs, la force de vente, le service recherche & développement. Autant de personnes sur lesquelles les chefs de groupe et de produits n'ont aucune autorité hiérarchique. Il faut donc qu'ils jouent de leurs qualités de diplomatie et de persuasion tout en gardant en tête la cohérence des actions menées.

Le chef de groupe est souvent un ancien chef de produit, cumulant quatre à six ans d'expérience professionnelle. L'étendue et l'importance des responsabilités qu'il exerce le préparent tout naturellement à accéder ensuite à des fonctions de direction générale.

Le chef de produit reçoit entre 290 et 490 KF par an.

Profil du chef du groupe

Diplômé en commerce et en gestion, voire titulaire d'un 3e cycle de marketing (DESS), le chef de groupe peut être aussi ingénieur d'origine, une double compétence appréciée en industrie.

Homme d'expérience, le chef de groupe est un chef de produit « manager ». Il doit, en ce sens, savoir d'abord diriger, coordonner des hommes, tout en cumulant les compétences et aptitudes du chef de produit. Il doit motiver, entraîner et rassembler ses adjoints autour du développement de sa marque ou gamme de produits.

Il décide d'une politique de gestion de produit propre à tous ses collaborateurs mais les assiste dans leur action. Il encourage leurs innovations, les accompagne dans leur réflexion, défend leurs projets face au directeur marketing.

Meneur d'hommes, il n'en est pas point un créatif et un pragmatique.

Il doit être prêt à accompagner lui-même ses vendeurs dans leurs tournées afin de valider les actions commerciales qu'il a conçues.

Créatif et pragmatique, il est stratège mais aussi gestionnaire. Il sait rassurer ou trancher, anticiper et évaluer les risques que représentent pour l'entreprise la modification ou le développement d'un produit.

L'entreprise lui demande bien souvent de maîtrise deux langues étrangères, dont l'anglais.

Les grandes écoles et leurs formations spécialisées

Si la formation de base des ESC est un réquisit minimal pour devenir chef de groupe, une spécialisation de troisième cycle en Management des produits de consommation (Cesem Reims), en Gestion Marketing (ESSEC), en Recherche et Décision marketing (Le Havre/Caen)… est un « plus » souvent apprécié.

Dans ce métier-là, comme dans d'autres, une formation permanente est nécessaire pour remettre à jour les méthodes, les outils et les systèmes d'évaluation qui évoluent sans cesse.

LES MOTS-CLÉS DU CHEF DE GROUPE

Brief : réunion de coordination et d'analyse de l'état des travaux.

Marque : signe susceptible de représentation graphique servant à distinguer les produits ou services d'une personne physique ou morale.

Capital-marque : valeur supplémentaire d'une entreprise, au-delà de ses actifs physiques.

Gamme de produits : groupe de produits voisins commercialisés par la même société.

Marché : découpage, dans l'étendue des produits et des acheteurs, du champ précis dans lequel l'entreprise exerce son action.

Plan marketing : assure la cohérence de la pensée marketing. Résume la politique marketing de l'entreprise, établit un calendrier et des moyens d'action. Prélude au marketing mix.

Compte d'exploitation produit : compte d'exploitation permettant de veiller à la réalisation du profit maximum sur le produit.

Positionnement : conception d'un produit et de son marketing dans le but de lui donner une place déterminée dans l'esprit de son utilisateur.

Intensifier une gamme : compléter la gamme existante pour occuper tous les créneaux.

Chef de marché

Définition

Le chef de marché est responsable dans son entreprise de la gestion d'un marché. On appelle « marché » un ensemble de clients potentiels (le plus souvent dans une zone géographique déterminée) auquel un produit ou une gamme de produits peuvent être proposés. Le chef de marché concentre donc toute son énergie sur l'étude de cette clientèle et de son environnement. Et ce afin d'accroître ce marché et les profits qu'il dégage.

Pour cela, il étudie ses attentes, synthétise ses besoins et assure l'adéquation des produits de l'entreprise à ses attentes. A l'instar des chefs de produits, il coordonne les études marketing et définit des stratégies commerciales. Il oriente le développement technique des produits et décide des actions de promotion. Il veille enfin au respect des plannings et contrôle les résultats obtenus. Mais il n'intervient pas directement dans la genèse technique des produits (conception, fabrication, distribution...) comme le fait le chef de produit.

D'abord explorateur, il va découvrir et étudier l'opportunité de créer de nouvelles niches de développement. Exemple : certains clients potentiels pourraient être fidélisés par une plus grande adaptation des produits à leurs besoins. Après

Le chef de marché passe 40 % de son temps en étude de clientèle par synthèse d'analyses statistiques et contacts directs (déplacements), 30 % en groupe de travail pour gérer la vie des produits, 30 % en conception de politique marketing, commerciale, d'outils d'aide à la vente ou d'opérations de promotion...

La semaine du chef de marché

Lundi **14** (03) Mars	Mardi **15** (03) Mars	Mercredi **16** (03) Mars	Jeudi **17** (03) Mars	Vendredi **18** (03) Mars	Samedi **19** (03) Mars
8 — *Réunion avec direction commerciale* 9, 10, 11	8 — *Pré-test effectué auprès de 2 clients à Lille*	8 — *Tournée avec représentant*	8 — *Réception client dans entreprise*	8 — *Réunion direction marketing lancement produit*	8, 9, 10, 11
12, 13 *Etude résultat enquête* 14, 15 *Réunion avec 2 chefs de produit* 16, 17	12, 13 *Paris* 14 *Réunion avec agence de pub* 15, 16, 17	12, 13 *Réunion lancement enquête avec société extérieure* 14, 15, 16, 17 *Synthèse infos terrain*	12 *Déjeuner avec ce client* 13, 14 *Rencontre sté production audio-visuelle pour conception film pub TV* 15, 16, 17, 18	12 *Travail sur doc. d'aide à la vente* 13, 14 *Tél. chef des ventes* 15 *Analyse résultats vente et campagne pré-test* 16, 17, 18	12, 13, 14, 15, 16, 17
18, 19, 20, 21	18, 19, 20, 21	18, 19, 20, 21	18 *Discussion avec chef de produit* 19, 20, 21	18, 19, 20, 21	18, 19, 20, 21

Pascale Ponçon,
chef de marché Gerflor

« Je suis au cœur de l'entreprise et j'interviens à tous les stades d'élaboration et de fabrication des produits. C'est ce qui me passionne. Ce qui ne veut pas dire que cela soit aisé. Je n'ai aucun pouvoir hiérarchique et pourtant il faut faire accepter les adaptations nécessaires à la conquête des marchés !

Je suis chef de marché depuis 1991 chez Gerflor (revêtements de sol plastiques). Ma particularité, c'est d'être également responsable de la communication de cette gamme de produits (700 références renouvelées à 60 % chaque année !). En sortant de l'école, j'ai d'abord été assistante marketing d'Eurexpo (lieu de salons) à Lyon ; un an plus tard, je suis rentrée chez Brio, fabricant de moulures d'encadrement et de décoration, comme chef de produit. Quatre ans plus tard je rejoignais Gerflor et obtenais mon poste actuel. »

avoir identifié cette possibilité, le chef de marché envisage la faisabilité du projet et sa rentabilité. A lui de persuader ensuite l'entreprise et ses décideurs du bien-fondé de cette extension et d'en assurer le développement.

Cette attention portée au marché est propre aux entreprises de produits de grande consommation, aux clientèles hétérogènes : leurs motivations, leurs habitudes d'achat et d'information, leurs besoins variés justifient l'existence de ce « découvreur » développant des stratégies de conquête de marché.

Le chef de marché dans l'entreprise

Sous la responsabilité du directeur marketing ou commercial, le chef de marché travaille en équipe, côtoyant des adjoints marketing, des designers… ou les chefs de produits auxquels il apporte des indications précieuses sur les attentes de leurs clients potentiels… Ses rapports fréquents avec la force de vente l'aident à étudier son marché : il accompagne les commerciaux sur le terrain, analyse la performance des différentes gammes. Il décide avec le directeur commercial de nouvelles formes de distribution ou des référencements proposés à la commercialisation…

Le chef de marché fait appel à des spécialistes extérieurs, sociétés d'études comme la Sofres pour enrichir sa connaissance des consommateurs potentiels, des agences de publicité pour l'épauler dans sa stratégie de communication… Il multiplie enfin les contacts directs avec la clientèle : salons, visites, pré-tests…

Le chef de marché accède à ce poste après une expérience marketing de quatre ou cinq ans. Ensuite ? Il poursuit dans cette voie et devient directeur marketing ou choisit – c'est plus rare – le commercial.

Le salaire d'un chef de marché s'apparente à celui de chef de produit et s'échelonne sur une fourchette de 200 à 400 KF par an.

Profil du chef de marché

Le chef de marché sait concevoir les stratégies qui permettront d'adapter l'entreprise au marché. Il est donc avant tout un homme de marketing, diplômé d'une ESC ou ingénieur formé au marketing (DESS, Mastère).

Mobile et disponible, il se montre aussi un observateur doué pour l'analyse, l'exploration et la synthèse ; il vérifie ses hypothèses de développement du produit nouveau ou d'adaptations supplémentaires du produit en croisant un nombre considérable de données qu'il a su rassembler et ordonner. Il lui faut ensuite savoir convaincre. Car n'ayant pas de pouvoir hiérarchique sur ses interlocuteurs internes, qu'il s'agisse de chef de produit, de responsable promotion ou de commercial, il doit demander à tous le meilleur d'eux-mêmes pour conquérir de nouveaux marchés. Mettre de l'huile dans les rouages n'est pas toujours aisé !

Autre obligation : il lui faut être organisé et se fixer des frontières pour ne pas se laisser déborder. Car s'il est découvreur, le chef de marché n'en reste pas moins un gestionnaire. Il est à l'écoute des besoins des clients mais aussi des nécessités économiques de son entreprise. Il budgétise toute création de produit et calcule sa rentabilité.

Les marchés s'élargissant à tous les pays, il maîtrise l'anglais et parle souvent une deuxième langue étrangère.

Les grandes écoles et leurs formations spécialisées

Avoir la responsabilité d'un marché suppose bien entendu une formation de base au commerce. Les écoles supérieures de commerce la fournissent dans leur formation initiale : il s'agit de la maîtrise de la gestion, du marketing opérationnel, de la gestion des réseaux commerciaux, des techniques de négociation, des outils d'analyse d'un marché et… des techniques de communication. Mais certains marchés exigent plus que cela et des spécialisations par branche peuvent être requises. Par exemple, management de l'édition (ESCP) ou de la santé (ESCP, Tours), marketing des services (Marseille, Lyon), de l'agro-alimentaire (ESC Marseille, EDHEC), du tourisme (Montpellier), voire du sport (Nantes Atlantique, EDC) ou de l'informatique (Nice).

LES MOTS-CLÉS DU CHEF DE MARCHÉ

Marché : découpage, dans l'étendue des produits et des acheteurs, du champ précis dans lequel l'entreprise exerce son action.

Marché générique : grand secteur dans lequel l'entreprise évolue.

Marché principal : correspond à l'activité actuelle de l'entreprise.

Marché environnant : recouvre les produits de substitution qui peuvent satisfaire le même besoin chez le consommateur que les produits de l'entreprise.

Niche : Petit secteur d'un marché en principe prometteur, rentable et difficilement attaquable. Peut devenir un marché plus vaste.

Monter en gamme : expression utilisée lorsqu'il s'agit de positionner ou de repositionner un produit. Signifie : améliorer la qualité du produit et le distribuer par exemple à travers un réseau de boutiques de luxe.

Pré-test : enquête permettant d'évaluer le degré de réussite possible d'une action à mener.

Référencement : action par laquelle un acheteur introduit un nouvel article dans la liste permanente des produits qu'il achète pour les revendre ou pour ses propres besoins.

Contremarque : échantillon mis à la disposition du consommateur (souvent sur PLV) et qui lui permet de passer commande au magasin.

Liasse : échantillons rassemblés en liasse permettant au consommateur de visualiser les produits en vente.

Chargé d'études marketing

Définition

La réalisation des études reste une fonction méconnue, et pourtant le marketing n'existerait pas sans elle. L'analyse fine de l'évolution des marchés et de l'environnement de l'entreprise effectuée par le chargé d'études permet l'adaptation des produits et des services aux besoins de la clientèle. Cette fonction miroir est précieuse pour l'entreprise désireuse d'accroître ses ventes et son chiffre d'affaires.

Salarié de l'entreprise ou employé par une société d'études ou de conseil en développement, le chargé d'études marketing recueille les informations nécessaires au suivi des marchés et au pilotage des actions commerciales. Il cherche à comprendre les attentes de la clientèle. Il évalue les marchés, les potentiels, la concurrence, les fonctionnalités du produit. Il teste les campagnes de publicité, le conditionnement ou le design… Ce qu'on lui demande, c'est d'écouter le plus objectivement possible les personnes interviewées et de prendre la température ; il interprète, décode sans déformer et sans introduire de biais. C'est un domaine où tout doit être expliqué. Aucune affirmation n'est faite au hasard. Tout est prouvé. Comment ? Par des analyses de statistiques déjà existantes, des études documen-

Le chargé d'études marketing consacre 50 % de son temps à la préparation des études (cahier des charges, guide d'entretien, questionnaires...), 30 % à rencontrer experts ou clients potentiels... sur le terrain et à superviser les travaux de prestataires extérieurs, 20 % à la rédaction des rapports de synthèse.

La semaine du chargé d'études marketing

Lundi 14 (03) Mars	Mardi 15 (03) Mars	Mercredi 16 (03) Mars	Jeudi 17 (03) Mars	Vendredi 18 (03) Mars	Samedi 19 (03) Mars
8	8	8	8	8	8
Réunion service 9-10	*Préparation guide d'entretien* 9-10	9-10	*Préparation questionnaire* 9-10	*Préparation planning rendez-vous* 9-10	9-10
Réunion avec commanditaire étude 11-12-13	*Rencontre nouvelle sté de marketing direct* 11-12-13	*Rencontre experts à l'extérieur* 12-13-14	11	11-12-13	11-12-13
14	14	*Accompagne société d'études surveillance animation* 14-15-16	14-15-16	14	
Réunion de pointage 15-16	*Analyse documentation* 15-16			*Rédaction rapport* 15-16	15-16
Création base de données 17-18	17-18	17-18	17-18	17-18	17-18
19	19	19	19	19	19
20	20	20	20	20	20
21	21	21	21	21	21

Hervé Bodeau, chargé d'études chez Schneider Electric SA

« *Après un premier job en agence de publicité, pendant huit mois, je suis parti un an et demi en coopération aux USA pour le compte d'une entreprise de presses à injecter le plastique. 1990, retour en France. Merlin Gerin, devenu aujourd'hui Schneider Electric SA, m'embauche comme chargé d'études marketing. C'est exactement ce que je cherchais à faire : être au cœur du système d'information de l'entreprise. Il faut bien sûr avoir envie de réfléchir. Mais ce job est un job de contacts, d'organisation et d'initiative. Vous travaillez alternativement seul, puis en équipe. Ce qui correspond vraiment à mon tempérament.* »

taires, approfondies quelquefois par l'avis d'experts, puis complétées de vagues d'interviews lorsque les résultats recherchés doivent être aussi qualitatifs.

Le chargé d'études décide de la nature de ces enquêtes et des méthodes de recueil des données. Ses supérieurs hiérarchiques l'accompagnent quelquefois dans cette première phase, lui déléguant complètement le recueil et le traitement des informations. Souvent aidé d'enquêteurs, le chargé d'études s'inquiète de la qualité des réponses et du respect des délais puis organise le traitement de ces données. Étape finale, il lui faut rédiger un rapport juxtaposant conclusions et préconisations.

Le chargé d'études marketing dans l'entreprise

Hiérarchiquement rattaché au directeur des études s'il existe, ou, à défaut, au directeur marketing, le chargé d'études marketing répond aux besoins d'information de l'entreprise par la collecte de données internes ou obtenues de l'extérieur : experts, clients ou utilisateurs potentiels interviewés, statistiques émanant d'organismes consulaires ou professionnels, documentation… Pour alimenter sa base de données interne, il est en contact permanent avec tous les services de l'entreprise. La force de vente, en rapport direct avec le terrain, lui est un allié précieux.

Prestataire, il répond à la demande émanant des chefs de produits, du responsable communication, du directeur commercial… Mais, avant toute étude, il établit un cahier des charges en précisant les objectifs, les méthodes, les délais et le budget qui y sera consacré. Le cahier des charges approuvé, il conduit les études, informe le commanditaire de leur état d'avancement (réunion de pointage), les réoriente s'il fait fausse route, analyse les résultats, apporte des conseils et présente ses conclusions. Certaines études sont répétées dans le temps – les post-tests par exemple – d'autres, plus spécifiques, sont « cousues main ».

Le chargé d'études marketing est en relation directe avec les sociétés d'études, de réalisation d'enquêtes, de marketing téléphonique qui l'épaulent quelquefois dans l'administration des questionnaires.

La fonction de chargé d'études marketing est souvent ouverte aux débutants qui, quelques années plus tard, deviennent chefs de produits ou bifurquent vers le commercial ou la communication. Le chargé d'études marketing gagne de 120 à 310 KF par an.

Profil du chargé d'études marketing

De formation commerciale (ESC) ou économique (sciences éco), le chargé d'études a quelquefois suivi un 3ᵉ cycle en marketing. Il est plus rarement un ingénieur formé au marketing. L'industrie forme souvent elle-même son chargé d'études aux techniques qu'elle développe, et lui demande de comprendre plutôt « à qui ça sert » que « comment ça marche ». Nul besoin d'être techniquement savant, il faut savoir dialoguer avec tous, ingénieurs ou commerciaux.

Expert en outils marketing, le chargé d'études maîtrise les statistiques, l'informatique, mais aussi les techniques relationnelles. Sa raison d'être est d'obtenir des informations et de convaincre du bien-fondé de ses conclusions. Pour cela il doit être pédagogue, il se met à la portée de ses interlocuteurs. Il sait faire preuve de perspicacité pour dénicher l'expert clé pour son étude. Son sens de l'organisation lui permet de classer et de gérer les priorités des informations recueillies. Doté d'une grande qualité d'écoute, il analyse et synthétise aisément les données obtenues.

Avantage pour l'entreprise de disposer de chargés d'études intégrés ? La compétence qu'ils développent sur le métier de l'entreprise : les techniques, la connaissance du milieu, le cumul d'expérience…

Les grandes écoles et leurs formations spécialisées

Si les connaissances de base enseignées dans les écoles supérieures de commerce sont nécessaires, en particulier celles liées au marketing, une spécialisation dans les outils statistiques ne sera pas inutile. Même s'il ne s'agit pas forcément de faire les études soi-même, la formation doit permettre d'être un partenaire exigeant, sachant construire un cahier des charges cohérent et évaluer le travail de professionnels. De nombreuses écoles (citées à la fin du métier « *Directeur des études* » qui suit) ont des spécialisations en recherche marketing.

LES MOTS-CLÉS DU CHARGÉ D'ÉTUDES MARKETING

Marché : découpage, dans l'étendue des produits et des acheteurs, du champ précis dans lequel l'entreprise exerce son action.

Marché porteur : marché qui, pour un produit ou un service donné, connaît une demande en expansion et incite le producteur ou le distributeur à accroître ses efforts sur lui.

Comportement d'achat : identification 1. des caractéristiques de l'acheteur qui exercent une grande influence sur son mode de réaction face au produit ; 2. de son processus de décision.

Vague d'entretiens : série d'entretiens du même type sur une cible donnée.

Guide d'entretien : série de questions prédéfinies servant de base à l'entretien.

Post-test : enquête permettant de mesurer le degré de réussite d'une opération menée (lancement produit, publicité…).

Réunion de pointage : réunion permettant de déterminer l'état d'avancement de l'étude.

Panel : enquête périodique faite à intervalles réguliers auprès d'un échantillon permanent à l'aide du même instrument de recueil de données.

Baromètre : panel effectué sur un échantillon de personnes non permanent.

Administrer un questionnaire : soumettre quelqu'un à une série de questions.

Directeur des études marketing

Définition

La fonction « direction des études marketing » reste rare, cette responsabilité relevant souvent du chef de produit, voire du directeur de la communication.

Le directeur des études contribue à l'élaboration des plans d'action marketing et commerciaux de l'entreprise. Sa raison d'être : mener ou conduire des études visant l'accroissement des ventes de l'entreprise et préconiser des solutions. Il organise pour cela la collecte des informations qualitatives et quantitatives relatives au marché, à la conjoncture, à la concurrence et à la clientèle. Il analyse et interprète ces données. Certes, il y discerne des éléments de prospective (prévision de coût, de vente, du cycle de vie d'un produit…), et aide à définir des produits, à élaborer des stratégies, à choisir des tactiques commerciales ou à tester le bien-fondé d'un lancement de produit, d'une campagne de publicité. Mais il intervient également en aval dans le pilotage des actions : il mesure en effet le degré d'application des préconisations marketing, tout comme la réalisation des prévisions. Il propose quelquefois des plans d'actions correctif et peut même dresser des tableaux de bord décrivant l'activité de l'entreprise.

Le directeur des études marketing consacre 40 % de son temps à coordonner son équipe et à accompagner ses chargés d'études dans leurs travaux, 20 % à définir avec le service demandeur les termes de l'étude à mener, 30 % à réfléchir et à présenter à ses supérieurs hiérarchiques des résultats d'enquêtes, et les derniers 10 % à s'entretenir avec ses sous-traitants.

La semaine du directeur des études

Lundi 14 (03) Mars	Mardi 15 (03) Mars	Mercredi 16 (03) Mars	Jeudi 17 (03) Mars	Vendredi 18 (03) Mars	Samedi 19 (03) Mars
8	8	8	8	8	8
Réunion équipe 9 10	Mise au point enquête avec adjoint 9 10	Accueil adjoint retour stage 9 10	Réalisation tableau de bord 9 10	Suivi étude sur concurrence 9 10	9 10
11	11	Point avec dircom 11	11	11	11
Accueil stagiaire 12 13	12 13	12 13	12 13	Approbation plan d'action sté marketing direct 12 13 14	12 13 14
Rencontre dircom pour étude campagne pub. 14 15 16 17	Réunion avec société marketing direct 14 15 16	Synthèse résultat étude de marché 14 15 16 17	Préparation mise à jour plan marketing 14 15 16 17	15 16 17	15 16 17
Réunion avec responsable 18 19	Analyse/ synthèse étude 17 18 19	18 19	18 19	Synthèse travaux de la semaine 18 19	18 19
20 21	20 21	20 21	20 21	20 21	20 21

TÉMOIN

Antoine Himpens, responsable de la division Études Marketing, EDF/GDF

« A l'ESC, je m'étais plutôt spécialisé dans les ressources humaines… Et puis EDF m'a proposé, au retour du service militaire, en 1982, d'intégrer sa division études commerciales (on ne disait pas "études marketing" à l'époque), d'abord à Metz, puis à Lille. En 1986, je deviens responsable des relations avec la clientèle, dirigeant une équipe de sept personnes. En 1991, EDF me propose la responsabilité de la division Études Marketing de Grenoble. J'y suis toujours. Je manage quatre personnes. J'apprécie ce travail d'équipe, de prospective et d'assistance conseil… Pensez, vous vous projetez toujours dans l'avenir pour aider l'entreprise à progresser. »

Responsable d'une équipe de chargés d'études, il répartit les études, coordonne les travaux, synthétise les résultats pour les présenter à la direction… Il participe au recrutement de ses adjoints, effectue les entretiens annuels, encourage les formations…

Le directeur des études dans l'entreprise

Rattaché au directeur marketing ou au directeur commercial, le responsable des études a un rôle fonctionnel dans l'entreprise. Effectuant certaines études en continu (clientèle, marché…), il intervient en prestataire sur demandes spécifiques de certains services et réalise les études adaptées à leur demande. Exemples : l'étude d'une campagne de publicité pour le compte du service communication ou l'étude de lancement d'un nouveau produit… Dans ce cas, il exerce un métier de conseil car il accompagne les responsables dans la recherche de solutions.

Il lui arrive de sous-traiter une partie de certaines études lourdes, confiant à des sociétés extérieures l'administration des questionnaires ou le marketing téléphonique. Dans ce cas, les délais de réalisation et la qualité de cette sous-traitance sont ses deux soucis principaux.

Le directeur des études, bien souvent « chargé d'études » promu au poste de responsable, peut espérer accéder à la direction marketing ou commerciale de l'entreprise, à moins qu'il ne préfère intégrer une société conseil en marketing.

Son salaire évolue dans une fourchette annuelle de 180 à 450 KF par an.

Profil du directeur des études

Le directeur des études complète quelquefois sa formation commerciale (ESC) ou économique (Sciences Économiques), par un 3e cycle en marketing. Son profil est pour partie assez proche de celui du chargé d'études. A lui de reformuler puis d'énoncer clairement l'objet de chaque étude car « un problème bien posé est déjà aux trois quarts résolu » est un adage qui se vérifie pleinement dans cette fonction.

Juge réaliste, il est créatif, curieux, ouvert, sait convaincre, maîtrise les techniques marketing et statistiques. Mais sa fonction de management lui demande une organisation et une rigueur sans faille, un esprit d'analyse et de synthèse plus appuyé, une force d'initiative plus large, un sens aigu de la responsabilité, des qualités de meneur d'hommes.

Sa maîtrise des techniques marketing et des outils statistiques et informatiques lui permet de convaincre son interlocuteur du bien-fondé de la méthodologie d'enquête choisie. Et cela en termes suffisamment clairs pour tous.

Quelquefois interpellé dans l'urgence, il doit travailler vite et conduire ses collaborateurs à l'imiter. Certains travaux de longue haleine lui demandent plutôt de la persévérance.

Il doit enfin faire preuve de caractère pour guider ses responsables hiérarchiques vers certaines décisions telles l'abandon d'un produit qu'il juge dépassé ou par trop avant-gardiste.

Les grandes écoles et leurs formations spécialisées

Comme pour le chargé d'études marketing, si les connaissances de base enseignées dans les écoles supérieures de commerce, en particulier celles liées au marketing, sont nécessaires, une spécialisation dans les outils d'analyse statistique ne sera pas inutile.

De ce point de vue, mais également du point de vue de l'organisation et de la logistique des études, on pourra comparer le contenu d'enseignement de la majeure « Marketing approfondi » de l'EDHEC, du mastère HEC « Intelligence marketing », du module de spécialisation de ESC Reims « Recherche Marketing », voire de la majeure « Recherche et Décision Marketing » de l'ESC Le Havre/Caen ou du mastère de l'ESSEC en « Gestion Marketing ».

LES MOTS-CLÉS DU DIRECTEUR DES ÉTUDES

Étude : travaux qui préparent l'exécution d'un projet.

Étude de comportement : appréhender ce que les gens font effectivement dans telle ou telle circonstance.

Étude de motivation : mise à jour de l'arrière-plan psychologique profond qui sous-tend les actes de consommation.

Étude quantitative : tous les travaux utilisant des échantillons importants et donnant lieu à des traitements informatiques de données le plus souvent codées pour faciliter leur croisement.

Étude qualitative : étude effectuée sur de petits échantillons de personnes interrogées souvent par interview et dont les propos sont analysés en détail pour obtenir des informations nouvelles ou non encore codifiées.

Étude secondaire : étude de marché à partir d'informations recueillies « en seconde main » par l'enquêteur, telles les publications des études spécialisées déjà réalisées...

Préconisation : recommandations de solutions d'action.

Marché : découpage, dans l'étendue des produits et des acheteurs, du champ précis dans lequel l'entreprise exerce son action.

Segmenter : découper le marché en sous-ensembles distincts de clientèle, chacun de ces groupes pouvant être raisonnablement choisi comme cible à atteindre.

Ciblage : choix des segments du marché où porteront les efforts de l'entreprise..

Responsable de la promotion des ventes

Définition

Au sein d'une entreprise, le responsable de la promotion des ventes a en charge l'ensemble des actions de promotion, c'est-à-dire l'ensemble des actions visant à augmenter la vente d'un produit ou d'un service. En fonction des objectifs du plan marketing à l'élaboration duquel il a participé, sa fonction est double. Il s'informe de l'état du marché, des résultats et de la stratégie de la concurrence afin d'orienter son action. Il s'occupe de la conception et supervise la réalisation de tous les outils qui seront utilisés dans une opération de promotion (publicité sur le lieu de vente, affichage, achat d'espace presse). Il est chargé de transmettre à l'ensemble du réseau de vente (responsables de secteurs, attachés commerciaux, responsables de points de vente) la stratégie et les objectifs décidés en termes de promotion des ventes ainsi que l'ensemble des informations venant de la direction du marketing. Il assure le suivi complet de l'opération, enregistre les résultats obtenus, en fonction desquels il peut être amené à recadrer son

Le responsable de la promotion des ventes consacre 40 % de son temps à la préparation des opérations, 30 % à des réunions de concertation avec le réseau de vente et l'interne, 20 % sur le terrain, et le reste aux fournisseurs et aux relations avec les clients.

La semaine du resp. de la promo. des ventes

Heure	Lundi 14 (03) Mars	Mardi 15 (03) Mars	Mercredi 16 (03) Mars	Jeudi 17 (03) Mars	Vendredi 18 (03) Mars	Samedi 19 (03) Mars
8						
9	Réunion de planning/ organisation marketing	Réunion interne Service Commercial	Déplacement en province		Suivi des opérations en interne	
10			Visite magasin	Préparation d'opération		
11						
12						
13		Déjeuner clients	Vérification de la mise en place PLV et configuration des magasins	Déjeuner clients		
14					Préparation des outils de travail des représentants	
15	RV fournisseurs PLV			Préparation d'opération		
16		Réunion Merchandising				
17			Ecoute clients			
18			Analyse concurrence			
19					Cocktail clients	
20						
21						

TÉMOIN

Isabelle Testaert, responsable de la promotion des ventes chez Virgin France

« *A ma sortie de l'École de Commerce en 1985, j'ai complété ma formation par un troisième cycle en communication à l'Université. A la suite de cette formation, je suis entrée chez Cartier comme attachée de presse où je suis restée pendant un an. J'ai ensuite été embauchée chez Telefun, une filiale du groupe Fillipachi (radio et télématique), en tant qu'assistante au Directeur où j'avais en charge la gestion des différents services télématiques, ainsi que l'animation des différents services et les relations internes. C'est en janvier 1989 que je suis arrivée chez Virgin France en tant que responsable de promotion des ventes. A ce poste, en relation avec la direction commerciale et la direction du marketing, je suis chargée d'organiser la promotion des artistes du catalogue Virgin (Rolling Stones, A. Souchon...) et, bien sûr, d'optimiser leurs ventes. C'est un travail passionnant dans un milieu un peu atypique. Ma double formation (commerciale et communication) a été déterminante dans mon recrutement car correspondant bien au profil du poste.* »

action. Enfin, il rend compte des résultats obtenus en ce qui concerne les ventes. Son rôle est celui de concepteur, d'animateur de stratégie de vente.

Le responsable de promotion des ventes dans l'entreprise

Le responsable de promotion des ventes fait partie de la direction commerciale où il est chargé d'appliquer les recommandations et les objectifs de la direction du marketing. Ses interlocuteurs sont le directeur commercial et le directeur marketing. De même, il travaille en collaboration avec l'ensemble du réseau des ventes qui applique sur le terrain ses recommandations. Il est aussi en relation avec une équipe créative (intégrée ou non) avec laquelle il conçoit l'ensemble des outils qui serviront sa stratégie de promotion (PLV, jeux concours, tirages au sort, primes à l'achat, couponning, podiums d'animation, sponsoring). Il assure le contact avec ses clients directs (grandes surfaces, points de ventes spécialisés) auxquels il rend visite afin d'évaluer les besoins et les attentes. A ce titre son métier comprend un aspect de relations publiques très important. Il est chargé d'expliquer la stratégie de promotion qu'il souhaite mettre en œuvre. Il est en relation avec les merchandiseurs à qui il transmet ses recommandations et ses objectifs et qui assureront l'organisation de sa surface de vente. La plupart des responsables de promotion des ventes ont exercé auparavant sur le terrain pendant trois à cinq ans. Que se soit en tant qu'attaché commercial ou responsable de secteur, ils possèdent une connaissance du marché, des points de ventes, des techniques de promotion et de la concurrence qui leur permet d'évoluer avec aisance à ce poste. Les possibilités d'évolution de carrière sont multiples, aussi bien au sein de la direction commerciale que de la direction du marketing. Le salaire d'un responsable de promotion des ventes se situe, selon son secteur d'activité et son ancienneté, entre 250 et 350 KF annuels auxquels s'ajoutent des primes liées à la réussite des objectifs et qui peuvent représenter entre 10 et 20 % de son salaire brut.

Le profil du responsable de promotion des ventes

Un constat s'impose : quelle que soit leur formation initiale, les responsables de promotion des ventes ont, dans leur très grande majorité, exercé une activité sur le terrain en tant que chargé de clientèle ou attaché commercial. La formation idéale est donc celle que l'on acquiert en école de commerce, mais aussi dans des formations type DUT ou BTS Force de vente ou Techniques de vente. En effet dans ce métier, rien ne remplace une expérience significative sur le terrain qui permet de connaître le marché mais également les interlocuteurs sur ce marché. Le responsable de promotion des ventes doit posséder aussi une bonne connaissance des techniques publicitaires d'aide à la vente qu'il peut acquérir soit sur le terrain, soit dans le cadre de la formation continue en même temps que des stages de management et de motivation d'équipe. Le métier s'adresse à des personnes dynamiques, capables de motiver l'ensemble d'un réseau de vendeurs, de lui communiquer les orientations définies par la direction commerciale.

Spontanéité, créativité, capacité au management sont les qualités essentielles auxquelles s'ajoutent de très bonnes aptitudes relationnelles et une très grande rigueur. Le responsable de promotion des ventes doit savoir « flairer » l'air du temps, être à l'écoute de ses clients directs et du grand public afin d'orienter son action. Il maîtrise l'outil informatique, et la connaissance d'une deuxième langue lui permet de collaborer avec des clients étrangers.

Les grandes écoles et leurs formations spécialisées

Bien entendu, la voie royale pour accéder à cette fonction est d'avoir suivi l'enseignement d'une école de commerce, et fait ses premières armes dans la vente soit en grande distribution, soit comme ingénieur commercial. Toutes les écoles y préparent donc. Certaines ont des spécialisations de troisième année (les mêmes que celles que l'on rencontre dans le chapitre Vente de ce livre). Certaines ont des troisièmes cycles spécialisés, comme l'ICN, pour ne citer qu'elle ici avec son « DESS Gestion commerciale des produits ».

LES MOTS-CLÉS DU RESPONSABLE DE LA PROMOTION DES VENTES

PLV : Publicité sur le lieu de vente (enseignes, panneaux, animation), sur le lieu même où est vendu un produit.

Prime à l'achat : cadeau offert ou que l'on peut gagner pour l'achat d'un article (pin's, tee shirt, voyage..).

Opération : un coup promotionnel.

Promotion : tous types d'action qui contribuent à faire connaître et à vendre un produit.

Couponning : coupon-réponse à découper sur les produits permettant la participation à un jeu ou un concours.

Réseau de vente : les différents maillons qui interviennent dans le processus de vente.

Tête de gondole : le bout d'un rayon dans une grande surface, très prisé pour sa position stratégique.

Objectifs de vente : les résultats à obtenir en termes de vente.

Planification : le tableau de marche des différentes opérations promotionnelles.

Indicateurs de ventes : état des ventes à l'instant T.

Directeur du marketing

Définition

Le directeur du marketing, au sein d'une entreprise de production ou de services, est la personne qui est chargée d'élaborer et de proposer à sa direction générale les grandes lignes de la stratégie commerciale de l'entreprise. A ce titre, il est responsable du positionnement global de la société et de ses produits par rapport à son marché. Pour bâtir sa stratégie, il est chargé d'organiser avec l'ensemble de ses services le recueil et la synthèse des informations (sur les marchés, sur les besoins et attentes des clients) et d'étudier la concurrence. A partir de cette phase d'étude, il a pour rôle de déceler et d'évaluer les opportunités du marché et de les intégrer dans sa recommandation tout en tenant compte des spécificités de son entreprise. Il coordonne l'application de sa stratégie dans les différentes directions. Il assure ainsi l'adéquation et la cohérence entre les attentes des consommateurs et les actions de l'entreprise. En parallèle, il exerce une veille technologique afin de déceler comment des innovations techniques peuvent être appliquées aux besoins de ses clients. A ce titre, il peut initier des programmes de recherche. Il établit le contact avec les opérationnels sur le terrain et avec certains clients. Enfin, il contrôle les résultats de sa stratégie et assure le suivi financier des opérations.

Le directeur du marketing passe environ 30 % de son temps sur le terrain ou avec les clients de l'entreprise, 30 % également avec prestataires de services (agences, cabinets d'études) ; le reste est consacré à la rédaction et aux réunions internes d'information et de coordination.

Lundi **14** (03) Mars		Mardi **15** (03) Mars		Mercredi **16** (03) Mars		Jeudi **17** (03) Mars		Vendredi **18** (03) Mars		Samedi **19** (03) Mars	
	8		8		8		8		8		8
Relations avec	9	*Présence sur*	9	*Présence sur*	9		9		9		9
prestataires	10	*le terrain*	10	*le terrain*	10	*Gestion*	10	*Comité de*	10		10
de services		*RDV avec*		*Salon*		*administrative*		*direction*			
	11	*la clientèle*	11	*professionnel*	11	*et suivi des*	11		11		11
	12		12		12	*prospects*	12		12		12
	13		13	*Déjeuner*	13		13	*Réunion de*	13		13
				clients				*coordination*			
	14		14	*Travail de*	14		14	*interne*	14		14
Réunion avec				*rédaction*							
l'équipe	15	*Présence sur*	15		15	*Réunion avec*	15	*Brief*	15		15
commerciale		*le terrain*		*augmentation*	16	*cabinet*		*commerciaux*			
	16	*Réunion*	16	*Plan stratégie*		*d'études de*	16		16		16
Réunion de	17	*clients*	17		17	*marchés*	17		17		17
coordination											
interne	18		18		18		18		18		18
	19		19		19		19		19		19
	20		20		20		20		20		20
	21		21		21		21		21		21

TÉMOIN

Vincent Lesage, directeur du marketing de la société Esterel

« Mes premières expériences avec l'entreprise et le marketing, ce fut à l'occasion de stages en 2ᵉ et en 3ᵉ année. C'est aussi grâce à la Junior Entreprise de mon école et à la Confédération nationale des JE que je me suis rodé aux différents aspects des études de marché. A la sortie de l'Ecole, j'ai suivi un DESS en gestion des PME/PMI à l'université de Caen. A cette occasion j'ai mené une étude de huit mois pour l'Anvar sur la part du marketing dans les projets innovants. Ensuite, en 1990, un VSNE aux États-Unis où j'étais chargé de la promotion touristique des régions de l'Est de la France. A mon retour en France en mars 1992, je suis entré à Euro-Disney au service marketing. J'étais chargé de la promotion d'ED en Europe via les agences de voyage. Fin 92, j'ai été recruté comme responsable marketing par la société Esterel, société qui travaille à la conception d'outils informatiques permettant aux agences de voyage l'accès à des bases de données. »

En fonction de la taille de l'entreprise, de sa structure, il peut être amené à intervenir directement dans la mise en place des actions publicitaires et de promotion des ventes.

Le directeur du marketing dans l'entreprise

Le directeur du marketing est, au même titre que les directeurs financier, commercial, scientifique, ou que le directeur de la communication, membre de la direction générale de l'entreprise. Auprès de cette direction générale, il joue le rôle de conseil et de force de proposition. Les attributions du métier sont bien différentes selon le type d'entreprise et le secteur d'activité. Chez un grand lessivier, le directeur du marketing possède un rôle stratégique d'animation et de contrôle très en amont du consommateur final. Il sera beaucoup plus impliqué sur le terrain dans une entreprise de service type SSII. En règle générale, il travaille avec une équipe de collaborateurs directs (chefs de produit, de groupe) et avec l'ensemble des services (production, technique, recherche et développement, commercial, communication) qu'il peut conseiller sur le positionnement à adopter par rapport aux besoins des clients. Il assiste la force de vente dans l'élaboration des argumentaires, soutient ses activités et doit s'efforcer de garder le contact avec le terrain. En externe, il est en relation avec de nombreux prestataires, des cabinets d'études de marché, des sociétés de sondages qui vont lui apporter les informations nécessaires à sa connaissance du marché et de sa clientèle potentielle. Il est aussi en contact avec des agences spécialisées en publicité commerciale, qui assureront par médias interposés la promotion de ses produits, des agences de design et de merchandising. Il peut aussi avoir un rôle de représentation et d'information auprès de ses clients.

Le parcours le plus courant d'un directeur du marketing débute sur le terrain, dans la force de vente comme chef de secteur. Au bout d'environ deux ans, il peut intégrer une direction du marketing en tant que chef de produit junior puis senior ; la voie est alors tracée. Un atout essentiel pour réussir consiste en une très bonne connaissance du marché. Ces perspectives d'évolution se heurtent toutefois à une limite : les postes sont peu nombreux. Les salaires varient en fonction de l'âge, du nombre d'années d'expérience, du secteur d'activité, de la structure et de l'importance donnée au marketing dans la société. On peut donner une fourchette allant de 300 KF annuels dans les PME/PMI à 800 KF dans les grands groupes internationaux.

Profil du directeur du marketing

Le métier s'adresse en priorité à des personnes de formation École de Commerce, l'enseignement du marketing étant l'une des composantes essentielles de la formation commerciale. Cette formation peut être complétée par un Mastère spécialisé en marketing appliqué (à la grande distribution, aux produits industriels…). Pour arriver à ce poste, il faut compter entre 5 à 10 ans d'expérience avec, dans son parcours, une expérience significative sur le terrain et dans un service d'études. Ce poste à grandes responsabilités nécessite des qualités indispensables pour réussir. Tout d'abord, le directeur du marketing doit savoir fédérer une équipe autour d'un projet et donc la motiver et la diriger. Il doit aussi être capable de s'exprimer en public et de conduire une réunion… Il doit être doté d'un bon esprit d'analyse et de synthèse pour traduire dans un plan d'action l'ensemble des informations recueillies par le biais d'études. Il doit posséder une bonne connaissance de ses marchés, savoir rester à l'écoute du terrain, anticiper et percevoir les besoins et attentes de la clientèle et, enfin, être capable d'évaluer les opportunités du marché.

En plus de ces qualités, le directeur du marketing doit posséder des compétences financières et juridiques, maîtriser l'informatique de gestion et parler une deuxième langue étrangère, l'anglais étant quant à lui, indispensable. Autres qualités dont la personne du directeur de marketing devra faire la démonstration : enthousiasme, curiosité, sens de l'observation et de l'opportunité.

Les grandes écoles et leurs formations spécialisées

Être directeur marketing est un objectif pour tout étudiant d'ESC qui désire consacrer sa carrière au marketing. Il s'y préparera en suivant la filière dès sa deuxième ou troisième année. Toutes les écoles (sauf les plus récentes) ayant une fiche dans ce livre peuvent s'enorgueillir d'avoir un « ancien » à la direction marketing d'une grande société française.

LES MOTS-CLÉS DU DIRECTEUR DE MARKETING

- **Le marché** : zone d'activité et d'échange spécifique des produits.
- **Le produit** : l'élément central de la stratégie marketing.
- **Le prix** : le prix idéal de vente au consommateur.
- **Le packaging** : étude de la création et de la réalisation d'un produit pour le rendre attractif.
- **La place** : le positionnement du produit par rapport à la concurrence.
- **Études qualitatives** : études de marché réalisées sur un échantillon présélectionné.
- **Études quantitatives** : études de marché à grande échelle (ex : sondages).
- **Le plus produit** : ce qui fait la différence d'un produit par rapport aux autres.
- **Lancement de produit** : ensemble des actions mises en place pour la sortie d'un nouveau produit.

Vendeur international

Définition

Basé au siège, le vendeur international, baptisé également « commercial export », prend en charge l'acte de vente dans sa globalité : il détecte en amont les clients potentiels, les prospecte (prise de contact, visite…) afin de développer les parts de marché de son entreprise à l'étranger. Des distributeurs, des agents locaux l'accompagnent sur le terrain et deviennent des relais d'information. Le vendeur international anime ce réseau et suit la clientèle. Son objectif : augmenter son chiffre d'affaires dans les pays dont il a la charge.

Plus les produits vendus sont techniques (biens industriels ou équipements lourds), plus le vendeur international intervient directement auprès des clients. Identifiant leurs besoins, il leur conseille les produits adéquats ou les adapte à leurs spécificités… Il doit pour cela maîtriser la technicité des produits ou services. Le vendeur de produits de grande consommation s'adonne, lui, essentiellement à la négociation et à l'animation de son réseau de distribution qu'il s'attache à développer et à renforcer.

Le vendeur international passe 50 % de son temps en clientèle (visite + déplacement), 20 % à la prospection et à la veille commerciale, 20 % à régler en interne les problèmes d'adaptation des produits, de logistique et à gérer ses comptes clients. Enfin il en consacre 10 % à analyser ses résultats, à travailler à de nouveaux argumentaires, à se former aux nouvelles technologies développées par ses produits … Difficile cependant de reporter sur un agenda hebdomadaire cette répartition du temps, les tournées commerciales s'étalant souvent sur des semaines entières, incluant quelquefois des week-ends.

Heure	Lundi 14 (03) Mars	Mardi 15 (03) Mars	Mercredi 16 (03) Mars	Jeudi 17 (03) Mars	Vendredi 18 (03) Mars	Samedi 19 (03) Mars
8						
9	Réunion avec assistance	Etude du marché allemand	Etude facilités de payement avec service financier			
10				Japon		
11	Rencontre bureau d'étude	Tél. client arabe				
12	pour spécification			Rencontre 2 clients japonais	Rencontre agents locaux	
13	nouvelle					Négociation
14	Réunion avec directeur	Devis établi pour client arabe	Relance clients allemand			contrat
15	commercial		et belge			avec
16		Tél. service logistique				client
17	Rédaction cotation					
18						
19					Départ pour Arabie Saoudite	
20			Départ pour Japon			
21						

Dominique Bergeret, vendeur international chez Getris Images

« Je suis curieux, amoureux des voyages. Avant d'entrer chez Getris Images en mars 1992, comme vendeur international, j'ai été booker pendant neuf mois en Angleterre, puis je suis parti avec mon sac à dos, découvrir, pendant cinq mois, l'Amérique du Sud. Lorsque je suis entré chez Getris Images, l'entreprise, fabricant des consoles de production info-graphique pour les chaînes de TV ou les sociétés de post-production, avait des opportunités de vente dans le monde entier. Il fallait foncer et mettre en place une structure qui permette dans chaque pays de suivre ces ventes. J'avais carte blanche. Un job passionnant. Je fais aujourd'hui un chiffre d'affaires de cinq millions de francs par an. La clé du succès, c'est de s'adapter au pays (démarches, réseau de distribution...). L'avenir ? De nombreuses possibilités existent. Et pourquoi ne pas devenir journaliste ? Je me suis rendu compte que j'aurais bien aimé l'être. »

Comme tout commercial, le vendeur international établit les contrats de vente et négocie les prix, les quantités et les délais de paiement. Il veille au respect des délais de livraison et à l'enregistrement des paiements. Ses tournées commerciales et ses liaisons permanentes avec les distributeurs locaux lui permettent de suivre l'état des marchés, de mesurer la concurrence locale et de découvrir de nouvelles niches de développement. Le commercial export joue également un rôle d'ambassadeur : il assure la promotion de l'image de marque de l'entreprise et doit d'abord se faire connaître et reconnaître sur un marché souvent bien occupé par la concurrence.

Le vendeur international dans l'entreprise

Rattaché à un directeur export ou un directeur commercial, le vendeur international alterne périodes sédentaires et tournées commerciales.

Sa première tâche est de savoir quel concurrent existe dans le pays, quels clients potentiels y rencontrer et quel produit leur vendre. Il interroge pour cela les ambassades et consulte les bottins... Autre période sédentaire : les retours de voyage et la préparation des devis et des contrats qu'ils impliquent. Les services financiers l'aident alors à établir les lettres de crédit ou à trouver des solutions de payement. Il transmet les conditions de livraison des produits vendus à la logistique... Il travaille avec les responsables du bureau d'études, de la production, voire des achats lorsque son produit, à caractéristiques techniques, doit s'adapter aux spécifications du client... Le service après-vente prend ensuite le relais. Mais il reste cependant en contact avec le client, lui proposant des produits ou services complémentaires.

Qu'il soit dans l'entreprise ou sur le terrain, le vendeur international est en contact permanent avec les distributeurs locaux, voire des agents missionnés. Ces intermédiaires sont des alliés précieux : ils introduisent le vendeur auprès des clients potentiels, l'aident à maîtriser leurs particularismes culturels pour éviter tout écueil relationnel et commercial...

Métier souvent exercé après une expérience de vente de deux à trois ans, le commerce international conduit à des postes de management : chef de zone export, directeur commercial ou directeur de filiale à l'étranger. Certains préfèrent mettre au service de plusieurs entreprises (souvent des PME) leur connaissance des cultures étrangères, des us et coutumes des clients allemands, asiatiques ou latino-américains… en devenant consultants.

Difficile d'avancer une fourchette de salaires pour le vendeur international, tant ses modes de rémunération sont divers, mêlant fixe, commissions et primes. Ses revenus professionnels oscilleraient entre 220 et 350 KF par an.

Profil du vendeur international

Le vendeur international est souvent diplômé d'une ESC et possède une expérience de deux ans minimum dans la vente en France. Ce nomade, micro-ordinateur en bandoulière, est souvent un amoureux des voyages, curieux de connaître la culture de l'autre, ses habitudes de négociation, ses rythmes de travail. Le vendeur international est à l'écoute des clients, disponible et doté d'une large ouverture d'esprit.

Véritable stratège, il analyse attentivement les informations qu'il recueille du terrain. Il sait réagir en fonction des événements. Ce qui ne l'empêche pas, bien au contraire, de se fixer des objectifs précis pour chaque visite.

Son sens profond des relations humaines fait de lui un interlocuteur apprécié qui inspire confiance. Il reste humble mais il sait conclure au bon moment et exercer une pression à bon escient.

Bien entendu, il connaît le métier de ses clients, leur vocabulaire et leurs activités. Talents de persuasion et de négociation ne suffisent pas au vendeur international, qui, pour remplir ses carnets de commandes, doit organiser ses actions dans le temps (planning) et dans l'espace (gestion du territoire), gérer son temps et assurer la mise à jour de son fichier…

Intuitif, joueur mais aussi rigoureux, il est persévérant. Sa confiance en soi, sa résistance au stress sont des alliées indispensables pour assimiler les échecs. La maîtrise des langues étrangères est une obligation : l'anglais, d'abord, parce que langue universelle, puis l'espagnol ou l'allemand. Mais attention, cette maîtrise doit être totale car la négociation est un rapport de force. Si l'acheteur potentiel utilise mieux cette langue, il possède un atout supplémentaire. L'objectif du vendeur est de réduire cet avantage en parlant couramment le dit langage.

LES MOTS-CLÉS DU VENDEUR INTERNATIONAL

Cotation : offre permettant de mettre le produit en adéquation avec le besoin du client.

Fixe : rémunération de base du vendeur.

Avantage distinctif : avantage du produit par rapport à ceux de la concurrence.

Particularisme culturel : attitude particulière d'une population, d'un groupe social qui maintiennent leurs caractères particuliers et originaux.

Road show : voyage itinérant avec machine pour démonstration.

Agent local : personne qui assure la vente, la distribution d'un produit à l'étranger.

Connaissement : document qui accompagne les marchandises expédiées à l'étranger.

Réseau : ensemble de firmes ou d'intermédiaires qui assurent la vente des produits et services d'une société.

Chef de zone export

Définition

Basé en France et en charge d'une zone géographique d'exportation, le chef de zone export commercialise les produits de son entreprise dans un pays ou un ensemble de pays étrangers. Son objectif : développer le chiffre d'affaires de sa société dans ce ou ces pays.

Il implante, supervise et anime pour cela un réseau de vente local. Il peut aussi diriger les filiales déjà en place à l'étranger. Lui reviennent alors les tâches inhérentes à sa fonction de meneur d'hommes : la motivation et la formation de son équipe, le recrutement de nouveaux agents et le règlement des litiges avec ce personnel.

Dans tous les cas, il apporte à ses agents locaux des outils d'aide à la vente et les accompagne sur le terrain.

Il prospecte lui-même de nouveaux marchés, étudie les circuits de distribution, définit une politique marketing propre à sa zone, et négocie seul ou avec les agents locaux les plus gros contrats. Il s'inquiète du respect des termes de com-

Le chef de zone export passe 40 % de son temps en déplacements (visites des agents et des clients), 40 % à coordonner les services en interne pour honorer les commandes transmises par les agents et 20 % à l'étude des marchés, à la mise en place de procédures de prospection commerciale ou à l'animation et la formation des agents.

La semaine du chef de zone export

Lundi **14** (03) Mars	Mardi **15** (03) Mars	Mercredi **16** (03) Mars	Jeudi **17** (03) Mars	Vendredi **18** (03) Mars	Samedi **19** (03) Mars
Contact agents par téléphone	Réunion avec production sur nouveau procédé de fabrication	Tél. avec logistique			
Réunion hebdomadaire avec assistantes commerciales		Tél. avec agent sur nouveau contrat	Négociation contrat avec client étranger	Visite de 2 agents implantés dans le pays	
Réunion avec R&D sur nouvelles caractéristiques du produit	Tél. client étranger	Lancement recrutement nouvel agent			
	Déjeuner avec directeur export				
	Etude possibilité Crédoc	Tél. production pour délai fabrication			
Etude de prix	Rédaction cahier des charges	Préparation visite client		Retour	
		Départ pour l'étranger			

Marc Jamet, responsable de zone export chez Paturle Aciers

« J'ai toujours voulu faire deux choses : de la vente, sans être constamment sur le terrain, et de l'export pour allier l'utile à l'agréable, c'est-à-dire voyager et voir autre chose. C'est dans l'industrie que je suis parvenu à concrétiser tout cela.

J'ai commencé, après l'ESC, par de la vente : ingénieur-commercial pendant 19 mois à la Sagem. Du terrain, que du terrain. Je voulais avoir des fonctions de responsabilité, pouvoir faire preuve d'imagination et de créativité... Je suis parti chez Gorgy Timing comme chef des ventes. Un an plus tard, en 1990, j'entrais chez Paturle Aciers comme responsable de zone export. Ma société transforme l'acier en produit industriel sur mesure pour les équipementiers automobiles, les fabricants de ski, d'outillage... Nous faisons du sur mesure. L'essentiel de mon travail est de négocier avec l'usine, avec les techniciens. Je travaille directement sur le site industriel et suis peu sur le terrain. Cela me convient parfaitement. »

mandes (délais, spécifications...), fournit des devis. Effectuant des études de prix, il propose des solutions de financement. Il assure aux clients la satisfaction de leurs besoins et à l'entreprise le respect de sa politique commerciale. Cette interface est particulièrement lourde en industrie, où les produits répondent à des spécifications très précises et souvent propres à chaque client. Le chef de zone export veille alors lui-même au respect de ces spécifications par les services de Recherche et Développement, par ceux de la production ou de la logistique. Ses agents locaux deviennent davantage, dans ce cas, des agents de liaison que de réels vendeurs.

Le chef de zone export dans l'entreprise

Véritable ambassadeur, le chef de zone export rencontre les entreprises étrangères dans les salons professionnels, à l'occasion de négociations importantes... Ses agents commerciaux implantés à l'étranger lui permettent de prolonger ces contacts au quotidien et de collecter des informations sur les marchés et la concurrence. D'où l'importance qu'il accorde au recrutement, à l'animation et à la formation de cette force de vente. La direction des ressources humaines peut alors lui apporter une aide précieuse.

Le chef de zone export est aussi vendeur « à l'interne ». A lui de répercuter les commandes et de s'assurer de la satisfaction du client en termes de délais, coût, qualité... Ses contacts avec la production, le bureau d'études, le service financier, juridique ou logistique peuvent être fréquents... pour établir des facilités de paiement, négocier une production supplémentaire ou diminuer les délais de transport...

Rattaché au directeur export ou au directeur commercial si la structure à l'export est réduite, le chef de zone export est souvent un ancien vendeur cumulant quatre à six années d'expérience professionnelle en France ou à l'étranger. Notons que le VSNE, service national effectué à l'étranger pour le compte d'une entreprise, est pour les garçons un excellent moyen d'accès rapide au commerce international.

Le chef de zone export peut être, dans le cadre de ses fonctions à l'export, responsable de filiale. Il évoluera plus tard vers des fonctions de directeur export ou directeur des ventes. Son salaire se situe entre 230 et 480 KF par an.

Profil du chef de zone export

Diplômé d'une école de commerce ou ingénieur formé au commerce international (Mastère, DESS), le futur chef de zone export a multiplié stages et séjours à l'étranger. Il lui faut en effet maîtriser les techniques commerciales et financières internationales, mais aussi développer des qualités d'adaptation et d'immersion culturelle : comprendre les autres et leur culture est indispensable pour négocier avec eux. La maîtrise de deux langues étrangères, dont l'anglais, est d'ailleurs obligatoire.

Autonome, le chef de zone export sait trancher, décider et convaincre. C'est un manager persévérant, qui ne craint pas d'oser tout en restant diplomate. Il est extrêmement disponible, se déplace beaucoup et ne tient pas un compte précis des heures passées au travail.

Les grandes écoles et leurs formations spécialisées

Le commerce international exige d'abord la formation de base du commerce dispensée dans toutes les ESC et, bien entendu, une formation soutenue en langues ; mais il demande également quelques autres connaissances liées à l'internationalisation de l'activité commerciale : le droit international, d'abord, pour connaître les normes et le cadre juridique des affaires, ainsi qu'une maîtrise générale des contrats internationaux mais aussi le droit national des pays avec lesquels on commerce. Il est bon également de s'initier à la fiscalité internationale, la finance internationale et, bien entendu, les règles du marketing international. Des programmes spécialisés comme celui de l'École des Affaires de Paris (EAP), l'École Supérieure du Commerce Extérieur (ESCE) pourront y aider ainsi que les filières internationales de presque toutes les ESC ayant une fiche dans cet ouvrage.

LES MOTS-CLÉS DU CHEF DE ZONE EXPORT

Réseau : ensemble des intermédiaires qui assurent la vente ou les services d'une société donnée.

Ligne de produits : série de produits commercialement très proches les uns des autres parce qu'ils satisfont une même catégorie de besoins, sont vendus à une clientèle déterminée, sont distribués par un même type de magasin ou ont des prix de même ordre de grandeur.

Licence : autorisation d'exploiter une marque ou un produit.

Agent commercial : mandataire indépendant négociant et concluant des contrats au nom et pour le compte d'une entreprise.

Agent local : personne qui assure la vente, la distribution d'un produit à l'étranger.

Représentant de commerce international : personne envoyée à l'étranger pour prospecter la clientèle et prendre des commandes.

Spécifications : définition des caractéristiques de composition, de qualité auxquelles doit répondre un produit.

Prix FOB : modalité d'un contrat de vente imposant au vendeur, à ses risques, la livraison de la marchandise à bord du navire.

Chef de produit international

Définition

Homme clé dans l'adaptation du produit aux évolutions et aux opportunités du marché mondial, le chef de produit international est responsable du développement d'un produit – ou d'une ligne de produits – et de sa commercialisation internationale. Il contribue à sa genèse, à la vente et à la « consommation » de ces produits. Il peut même décider de leur suppression s'ils ne répondent plus à aucune demande que ce soit. Objectif : assurer la meilleure rentabilité et un chiffre d'affaires optimum pour le(s) produit(s) confié(s). Son challenge : adapter ces produits aux marchés étrangers.

Le chef de produit international détermine en amont l'ensemble des segments cibles, des axes stratégiques de développement et la façon de les aborder. Il recueille pour cela toutes les informations commerciales, techniques et économiques (étude de marché) propres au produit. Les agents commerciaux installés dans les pays prospectés lui apportent des informations précieuses sur les besoins nouveaux ou identifient rapidement des niches jusqu'alors inexplorées. Le chef de produit international complète ces informations par des études de marché qu'il confie au service marketing interne, ou à défaut, à un cabinet conseil extérieur.

Le chef de produit international passe 40 % sur le terrain ou en contact avec les agents commerciaux, 30 % en gestion opérationnelle du quotidien avec les différents services de l'entreprise. Il consacre les 30 % restants en travail de réflexion et de réalisation avec l'agence de publicité ou les prestataires extérieurs.

La semaine du chef de produit international

Lundi **14** (03) Mars	Mardi **15** (03) Mars	Mercredi **16** (03) Mars	Jeudi **17** (03) Mars	Vendredi **18** (03) Mars	Samedi **19** (03) Mars
Lecture du courrier — *Réunion mensuelle avec direction* — *Réponse fax Demandes de prix* — *Réunion avec agence de pub*	*Réunion R&D bilan recherches redéfinition des axes de dévlopt* — *Agent anglais au téléphone* — *Réunion nouveau packaging* — *Préparation voyage* — *Départ Allemagne*	*Rencontre agents commerciaux allemands*	*Visite Salon professionnel Hanovre Retour France*	*Présentation par cabinet d'une étude de marché* — *Déj. avec agents anglais venus en France* — *Visite production pour contrôle fabrication nouveau produit* — *Première analyse étude de marché*	

79

Christian Léger, chef de produit Europe chez Rhône-Poulenc Silicone

« Avant d'être chef de produit Europe, j'ai été vendeur pendant trois ans. J'étais déjà chez Rhône-Poulenc. J'avais choisi cette entreprise parce que je voulais faire de la vente industrielle. Mais mon poste actuel n'est pas une fin en soi. Je me fixe un maximum de quatre ans. Après ? Je souhaiterais devenir responsable d'un centre de profit, de façon à vraiment tout centraliser jusqu'à la dernière ligne du compte de résultats. Mais je sais qu'il y a beaucoup plus de promotion horizontale que verticale et que bon nombre de ces responsables accèdent à ces postes à 45 ans, un diplôme d'ingénieur en poche. Je suis jeune (30 ans) et j'ai encore bien des choses à apprendre. Je bouge beaucoup aujourd'hui : deux à trois jours par semaine. J'apprécie énormément mon rôle de découvreur de nouvelles niches de développement. Et j'apprends beaucoup à coordonner des gens qui ne sont pas sous mon autorité. Il faut être tout à la fois diplomate et autoritaire. Pas facile ! »

Il détermine alors un plan marketing global qu'il décline en actions propres à chacun des pays clients potentiels. Il fixe les profits, les prix et les marges pour les adapter aux réalités de ces contrées.

Mais là ne s'arrête pas son action. Tel un véritable chef d'orchestre, il coordonne toutes les activités de développement du produit : il participe à la définition de son cahier des charges, assure l'interface entre les services R & D, fabrication, commercialisation, et finances. Il attache une attention toute particulière aux modes de distribution qui, d'un pays à l'autre, peuvent varier, tout comme aux modalités de payement ou de transport, données essentielles au commerce international.

L'immense différence entre un chef de produit « national » et son homologue international réside dans cette difficulté d'adapter les produits aux besoins des différents pays tout en développant une politique marketing globale.

Le chef de produit international dans l'entreprise

Rattaché au responsable marketing ou au directeur export, le chef de produit international est l'homme le mieux informé de l'entreprise. Par fonction au centre d'un vase réseau d'informations, il est en relation avec tous les services de l'entreprise. Il est en coordination directe avec les « fonctionnels » du marketing qui réalisent les études de marché et se préoccupent de promotion et de publicité. Le chef de produit international est, lui, responsable de la présentation de ses produits sur le marché mondial. Il intervient également auprès des services de production, qualité, R & D, d'approvisionnement… pour la recherche de nouveaux produits ou l'achat de matériaux plus adaptés aux évolutions nécessaires. Il est en liaison constante avec les financiers de l'entreprise, les responsables de la logistique ou les juristes internationaux : il travaille avec eux sur les droits de douane, les modes de paiement internationaux, les spécifications juridiques propres à certains pays afin de prévoir en amont les conditions de vente des produits à l'étranger.

Les agents commerciaux sont des alliés précieux pour le chef de produit international. Ils lui fournissent des informations proches du marché et peuvent également le conseiller sur les axes de développement qu'il prévoit, valider ses choix ou plutôt les critiquer. Ils l'aident à sortir des marchés saturés, et à investir de nouvelles niches.

Le chef de produit international est souvent un homme d'expérience en marketing, ayant précédemment occupé une fonction à l'international, à la vente par exemple. Ce poste de haute responsabilité ouvre souvent à son titulaire l'accès à des fonctions de direction générale.

Le chef de produit international reçoit entre 250 et 450 KF par an.

Profil du chef du produit international

S'il est souvent diplômé en commerce et en gestion, voire titulaire d'un 3ᵉ cycle de marketing (DESS), le chef de produit international peut être ingénieur ou technicien d'origine. Cette double compétence est souvent demandée en industrie.

Plutôt jeune, mais déjà expérimenté, le chef de produit international est un créatif ayant le sens du produit et des différences culturelles. Il sait écouter les agents commerciaux, analyser leurs informations et intégrer les particularités nationales dans sa réflexion.

Homme de négociation et de dialogue, il sait user de diplomatie et transmettre son enthousiasme pour entraîner l'adhésion et pour mobiliser les ressources humaines dont il n'est pas responsable. Mais il sait utiliser, dans certains cas, son autorité pour exiger, des uns et des autres, actions et réalisations.

La complexité et l'importance de sa fonction réclament de sa part esprit de coordination, aptitude au contrôle et sens de la responsabilité.

Disponible, il sait écouter mais aussi agir, répondre aux contraintes, convaincre et trancher. Il doit être posé mais gagneur. Il maîtrise l'anglais et, au minimum, une deuxième langue étrangère, comme l'espagnol ou l'allemand. Il se déplace énormément, pour suivre l'évolution des marchés et rester lui-même le plus près possible du terrain.

Les grandes écoles et leurs formations spécialisées

Toutes les ESC peuvent prétendre former aujourd'hui un chef de produit international performant. Certaines se sont spécialisées (cf. p. 85)

LES MOTS-CLÉS DU CHEF DE PRODUIT INTERNATIONAL

Cycle de vie d'un produit : succession de phases de vie d'un produit : lancement, développement, maturité, déclin...

Plan marketing : assure la cohérence de la pensée marketing. Résume la politique marketing de l'entreprise, établit un calendrier et des moyens d'action. Prélude au marketing mix.

Compte des résultats : présentation synthétique du compte d'exploitation (tableau présentant les revenus et les débits créés par l'activité de production) et des pertes et profits de l'entreprise.

Positionnement : conception d'un produit et de son marketing dans le but de lui donner une place déterminée dans l'esprit de son utilisateur.

Niche : petit secteur d'un marché, en principe rentable et difficilement attaquable.

Segment cible : famille de « consommateurs » sur laquelle porteront les efforts de l'entreprise.

Directeur marketing international

Définition

Le directeur marketing international élabore les principales lignes directrices de la politique marketing de l'entreprise à l'export et s'assure de leur respect. Il est chargé d'effectuer la synthèse entre les besoins réels et potentiels d'une clientèle et les impératifs techniques et financiers de l'entreprise, puis d'orchestrer le lancement et le développement commercial des produits.

Tout comme son homologue en charge du marché français, le directeur marketing international intervient en amont, dans la conception des produits, apportant sa connaissance des marchés comme base de réflexion. La différence réside plutôt dans la difficulté d'adapter les outils marketing (d'aide à la vente ou d'analyse de clientèle…) aux caractéristiques locales du marché : particularités culturelles, pratiques liées à la concurrence ou aux prix du marché…

Mais attention, il ne peut y avoir scission complète entre la manière de gérer le marketing à l'étranger et sur son propre marché domestique. Les risques d'in-

Le responsable marketing international passe 40 % de son temps en analyse d'informations sur les marchés et élaboration du plan marketing, 30 % en gestion opérationnelle du quotidien avec les différents services de l'entreprise et les prestataires extérieurs. Il consacre les 30 % restants en contacts directs avec les agents commerciaux, les clients, les responsables de zone export…

La semaine du directeur marketing international

Heure	Lundi 14 (03) Mars	Mardi 15 (03) Mars	Mercredi 16 (03) Mars	Jeudi 17 (03) Mars	Vendredi 18 (03) Mars	Samedi 19 (03) Mars
8						
9	Point téléphonique avec agent britannique sur concurrence	Entretien avec chargé d'étude	Comité de direction	Rencontre distributeur allemand	Bilan marché allemand	
10						
11		Travail sur nouveau packaging			Réunion avec logistique	
12						
13	Déj. avec agent de pub.		Déj. avec chefs de produits			
14				Participation salon à Munich	Réunion lancement de produit avec la production	
15	Etude statistiques ventes et concurrence	Réunion avec financier	Réflexion plan marketing			
16		Bon à tirer nouveau catalogue de présentation des produits				
17						
18					Tél. agent italien	
19						
20			Départ Allemagne	Retour France		
21						

Manuel Meurant, directeur marketing export de Billion

« *Après Sup de Co, je suis parti aux États-Unis pour un MBA. De retour en France, je suis entré, en 1986, dans une société de fabrication de marteaux piqueurs, leader européen, Macomeudon, comme chef de produit. J'ai été envoyé pendant un an aux États-Unis. A mon retour en France, la société me nomme directeur commercial. Deux ans plus tard, elle se fait racheter par un Américain. Différent. J'entre alors chez Billion SA, société de conception et de fabrication de presses à injecter le plastique. Nos clients : Allibert, Plastic Omnium ou Bic. J'ai en réalité une double casquette : marketing et commercial. Les deux domaines sont tellement imbriqués dans notre secteur que, s'ils étaient scindés, il y aurait un risque d'incohérence trop grand.*

J'affectionne tout particulièrement ce poste clé de l'entreprise même s'il m'oblige à travailler beaucoup et à bouger énormément. J'ai de très grosses responsabilités à 31 ans ! »

cohérence dans la perception de la marque ou de l'entreprise seraient trop grands. La vision doit rester globale. Aucune différence fondamentale ne peut exister entre la France et l'étranger. Le directeur marketing international est donc simplement un responsable marketing extrêmement sensible aux particularismes nationaux.

Sa mission consiste à :

– lancer des études de marché, de clientèle, de concurrence et à en confier la réalisation à des chargés d'études internes ou externes ;

– analyser ces données et proposer des plans d'action : lancement/développement de nouveaux produits, mise sur le marché, action de promotion, moyen de diffusion, politiques de prix et de marges… Il consigne le tout dans un plan marketing à deux ou trois ans qu'il soumet à la direction de l'entreprise ;

– orchestrer la mise en œuvre de ces plans d'action, apporter son soutien à la force de vente (formation, outils d'aide à la vente) et mesurer les résultats obtenus.

Directeur marketing international et chef de produit international ont quelquefois des attributions semblables. Mais le champ d'investigation du premier est souvent plus large. Il peut encadrer des chefs de produits ou contrôler la force de vente…

Le directeur marketing international dans l'entreprise

Rattaché à la direction générale de l'entreprise, le directeur marketing international est au cœur du développement de l'ensemble des produits de l'entreprise à l'export : gestion des gammes existantes et lancement de produits nouveaux.

Il est donc un centralisateur d'informations : chargés d'études, cabinets spécialisés, agents commerciaux sont des alliés précieux. Les contacts quotidiens avec le terrain pour les uns et les études commanditées aux autres permettent au directeur marketing international d'avoir une vision claire et précise des marchés porteurs pour l'entreprise.

Auteur d'un plan marketing consacré à l'export, il détermine le circuit de diffusion des produits et veille avec le service commercial à son bon fonctionnement. Il établit avec les financiers les modes de paiement possibles pour chacun des pays.

Il définit également les actions de promotion nécessaires au lancement des produits. Souvent aidé en cela par une agence de publicité, il fait appel, pour la mise en œuvre des actions, aux fonctionnels du marketing ou de la communication employés par l'entreprise.

Le directeur marketing international est, n'oublions pas, le garant de la bonne adaptation des caractéristiques fonctionnelles du produit aux besoins du client.

Il participe donc en amont aux réflexions du bureau d'études (conception), s'inquiète des délais (service production), du niveau de qualité du produit, ou du service après-vente… Cette interface est fondamentale, surtout si l'entreprise n'a aucun chef de produit. Si ces derniers existent, le responsable marketing international se préoccupe alors plutôt de la cohérence de toutes les actions menées.

Il est en lien constant avec le directeur marketing « France », soumettant avec lui un plan marketing global. Il côtoie, de plus, les responsables export de l'entreprise.

Certaines entreprises, les PME par exemple, nomment un responsable « commercial et marketing » pour l'international. La démarche marketing est alors souvent asservie au commercial, permettant dans ce cas essentiellement l'obtention d'outils d'aide à la vente.

Le responsable marketing international gagne entre 280 et 780 KF par an.

Profil du responsable marketing international

S'il est souvent diplômé en commerce et en gestion, voire titulaire d'un 3e cycle de marketing (DESS), le responsable marketing international peut être ingénieur ou technicien d'origine. Cette double compétence est souvent demandée en industrie.

Même si le passage à l'étranger ne constitue par une étape obligée, le res-

LES MOTS-CLÉS DU DIRECTEUR MARKETING INTERNATIONAL

Marché : découpage, dans l'étendue des produits et des acheteurs, du champ précis dans lequel l'entreprise exerce son action.

Plan marketing : assure la cohérence de la pensée marketing. Résume la politique marketing de l'entreprise, établit un calendrier et des moyens d'action. Prélude au « marketing mix ».

Positionnement : conception d'un produit et de son marketing dans le but de lui donner une place déterminée dans l'esprit de son utilisateur.

Niche : petit secteur d'un marché, en principe rentable et difficilement attaquable.

Agent commercial : mandataire indépendant négociant et concluant des contrats au nom et pour le compte d'une entreprise.

Segment cible : famille de « consommateurs » sur laquelle porteront les efforts de l'entreprise.

Produit d'appel : produit vendu à perte, c'est-à-dire à un prix inférieur à son coût, pour inciter les consommateurs à acheter d'autres produits.

Screening : processus d'analyse destiné à évaluer dans quelle mesure un produit nouveau possède les caractéristiques propres à assurer son succès.

Brief d'étude : document écrit qui définit les objectifs d'une étude de marché, au moment de la conclusion de l'accord entre l'entreprise qui la commande et l'agence qui la réalise.

ponsable marketing international a souvent occupé une fonction de chef de produit hors de nos frontières, voire de directeur marketing dans un pays étranger. Le poste de responsable marketing international n'ouvre pas les meilleures opportunités de carrière internationale. Métier technique et stratégique par la nature de ses enjeux, le marketing international est plus facilement confié à un chef de produit confirmé qu'à un cadre de l'export.

Cette fonction de création et d'innovation demande aujourd'hui des moyens importants et une stratégie de plus en plus musclée, concurrence oblige.

Autonome, le responsable marketing international est un manager. Il supervise les travaux d'adjoints aux études, à la promotion, de chefs de produit, voire de la force de vente. Il sait trancher et prendre des décisions.

Son sens de la diplomatie n'exclut pas qu'à l'occasion il tape du poing sur la table ou repositionne ces collaborateurs sur des actions correctives... Il est homme de communication et sait convaincre les différents services du bien-fondé de ses préconisations. Il travaille en équipe et délègue.

Il a un esprit d'analyse et de synthèse, et sait jongler avec les chiffres et les statistiques.

Il ne rechigne pas à travailler : ses journées sont souvent extensibles et ses voyages à l'étranger fréquents. Il reste un homme de terrain.

La pratique des langues étrangères est bien entendue une obligation : il parle couramment anglais, pratique une deuxième langue et quelquefois d'autres encore. Il se passionne pour la connaissance des autres, de leurs cultures, histoire, us et coutumes...

Les grandes écoles et leurs formations spécialisées

Aujourd'hui, les écoles supérieures de commerce ont toutes une spécialisation internationale. Pas une qui n'ait sa filière de troisième année qui s'y consacre. Il y a cependant des spécificités dans les programmes de ces enseignements. Elles tiennent soit :

- à la partie de l'action commerciale internationale comme, par exemple, la filière « Achat et vente dans un contexte international » de Grenoble ;
- à l'aire géographique comme le « Commerce Est-Ouest » à La Rochelle, ou encore le troisième cycle « Commerce et Management avec l'Espagne » de l'ESC Pau ;
- à un produit particulier comme le mastère spécialisé en « Commerce international des vins et spiritueux » de l'ESC Dijon ou celui de « Management agro-alimentaire européen » de l'EDHEC ou encore celui de « Stratégie et Marketing international des entreprises industrielles » abrité par l'ESC Lyon ;
- enfin au diplôme même auquel cet enseignement conduit et qui peut être soit un pur programme de l'école, soit un double diplôme s'il est couplé avec celui d'un établissement étranger, soit un troisième cycle.

Les fiches écoles de cet ouvrage vous permettront d'y voir plus clair, ainsi que le *Guide Réussir les écoles de commerce* de la même collection.

Directeur export

Définition

La mission du directeur export consiste à développer le chiffre d'affaires de l'entreprise et la marge dégagée à l'export en s'appuyant sur un réseau d'agents qu'il anime et de filiales à l'étranger qu'il dirige. Mais vendre des biens et des services sur les marchés extérieurs est délicat : les aspects commerciaux sont complexes à cause de la diversification des opération logistiques, réglementaires et financières. Il lui faut également prévoir la conception promotionnelle avec le marketing et l'organisation du service après-vente.

Si, dans certaines sociétés, le directeur export se contente d'écouler des produits à l'étranger en transférant les pratiques commerciales françaises, il doit, dans bien d'autres cas, explorer de nouveaux créneaux et établir pour cela des stratégies commerciales propres à chaque pays. Il coordonne et gère simultanément toutes ces politiques commerciales et en contrôle l'application. A la tête d'un réseau de chefs de marché, chefs de zone et d'agents locaux, il pilote quelquefois même des filiales de vente et de production et décide de leur création. Dans ce cas il porte le nom de directeur de division internationale.

Le directeur export passe 30 % de son temps à animer sa force de vente, 30 % à coordonner les services en interne pour honorer les commandes, 20 % en contacts clients. Il consacre les 20 % restants à la mise en place d'une politique commerciale, à l'analyse des résultats et à l'élaboration d'une stratégie à moyen et long terme.

La semaine du directeur export

Lundi **14** (03) Mars	Mardi **15** (03) Mars	Mercredi **16** (03) Mars	Jeudi **17** (03) Mars	Vendredi **18** (03) Mars	Samedi **19** (03) Mars
8	8	8	8	8	8
9 *Contacts téléphoniques*	9 *Comité direction*	9 *Négociation avec client*	9 *Retour France*	9 *Réception client à*	9
10 *avec chefs de*	10 *prévision 95*	10	10 *Réunion*	10 *l'entreprise*	10
11 *zone absents*	11 *Réunion*	11	11 *service juridique pour*	11	11
12 *Analyse*	12 *directeur*	12	12 *réclamation*	12 *Déjeuner avec*	12
13 *résultats obtenus*	13 *marketing*	13	13 *importante*	13 *ce client*	13
14	14 *Réunion responsable*	14	14	14	14
15 *Réunion*	15 *planning de fabrication*	15 *Visite salon avec un agent*	15 *Reglement problème de*	15 *Tél. 3 agents*	15
16 *chefs de zone*	16	16	16 *logistique*	16	16
17 *objectifs*	17 *Préparation visite à*	17	17 *Analyse infos terrain sur*	17 *Réunion responsables*	17
18 *Tél. client*	18 *l'étranger*	18	18 *marché*	18 *ordonnancement*	18
19	19 *Départ pour l'étranger*	19 *Rencontre*	19 *potentiel*	19	19
20	20	20 *nouvel agent*	20	20	20
21	21	21	21	21	21

Pierre Guerin, directeur export chez BSN Emballage

« Pour faire de l'export, il faut aimer bourlinguer et cultiver l'imprévu et le dépaysement. C'est dans mon tempérament. J'ai la responsabilité export du premier producteur européen de bouteilles. Quatre assistantes, des chefs de secteur et des agents locaux m'aident à vendre ces biens industriels dans les meilleures conditions, dans le monde entier. Et ce depuis 1986. Je connais BSN depuis 30 ans, avant même que cela s'appelle BSN et maintenant Danone. Sorti de l'ESC, j'ai été adjoint d'un patron de succursale Citroën. Je suis entré ensuite chez BSN en France puis, à l'export. Je suis devenu directeur commercial d'une filiale, puis responsable export d'une autre, avant d'être directeur export chez BSN Emballage.. »

Quel que soit son titre, le directeur export se réserve bien souvent les négociations les plus lourdes ou les plus stratégiques.

Le directeur export dans l'entreprise

Rattaché à la direction générale, le directeur export est tout à la fois chef d'orchestre et capitaine de pompiers. Il anime un réseau de vente composé d'agents locaux, de filiales, de chefs de zone, en contrôle les résultats et étudie les informations qu'ils lui apportent du terrain. Charge à lui de régler toutes les difficultés du commerce avec l'étranger : qu'elles soient d'ordre financières, politiques, logistiques ou techniques. Comment livrer alors que les bateaux sont en grève ? Comment convaincre des clients chinois ? Les mésaventures peuvent être nombreuses. Le directeur export multiplie alors les contacts avec les services financiers, juridiques, les unités de production ou de logistique de l'entreprise.

En contact permanent avec le service marketing, il lui indique les opportunités de création de nouveaux produits ou les conseille sur les prix, les marchés susceptibles d'accueillir un produit nouveau…

Il ne s'improvise pas dans cette fonction de direction : d'abord vendeur à l'export, souvent promu chef de zone, il a l'expérience des marchés extérieurs. Âgé de plus de 30 ans, il justifie de cinq ans minimum d'expérience dans le secteur d'activité de l'entreprise. Son salaire évolue dans une fourchette allant de 250 à 550 KF par an.

Profil du directeur export

Tout comme le chef de zone, le directeur export est diplômé d'une école de commerce ou ingénieur formé au commerce international (Mastère, DESS). Stratège, manager, il se distingue de ses collègues directeurs par son adaptation aux cultures étrangères. L'export appelle une connaissance approfondie des autres, de leur religion, de leurs habitudes. Mais il demande aussi d'être un adepte du système D. Il y a constamment des rétablissements à faire : répondre au téléphone à un Australien, appeler ensuite un Arabe avant de négocier avec un Belge… De ce point de vue, le directeur export a valeur d'exemple pour ses adjoints. Ces compétences-là l'autorisent à expliquer, à élucider pour faciliter leur travail, à concevoir la politique commerciale adéquate…

Car il ne se contente pas d'insuffler à son équipe une ligne directrice. Il les convainc du bien-fondé de sa politique en l'expérimentant lui-même sur le terrain et en accompagnant ses hommes dans leurs prospections.

C'est un négociateur rompu au commerce et à la finance internationale qui maîtrise deux ou trois langues étrangères, dont l'anglais, l'allemand, l'espagnol… Il est disponible et mobile, prêt à embarquer sur le premier avion pour épauler ses agents dans leur négociation ou régler des difficultés importantes.

Les grandes écoles et leurs formations spécialisées

De même que pour le métier de directeur du marketing international, on pourra choisir sa formation en fonction de ses exigences professionnelles futures.

Nous citerons ici une série d'écoles qui proposent un 3e cycle spécialisé : l'IECS (Strasbourg) abrite un DESS en « Achat International », l'ESC Clermont-Ferrand possède un « Institut de formation au commerce international ». L'ESLSCA a monté un 3e cycle de « Finance et négoce international Trading ». L'ESC Bretagne-Brest, façade atlantique oblige, propose un 3e cycle de « Commerce international et marketing des produits alimentaires », l'ISEG, un master d'études approfondies de « Commerce et échanges internationaux » ; l'INSEEC a mis en place un troisième cycle « International Marketing Management », l'EDHEC un mastère spécialisé « Ingénieur d'affaires internationales » enfin l'ESCP et l'ESSEC possèdent chacun un mastère en « Droit et management des affaires internationales ».

LES MOTS-CLÉS DU DIRECTEUR EXPORT

- **Filiale commerciale** : instrument de conquête des marchés extérieurs par une présence durable et efficace.
- **Acoterme** : ensemble des moyens d'expédition du départ de l'usine jusqu'à la livraison à domicile.
- **FOB (free on board)** : modalité d'un contrat de vente imposant au vendeur à ses risques la livraison à bord du navire.
- **COFACE** : organisme d'assurance pour les exportateurs.
- **Demander une option** : demande faite à la COFACE d'une couverture et une garantie d'être payé même si le client n'honore pas ses factures.
- **Crédoc** : diminutif de « crédit documentaire », c'est un mode de financement permettant aux importateurs d'obtenir un crédit auprès d'une banque sur la base des documents prouvant que les marchandises leur appartiennent. Ce qui leur permet de payer leurs fournisseurs avant de pouvoir vendre eux-mêmes leurs marchandises.
- **Consignation** : envoi de marchandise avec possibilité de retour des invendus.
- **Connaissement** : Récépissé de chargement des marchandises transportées par un navire.
- **C.A.F. (Coût Assurance Fret)** : Modalité d'un contrat de vente mettant à la charge du vendeur et à ses risques la livraison à partir du port d'origine.
- **Fret** : rémunération due par l'expéditeur du transport de marchandise par bateau ou par avion ou par camion.

Responsable de communication en entreprise

Définition

Au sein d'une entreprise, le responsable de communication a en charge l'ensemble des actions de communication de l'entreprise vis-à-vis de ses partenaires internes et externes. Son rôle est de positionner l'entreprise sur son marché, de sélectionner l'information ainsi que d'améliorer la cohésion interne et d'assurer sa transmission. Il choisit et propose les supports les plus efficaces, conçoit les messages adaptés et met en œuvre les actions de communication (conférences de presse, salons...). Il assure les relations avec les interlocuteurs de l'entreprise et les médias, négocie avec les prestataires et les fournisseurs et assure le suivi de production. Il agit toujours en accord avec les orientations stratégiques décidées par la direction générale. Au sein de cette direction il joue le rôle de conseil, apporte son savoir-faire et sa connaissance en la matière et propose un plan d'action (dit "plan de communication") en fonction des objectifs énoncés. Parallèlement, il gère son propre budget ; charge à lui de réussir avec les moyens qui lui sont alloués. Sa responsabilité peut porter sur un secteur de communi-

Le responsable de communication en entreprise passe entre 40 et 50 % de son temps en réunions d'information et de coordination, 30 % à des travaux de rédaction et d'organisation. Il partage le reste entre les divers rendez-vous avec les fournisseurs, les journalistes et l'interne.

Lundi **14** (03) Mars	Mardi **15** (03) Mars	Mercredi **16** (03) Mars	Jeudi **17** (03) Mars	Vendredi **18** (03) Mars	Samedi **19** (03) Mars
8	8	8	8	8	8
Traitement de 9	*Réunion avec* 9	*Groupe de* 9	*RDV avec* 9	*Réunion de* 9	*Tournoi* 9
dossiers, 10	*le responsable* 10	*travail* 10	*journaliste* 10	*coordination* 10	*de tennis* 10
affaires 11	*dvlpt ¿ial et* 11	*Interview pour* 11	*Rédaction* 11	11	*inter-entités* 11
courantes,	*communication*	*journal interne*			
courriers 12	12	12	12	12	+ 12
13	13	13	13	*Brief* 13	*Prise de* 13
14	*Planification* 14	*Comité de* 14	14	*fournisseur* 14	*photos pour* 14
Réunion 15	*des* 15	*rédaction* 15	*Réunion* 15	*Réflexion sur* 15	*journal* 15
hebdomadaire 16	*actions* 16	*journal* 16	*Service* 16	*un dossier avec* 16	*interne* 16
avec		*interne*	*communication*	*collaborateurs*	
collaborateurs 17	*Opération de* 17	*Réunion* 17	17	*concernés* 17	17
18	*relations* 18	*communication* 18	18	*Repérage* 18	18
19	*publiques* 19	*groupe* 19	19	*de salle* 19	19
20	20	20	20	20	20
21	21	21	21	21	21

Sophie Doriath, responsable de la communication chez Alpha Assurances

« Je suis sortie de l'École en 1990. Pendant ma dernière année, j'ai effectué un stage de fin de cycle, de février à avril, chez Alpha Assurances où je m'occupais de mettre en place certaines actions de promotion commerciale en relation avec le service développement commercial et communication. Après cette première période, on m'a proposé de poursuivre ce stage à mi-temps en parallèle avec la fin de mes études, ce que j'ai fait de mai à juillet 1990. A mon retour de vacances, Alpha Assurances m'a proposé un contrat à durée déterminée de six mois, toujours dans le même service. Six mois plus tard, un poste de chargé de communication était créé et on me l'a proposé. Un an plus tard, le responsable du service communication ayant quitté la société, on m'a demandé d'assumer ses fonctions. Je suis donc actuellement responsable du service communication, travail que j'assume avec l'aide de mon assistante et d'une jeune stagiaire. Mon expérience au développement commercial m'a permis de bien connaître les produits et les publics de l'entreprise, ce qui est un plus incontestable. »

cation particulier (relations presse, communication interne..) ou bien à l'inverse, englober l'ensemble de ces services. Selon la taille de l'entreprise, il s'intitule responsable de communication ou, dans les grands groupes, celui de directeur de la communication. Les grandes fonctions (communication interne, externe, relation presse...) sont, dans les entreprises moyennes, prises en charge par le même service. Le responsable de communication aidé d'une petite équipe (environ trois personnes) assume donc l'ensemble de ces activités. Dans les grands groupes, chaque activité constitue un service à part entière ayant à sa tête un responsable, l'ensemble de ces responsables et de ces services constituant la direction de la communication avec, à sa tête, un directeur de la communication.

Le responsable de communication dans l'entreprise

Dans l'entreprise, le responsable de la communication est rattaché à la direction générale qui lui fixe ses objectifs. L'ensemble des collaborateurs de l'entreprise, les journalistes, les fournisseurs, les clients constituent l'essentiel de ses interlocuteurs. Cette fonction, il peut l'intégrer directement ; il peut aussi y accéder au terme d'un parcours : première expérience dans un secteur d'activité similaire, le service d'une entreprise, en tant que chargé de communication ; puis, par promotion interne ou changement de société, accès au poste de responsable de service et, pourquoi pas, directeur de la communication. Néanmoins, ces postes peu nombreux (un par entreprise) supposent acquise une bonne culture d'entreprise, c'est-à-dire une bonne quinzaine d'années d'expérience dans différents services. Dans ce métier, plus que dans tout autre, l'expérience, les relations sont gages de réussite. Le salaire d'un chargé de communication débutant se situe aux alentours de 150 KF annuels, celui d'un responsable de communication entre 200 et 250 KF ; enfin, celui d'un directeur de communication entre 300 et 500 KF. En ce qui concerne les évolutions de carrière, le responsable de communication peut s'orienter aisément vers des fonctions de ressources humaines, mais aussi de développement et d'organisation.

Profil du responsable de communication en entreprise

Ces postes sont principalement ouverts à des candidats ayant plus spécialement suivi une formation à la communication. De nombreuses ESC proposent une spécialisation de 3e année en communication. Mais d'autres formations se rencontrent également : du BTS ou DUT jusqu'au DESS. On citera parmi les mieux reconnues, les formations dispensées par le Celsa. Ces fonctions sont aussi accessibles à des candidats ayant suivi des formations commerciales options publicité et marketing, l'apprentissage et les formations continues venant opportunément compléter la formation initiale. Capacité d'écoute, sens relationnel, aptitude au dialogue et à l'argumentation, solide culture générale et de l'entreprise, imagination, créativité, forte capacité de travail, sens stratégique, sens de l'évaluation, voici les qualités requises pour exercer ce métier passionnant mais aussi très prenant et très exposé. Il faut ajouter à cet ensemble des qualités diplomatiques qui permettront au responsable de communication de trouver les soutiens internes indispensables.

En plus d'une formation initiale, les personnes exerçant ce type de fonction suivent généralement des stages grâce auxquels elles accroissent leur savoir-faire (technique de presse, management d'équipe, publication assistée par ordinateur, techniques d'édition). La maîtrise de l'outil informatique est indispensable, de même que la pratique d'une langue étrangère.

Les grandes écoles et leurs formations spécialisées

Les écoles de commerce qui ont un cursus spécifique de communication sont plus rares qu'on ne l'imagine. Cette matière est incorporée généralement aux modules marketing (par exemple, l'ESCO nomme sa filière marketing de troisième année « marketing communication » et l'ESC Amiens abrite la filière « Business communication ») ; on la trouve aussi dans les contenus des filières de « ressources humaines », voire dans les programmes « entrepreneurs » ou « management de PME/PMI ». Certaines ont cependant développé un troisième cycle spécifique. L'ESCP en a deux : « Communication et marketing » et « Informations médias ».

LES MOTS-CLÉS DU RESPONSABLE DE COMMUNICATION EN ENTREPRISE

Plan de communication : stratégie et planning de l'ensemble des opérations de communication.

Bon à tirer : autorisation de fabriquer le document définitif.

Comité de rédaction : équipe qui détermine le contenu rédactionnel d'un journal ou d'une émission d'information.

Communication financière : communication sur les résultats de l'entreprise.

Charte graphique : code d'utilisation des signes distinctifs de l'entreprise.

• *Dans l'édition*

Plan médias : planning d'utilisation des supports publicitaires mixant les différents médias.

Dossier presse : dossier d'information remis aux journalistes.

Étude de satisfaction : évaluation des actions de communication.

Plaquette institutionnelle : document de présentation de l'entreprise.

Communication par l'objet : objets publicitaires (pin's, tee shirt..) aux couleurs de l'entreprise.

Directeur d'agence de communication

Définition

La dénomination « agence de communication » peut recouvrir aujourd'hui des réalités très diverses. Les récentes évolutions techniques (PAO, EAO) ainsi que la crise du marché de la publicité et de la communication ont profondément bouleversé les structures de ces entreprises et leurs modes de fonctionnement. Aujourd'hui, certaines agences parmi les plus modestes ne comptent que trois à quatre salariés alors que les grandes agences internationales peuvent en compter jusqu'à un millier. Néanmoins, quelle que soit la taille de l'agence, son directeur est avant tout un chef d'entreprise. A ce titre il intervient dans tous les aspects de la vie et du fonctionnement de sa société. Il en fixe les orientations stratégiques en termes de développement et de partenariat, il détermine la politique ainsi que les objectifs commerciaux. Il intervient dans la gestion des personnels (recrutement, négociations salariales, motivation et management). Il est informé des aspects financiers de la société (chiffre d'affaires, marge brute, bénéfices). Il supervise le

Le directeur d'agence de communication passe environ 50 % de son temps avec les clients (présentation, rendez-vous, prospection). Il en consacre 30 % aux relations internes (réunions, briefs...), réservant le reste à la gestion de l'agence (administration, comptabilité...).

La semaine du dir. d'une agence de comm.

Lundi **14** (03) Mars	Mardi **15** (03) Mars	Mercredi **16** (03) Mars	Jeudi **17** (03) Mars	Vendredi **18** (03) Mars	Samedi **19** (03) Mars
8	8	8	8	8	8
Réunion d'agence 9	*Prospection clients par tél.* 9	*Rappel prospect* 9	*RV prospect* 9	*Recommandation stratégique* 9	9
10	*(déjà vu et* 10	*Présentation* 10	10	10	10
RV Client à l'agence 11	*reprise de contact)* 11	*client* 11	11	11	11
Déjeuner client 12	*Déjeuner prospect* 12	12	12	12	12
13	13	*Déjeuner* 13	*Déjeuner client* 13	*Déjeuner interne agence* 13	13
Réunion Création/ 14	*• Devis de fabrication* 14	*interne agence (débriefing* 14	14	14	14
Briefing Création 15	15	*présentation)* 15	*RV client* 15	*• Rappel prospect* 15	15
16	*• Vérification et fiscalité* 16	*Réunion* 16	*Débriefing du RV* 16	*• Planning de* 16	16
17	17	*comptabilité administration* 17	*Résumé des dossiers* 17	*la semaine à venir* 17	17
18	18	18	18	*• Prévisionnel financier* 18	18
19	*Dîner* 19	19	*Dîner contact* 19	19	19
20	*contact* 20	20	20	20	20
21	21	21	21	21	21

92

Thierry Valat, directeur de l'agence Véronèse

« Sorti de mon école de commerce en 1984, je peux dire que c'est pendant cette période que j'ai appris l'essentiel de mon métier. Très impliqué dans la vie associative de l'école, j'ai de plus contribué au redressement financier d'une PME, à la naissance d'un guide des professions de la communication, et à la vie d'une régie publicitaire. Au cours de ma troisième année, alors que je suivais en parallèle une licence en droit des affaires, j'ai créé avec un camarade de promotion l'agence ITALIK, spécialisée dans le conseil en édition. En 1989, nous avons ouvert une antenne à Paris puis passé des accords de partenariat avec Londres, New York et Bruxelles. De deux personnes au départ, nous étions vingt-deux en 1991. En 1992, j'ai participé à la création de Véronèse dont je suis le directeur. Notre clientèle est essentiellement composée d'annonceurs institutionnels et de "B to B". Nous développons par ailleurs deux départements : CKV, spécialisé auprès des annonceurs asiatiques et Véronèse Campus, spécialisé sur le marché du recrutement et de la formation. »

travail des différentes équipes (commerciaux, créatifs, responsables médias, services administratifs). Il intervient dans les négociations avec les fournisseurs et contrôle les achats. Enfin, il est chargé de rendre des comptes aux actionnaires de la structure.

Dans les petites agences, le directeur est très impliqué dans une démarche commerciale active de prospection et fournit en parallèle un véritable investissement créatif. Dans les structures plus importantes, il assure les relations publiques auprès des clients potentiels auprès desquels il joue un rôle de conseil et de représentant. Il assiste aux présentations des campagnes et est chargé de défendre les propositions de son équipe. Dans chacune de ses actions, il engage son agence ainsi que les personnels qui y travaillent.

Le directeur d'agence dans l'entreprise

Le directeur d'agence est en contact direct avec les clients auprès desquels il est l'interlocuteur privilégié, jouant le rôle du conseiller. Il est ainsi un rouage essentiel dans l'aboutissement des négociations menées par ses « commerciaux ». Il est également très proche de l'ensemble de ses collaborateurs qu'il reçoit au cours de réunions afin de faire le point sur les travaux de l'agence. C'est lui qui, par son charisme et sa personnalité, doit être capable de donner une « coloration » à l'agence en termes de positionnement et de création.

Avec l'ensemble de la direction (directeurs de création, artistique, financier et commercial) il fait le point sur la stratégie de l'agence et fixe les orientations et les règles de fonctionnement de la structure. Pour ce qui est des évolutions de postes, un directeur d'agence voit peu de possibilités s'offrir à lui. Il peut cependant prendre la direction ou devenir directeur associé d'une agence plus importante.

Les salaires varient bien évidemment en fonction de la taille de la structure mais aussi du chiffre d'affaires réalisé par celle-ci ; la fourchette se situe entre 300 KF et un million de francs par an pour les plus grosses agences ayant un développement international.

Profil du directeur d'agence de communication

A structures d'agence différentes, profils différents. La plupart des directeurs d'agence ont gravi les différents échelons « commerciaux » de l'agence (chef de pub, directeur de clientèle, directeur commercial...), ce qui leur permet de connaître le milieu, le fonctionnement, mais aussi de posséder une vision globale de leur fonction. Pour la plupart issus d'école de commerce, ils proviennent d'origines très différentes (gestionnaires, comptables, sciences po). Tous possèdent, en complément de leur formation initiale, non seulement une solide expérience, mais aussi des compétences en termes de gestion, de comptabilité, de droit et de marketing. Les qualités essentielles à l'exercice de ce métier sont celles qu'on recherche chez tous les responsables d'entreprises : fort charisme, aptitude relationnelle, capacité à manager et à motiver une équipe, véritable sens des responsabilités, vision stratégique. Le directeur d'agence doit aussi savoir communiquer son enthousiasme, faire preuve de dynamisme et de curiosité ; il faut qu'il sache « sentir » les marchés exploitables et qu'il puisse montrer un réel sens artistique et créatif. Il maîtrise l'informatique comptable mais aussi la publication assistée par ordinateur (PAO), il parle l'anglais (couramment utilisé dans le milieu de la communication) et parfois une autre langue, atout indispensable pour envisager un développement international de sa structure.

Les grandes écoles et leurs formations spécialisées

Le directeur d'agence devant cumuler la double compétence de manager et de communicant, il aura su, durant sa formation en ESC, profiter des programmes de management des hommes et de la gestion qui sont enseignées dans toutes les grandes écoles, tout en accentuant ses compétences en communication dans des filières offertes par certaines écoles comme ESC Amiens et ESC Pau, l'ESCO Grenoble ou les ISEG. Ne pas oublier non plus que l'activité associative des écoles est en général une très bonne initiation de terrain aux actions de communication.

LES MOTS-CLÉS DU DIRECTEUR D'AGENCE DE COMMUNICATION

Appel d'offres : mise en concurrence de plusieurs prestataires pour un projet.

B to B : (Business to Business) : toute forme de communication s'adressant à des publics dits « professionnels » et non au grand public .

EAO : édition assistée par ordinateur.

PAO : publication assistée par ordinateur.

Corporate : relatif à l'image, par opposition au commercial et aux produits.

Doc d'exé. : réalisation graphique d'un concept entrant dans une annonce papier, une affiche ou un support audio-visuel.

Rough : esquisse dessinée d'une annonce ou d'une affiche.

Short-List : les deux ou trois prestataires restant encore en lice à la fin d'une sélection pour un appel d'offres.

Book : document représentatif de l'ensemble des travaux réalisés par une agence, le même terme est utilisé pour un individu.

Story board : scénario illustré d'une idée de film publicitaire.

Directeur de la communication

Définition

Le directeur de la communication, baptisé « dircom », occupe une fonction hautement stratégique dans l'entreprise. Il la définit en quelques traits (logo) par la mise en valeur d'une idée-force. Il en assoit la notoriété, favorise son développement, renforce son image et rassemble le personnel autour d'un projet d'entreprise déclinant objectifs, choix stratégiques de la société. La communication devient un outil de management.

Il définit un plan d'action, appelé « plan de communication », qui détermine, pour toute l'année, les actions à mener, les outils à développer... Il veille à la cohérence des messages que l'entreprise diffuse vers l'extérieur comme à l'interne.

En interne, il s'adresse à l'ensemble du personnel à qui il apporte des informations sur la vie de l'entreprise et sur ses ambitions. Il crée, en accord avec le service des ressources humaines, des livrets d'accueil ou des journaux d'entreprise ; il peut ouvrir des messageries électroniques ou des services téléma-

Le directeur de la communication consacre 20 % de son temps à la stratégie, à l'élaboration du plan media. Il en passe 30 % en réunions (agence, collaborateurs, hiérarchie...) et au téléphone, 20 % en programmation et organisation de manifestations, 20 % en relationnel (presse, cocktail...). Il occupe les 10 % restants en partageant son expérience, en participant à des colloques, en lisant la presse... Il est pour 60 % de son temps à l'extérieur de l'entreprise, en France ou à l'étranger.

Lundi **14** (03) Mars	Mardi **15** (03) Mars	Mercredi **16** (03) Mars	Jeudi **17** (03) Mars	Vendredi **18** (03) Mars	Samedi **19** (03) Mars
8	8	8	8	8	8
Réunion 9 *maquette* *journal avec* 10 *graphiste* 11	*Réunion avec* 9 *DRH pour* *préparation* 10 *réunion* 11 *mensuelle*	9 10 11	*Suivi* 9 *fabrication* *avec agence* 10 *de pub* 11	*Préparation* 9 *plan* *d'action 95* 10 11	9 10 11
Réécriture 12 *article pour* *journal* 13 14	12 *Interview* *journaliste* 13 *Déjeuner avec* 14	*Réunion* 12 *d'informations* 13 *avec force* 14	12 *Réunion* 13 *d'information* *mensuelle* 14	*Déjeuner* 12 *avec adjoint* 13 *Lecture BAT* 14	12 13 14
Conception 15 *nouveau* 16 *stand* 17 18	*prestataire* 15 *audio-visuel* 16 *Elaboration* 17 *budget comm.* 18	*de vente* 15 16 *Préparation* 17 18	15 *Préparation* 16 *conférence* 17 *et dossier* 18 *de presse*	*journal* 15 16 *Entretien* 17 *d'évaluation* *adjoint* *rédacteur* 18	15 16 17 18
Préparation 19 *support de* *présentation* 20 21	19 20 21	19 20 21	19 20 21	19 20 21	19 20 21

TÉMOIN

Emmanuelle Mangenot, marketing-communication manager, Vetrotex International

« J'ai évolué pendant onze ans dans le marketing, d'abord comme chef de produit chez Black et Decker, puis chez Projouet, société de distribution de jouets importés, enfin chez Vetrotex International. Je suis toujours chez ce fabricant de fibres de verre, filiale de Saint-Gobain. Je suis nommée chef de groupe en 1988 : je gère alors une équipe de cinq chefs de produits, et garde une responsabilité directe sur deux gammes.

En 1992, je préfère le poste de directeur de la communication-marketing au poste de responsable des ventes. Je n'ai pas pris la voie classique qui conduit du marketing à la vente. Ma position dans l'entreprise n'est pas non plus classique : je dépends du directeur marketing et commercial. Je m'occupe avant tout de communication externe.

Je ne suis pas carriériste. J'ai choisi la communication après le marketing par envie de faire autre chose que de la vente. Mon avenir ? Dans la stratégie industrielle, pourquoi pas ? »

tiques..., animer des cercles de qualité, des groupes d'expression ou des réunions mensuelles d'information.

Son champ d'investigation est plus étendu en externe. Pour convaincre, séduire, fidéliser les clients, les fournisseurs, les actionnaires, les partenaires financiers, les media... et même le grand public, il édite des journaux, des documents de présentation, participe aux salons, côtoie les journalistes et sponsorise des manifestations. Responsable de l'homogénéité des messages émis par l'entreprise, il veille au respect du timing de réalisation des outils et à leur qualité, tant sur la forme que sur le fond.

Le directeur de la communication dans l'entreprise

Rattaché à la direction générale, le dircom apporte aux différentes directions (commerciales, marketing, finances, ressources humaines) méthodes de travail et « force de frappe » technique. Il construit, avec eux et pour eux, un plan de communication, les accompagne dans leurs actions, élabore les outils nécessaires et les leur fournit. En relation fonctionnelle avec nombre de hiérarchiques, il s'appuie sur l'encadrement pour diffuser ses messages en interne. Garant de la bonne circulation de l'information dans l'entreprise, il travaille en relations étroites avec le service informatique pour la mise en place de banques de données numériques ou textuelles, mémoires de l'histoire de l'entreprise.

Généraliste, il s'entoure de professionnels de l'écriture, du graphisme, de l'audiovisuel, salariés de l'entreprise ou indépendants. Une agence de communication l'accompagne souvent dans la définition de la stratégie, dans la négociation des achats d'espace publicitaire, voire dans le suivi de fabrication de ses outils.

Dans certaines entreprises, le titre de dircom est abusivement donné au responsable des relations publiques, chargé des relations presse, de l'organisation des manifestations. Mis à la disposition de chaque direction – responsable, elle, de sa communication – il lui est alors difficile de formuler en amont une politique globale et d'assurer en aval l'exécution de cette communication « éclatée ». Le directeur de la communication peut gérer des budgets annuels dépassant les 50 millions de francs.

Le salaire du directeur de la communication s'inscrit dans une fourchette de 260 à 840 KF par an.

Profil du directeur de la communication

Diplômé de Sciences Po ou d'ESC, le directeur de la communication complète souvent sa formation d'un 3e cycle en communication type Celsa. Son expérience de l'entreprise, il l'a acquise en cinq ou six ans à des postes de marketing ou de ressources humaines, ou dans une agence de communication. S'il n'est pas un expert en communication, les rouages de l'entreprise lui sont familiers.

Plutôt jeune, le dircom est un généraliste maîtrisant les techniques d'édition, d'audiovisuel et de télématique, comme la langue anglaise qu'il maîtrise couramment...

Créativité, sens du contact, rigueur intellectuelle, esprit d'analyse et de synthèse, tact et subtilité – autant de qualités qui font de lui un rassembleur, un négociateur, un conciliateur à l'aise dans toutes les situations, qu'il s'agisse de faire baisser le devis d'un imprimeur, de dialoguer avec les ouvriers ou de rencontrer des clients ou des concurrents. Garant de la qualité des écrits et des supports, il est compétent tant sur le fond que sur la forme. Respectueux des délais, il est organisé et sait déléguer... sans stresser.

Les grandes écoles et leurs formations spécialisées

Le dircom est un manager et c'est avant tout à sa formation de base dans une école de haut niveau qu'il doit d'être parvenu à ce poste. Il aura eu, tout au long de sa carrière, le soin de s'initier aux techniques de la communication moderne (aujourd'hui non seulement audio-visuelles, mais multi-média) sans laisser de côté les supports traditionnels comme la presse et l'édition. Pour cela il suivra des stages de formation proposés par les entreprises de communication souvent en collaboration avec des ESC.

LES MOTS-CLÉS DU DIRECTEUR DE LA COMMUNICATION

Communication institutionnelle ou corporate : mise en avant de l'entreprise et non de ses produits.

Relations publiques : contact de haut niveau obtenu par l'entreprise lors d'événements qu'elle organise.

Communiqué de presse : information ponctuelle, brève, transmise aux médias.

Publi-rédactionnel : présenté comme un article, le publi-rédactionnel est un espace acheté par l'entreprise.

Plan de communication : série d'actions programmées pour répondre aux objectifs de communication interne et externe de l'entreprise.

Plan médias : programmation des achats de publicité dans les supports propres à véhiculer au mieux le message de l'entreprise vers ces différents publics.

Logo : diminutif de « logotype », représentation de l'entreprise par un graphisme, « sceau » de l'entreprise.

Charte graphique : guide d'utilisation du logo sur les différents éléments de communication de l'entreprise : papier à en-tête, carte d'invitation, plaquette de présentation, affiche, signalétique...

Culture d'entreprise : priorité implicite ou explicite que l'entreprise donne à différentes valeurs et qu'elle désire partager avec l'ensemble des salariés.

3615 PREPAS
Le minitel des grandes écoles

- Commerce
- Science-Po
- Ingénieurs
- Véto

INTÉGRER UNE GRANDE ÉCOLE

- à partir du baccalauréat
- à partir d'une prépa
- à partir d'un bac+2

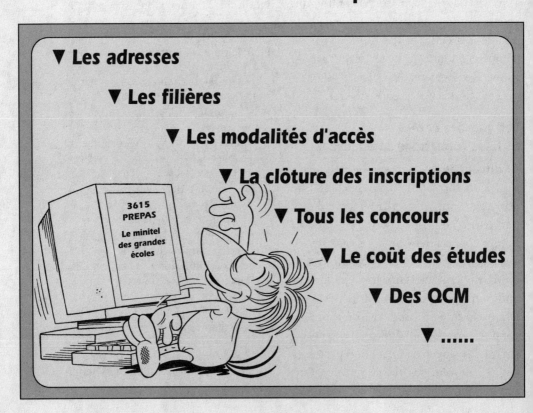

▼ Les adresses

▼ Les filières

▼ Les modalités d'accès

▼ La clôture des inscriptions

▼ Tous les concours

▼ Le coût des études

▼ Des QCM

▼ ......

3615
PREPAS
Le minitel
des grandes
écoles

Chef de publicité en régie

Définition

Au sein d'une régie publicitaire, le chef de publicité est chargé, pour un ou plusieurs supports, d'identifier et de démarcher les annonceurs potentiels. Son rôle auprès de ceux-ci consiste à vanter la qualité et à démontrer l'adéquation entre le support qu'il défend et les besoins de l'annonceur. Il s'agit de le convaincre d'être présent sur ce support sous forme d'insertions publicitaires payantes. Le chef de publicité contribue ainsi à alimenter son support en ressources financières d'origines publicitaires.

Son rôle comprend donc une phase d'étude du marché des annonceurs suivie d'une phase de prospection auprès des annonceurs ; soit directement, soit par l'intermédiaire des agences de communication ou des centrales d'achat d'espaces qui jouent le rôle d'intermédiaire auprès de l'annonceur. Une fois le contact pris, il présente à son interlocuteur les spécificités de son support par rapport à l'audience, à la diffusion et à la cible. Il le conseille, le choix du support constituant un élément déterminant du plan médias. Une fois sa proposition acceptée et achetée par le client, il organise avec le service planning de son support le passage des messages publicitaires et supervise le suivi de la cam-

Le chef de pub en régie passe environ 40 % de son temps en rendez-vous avec ses clients, il en consacre 20 % aux diverses réunions commerciales, 15 % à la prospection, le reste étant absorbé par la gestion administrative.

Heure	Lundi 14 (03) Mars	Mardi 15 (03) Mars	Mercredi 16 (03) Mars	Jeudi 17 (03) Mars	Vendredi 18 (03) Mars	Samedi 19 (03) Mars
8						
9	Prospection	Petit déjeuner	RDV prospect	Petit déjeuner	Petit déjeuner client	
10	phoning	client		client		
11					RDV client	
12					Déjeuner client	
13			Déjeuner client		Gestion	
14					administrative	
15	Réunion sur		Réunion sur			
16	politique	RDV client	politique	RDV client		
17	commerciale	et prospect	commerciale	et prospect		
18						
19						
20						
21						

TÉMOIN

Christophe Hallet, chef de publicité chez Europe Régie, régie publicitaire du groupe Europe 1

« Au cours de ma formation j'ai suivi une option culture et communication. En 1988, pour mon stage de fin d'étude, j'ai passé trois mois chez Europe 1 au service marketing, une période très formatrice chez un support référence sur le marché. En octobre 1989, après mon service militaire, j'ai souhaité poursuivre mon expérience dans ce milieu. J'ai donc été embauché par une station régionale d'NRJ à Troyes comme commercial. Pour mes premiers pas dans la vente, j'étais chargé de vendre des espaces publicitaires radio à des annonceurs locaux. Pendant cette période qui a duré deux ans, j'ai acquis une bonne connaissance du milieu, de la concurrence et des différents acteurs du marché. En 1991, j'ai postulé chez Europe Régie, la régie publicitaire du groupe Europe 1 qui travaille pour les radios du groupe (Sky Rock, RFM, Europe 1&2...). J'ai été embauché en tant que chef de pub chargé des petits annonceurs puis des annonceurs régionaux de taille moyenne. Je travaille actuellement dans une cellule de développement commercial intégrée à cette régie. »

pagne. Après la campagne publicitaire, il fait le point avec le client afin d'assurer le « service après-vente » et de préparer de nouvelles opérations en commun.

Le chef de publicité dans l'entreprise

Travaillant au sein d'une régie publicitaire (en moyenne une vingtaine de personnes), le chef de publicité prospecte dans les secteurs qui lui sont attribués. Dans l'exercice de son activité le chef de publicité est confronté à trois types d'interlocuteurs :

• les annonceurs de ses secteurs (automobiles, électroménager, etc.) qui se chargent eux-mêmes de leur achat d'espaces ;
• les agences de communication qui prennent en charge l'achat d'espaces de leurs clients ;
• les centrales d'achats d'espaces qui achètent « en gros » des espaces publicitaires à des coûts moindres et qui les proposent aux agences ou aux annonceurs.

Face à eux, le chef de publicité joue un rôle de conseil chargé de la présentation et de la vente de son support. Au sein de la régie, il travaille avec les différents services annexes (marketing, service études, planning) avec qui il fixe les objectifs, la liste des prospects et établit les argumentaires et la stratégie de vente. Il est de même en relation avec la rédaction ou avec le service programmation afin d'assurer à l'annonceur une cohérence entre les insertions publicitaires et le rédactionnel et/ou les programmes. Le poste de chef de publicité est un véritable poste de terrain, qui cumule l'aspect technico-commercial et relations publiques, et est par conséquent très formateur. Le débutant sera au départ chef de publicité junior en charge du développement d'un portefeuille de clients. En moyenne au bout de quatre ans, il devient chef de publicité senior responsable d'une équipe de prospection. Sa carrière peut évoluer ensuite vers les fonctions de responsable de régie publicitaire, acheteur en centrale ou responsable publicité chez l'annonceur. De plus, au vu de la multiplicité des contacts que ce poste procure, l'évolution vers d'autres métiers est question d'opportunités. Les niveaux de salaire sont variables car directement liés à la performance du chef de publicité. Généralement, il se compose d'un fixe auquel vient s'ajouter un pourcentage proportionnel au chiffre d'affaires réalisé. Un chef de publicité junior performant voit son salaire annuel varier entre 140 et 170 KF, un chef de publicité senior entre 240 et 300 KF.

Profil du chef de publicité

Ce type de poste s'adresse en priorité à des personnes ayant suivi une formation commerciale (environ 60 % des postes) mais il peut être occupé par des autodidactes motivés par la publicité. Les qualités nécessaires sont celles de tout métier dont la vocation est la vente : forte motivation, sens de la persuasion, qualité d'élocution, sens relationnel et de la négociation très développé. Il n'est pas inutile d'être cultivé et curieux car les interlocuteurs sont divers et la négociation commerciale passe parfois par d'imprévisibles détours de conversation. Grande rigueur et autonomie sont les atouts principaux du chef de publicité. Mais la qualité qu'on oublie également de mentionner est la disponibilité à l'autre. Pour bien vendre, il faut aussi écouter, singulièrement lorsqu'on vend de l'immatériel comme c'est le cas en publicité et en communication. Pour argumenter, le chef de publicité devra d'abord identifier les objectifs du client aussi clairement que possible.

A ses débuts, le chef de publicité peut suivre une formation au téléphone (prise de rendez-vous...) qui l'aidera dans sa prospection. Accédant à des postes de responsable, une formation au management et à la motivation d'une force de vente est réellement utile. Informatique et maîtrise d'une langue étrangère ne sont pas indispensables. Ce poste est un poste de terrain, véritable école de la vente ; timides s'abstenir !

Les grandes écoles et leurs formations spécialisées

La formation à la publicité est très liée, dans les modules d'enseignement des ESC, à l'enseignement du marketing en général. Presque toutes les écoles ont donc associé ces deux aspects du commerce et toutes peuvent former un chef de publicité.

LES MOTS-CLÉS DU CHEF DE PUBLICITÉ EN RÉGIE

Régie publicitaire : structure assurant pour le compte d'un support la vente de son espace publicitaire.

Éditeur : le support pour lequel la régie vend l'espace.

Achat d'espace : action de louer pour une durée déterminée un espace réservé à la publicité.

Réseau : ensemble des relais d'un support.

Annonceur : le client qui achète l'espace publicitaire.

Média : tout support de communication grand public (presse écrite, TV, radio, affichage).

PQN : presse quotidienne nationale.

PQR : presse quotidienne régionale.

Intermédiaire : agences et centrales d'achats d'espaces intermédiaires entre la régie publicitaire et l'annonceur.

Typon : film transparent où a été flashée l'annonce et qui est donné à l'imprimeur pour qu'il grave la plaque.

Cromalin : épreuve couleur fabriquée à partir des quatre films de la quadrichromie.

Responsable de plan médias

Définition

Au sein d'une agence publicitaire ou dans une entreprise, le responsable de plan médias a pour rôle de sélectionner les moyens de communication (médias-supports) permettant de véhiculer au mieux le message publicitaire vers la cible définie. Il est chargé de recueillir et d'analyser les résultats (audience et diffusion) par médias et par supports. Pour cela, il est en contact permanent avec leurs représentants. Il reçoit du directeur de clientèle le brief de la recommandation stratégique acceptée par le client. Il doit ensuite déterminer la cible (le public) que son action visera. En collaboration avec son équipe il va choisir les médias et les supports susceptibles d'atteindre avec efficacité la cible en question ainsi que la fréquence des messages publicitaires sur ces supports. Il rédige un document appelé « plan médias » qu'il présentera à l'annonceur en expliquant la pertinence de ses choix par rapport aux objectifs énoncés et par rapport au budget de l'annonceur. Il exerce un rôle de conseil primordial dans le déroulement d'une campagne. Une fois sa recommandation acceptée, il est chargé du suivi de la campagne en termes d'audience et de couverture afin de pouvoir, le cas échéant, recadrer son action. Il est en parallèle chargé de l'analyse de la concurrence c'est-à-dire de la stratégie

Le responsable de plan médias passe environ 50 % de son temps au recueil d'informations sur les supports et la concurrence. Il en consacre 25 % à ses clients. Le reste se partage entre le travail à l'agence (rédaction de plan médias, recommandation) et les relations internes.

La semaine du responsable de plan médias

Heure	Lundi 14 (03) Mars	Mardi 15 (03) Mars	Mercredi 16 (03) Mars	Jeudi 17 (03) Mars	Vendredi 18 (03) Mars	Samedi 19 (03) Mars
8					*Réunion interne service*	
9	*Réunion à l'agence avec commercial de Femme actuelle*	*Réunion à l'agence avec commercial de Capital*	*Réunion interne service : point sur la télévision*	*Réunion client présentation stratégie médias*	*Brief à la Presse*	
10						
11						
12		*Déjeuner avec Centrale d'affichage*				
13	*Réunion client présentation de la concurrence*				*Déjeuner avec Nouvel Obs.*	
14		*Réunion avec commercial agence*	*RV avec M6*	*Etude concurrence*	*Rédaction d'une nouvelle ? stratégie média*	
15						
16			*Réunion : point sur la programmation*	*RV Decaux*		
17						
18						
19						
20						
21						

TÉMOIN

Magali Chapas, conseil médias chez EURO RSCG France

« Je suis sortie de l'École en 1989 après avoir suivi l'option marketing. J'avais au cours de ma scolarité une notion très vague de la publicité et du média planning. C'est dans le cadre d'activités extra-scolaires (une étude sur le sponsoring TV proposée par une entreprise) que j'ai découvert cette activité et je m'y suis intéressée. J'ai ensuite effectué un stage de six mois chez ECOM, une agence du groupe Havas où, grâce à une très bonne intégration dans un service qui me confia de réelles responsabilités, j'ai été formée au média planning. En septembre 1989, à la fin de mes études, j'ai été recontactée par la directrice médias d'ECOM et embauchée en tant qu'assistante médias d'un chef de groupe. En janvier 1991, j'ai été nommée responsable chargée d'études médias dans l'agence Bélier puis pour Eurocom. En avril 1993, je suis devenue responsable conseil médias chez EURO RSCG France, agence née de la fusion d'Eurocom et de RSCG. »

adoptée par les concurrents de ses clients en terme de plan médias.

Le responsable de plan médias et son environnement

Dans l'agence, le responsable de plan médias est en relation directe avec l'équipe commerciale chargée de rapporter les budgets de l'agence. Il reçoit du directeur de clientèle les documents et le brief qui vont lui permettre d'élaborer sa stratégie médias. Dans son équipe, il dispose de personnes spécialisées dans chacun des grands médias (presse, TV, radio, affichage) avec qui il bâtit sa stratégie. Il est de même en relation avec les équipe créatives et la production qui tirent de ses recommandations budgétaires l'orientation de leur travail. Le responsable de plan médias a aussi un rapport direct au client (président, directeur du marketing, chef de produit) à qui, lors des présentations de campagnes, il propose son plan médias. Enfin, il s'entretient régulièrement avec les équipes commerciales des différents supports qu'il reçoit et qui l'informent des résultats et des performances de leurs supports en termes d'audience, de diffusion et de cible.

L'évolution de carrière la plus logique dans cette filière passe d'abord par la fonction de chargé d'études médias puis responsable de plan médias pour un certains nombre d'annonceurs. Les possibilités d'évolution à ce stade sont nombreuses : l'intéressé peut devenir directeur médias (un poste par agence) ; il peut également rejoindre une régie publicitaire pour y occuper des fonctions d'études ou y prendre des responsabilités commerciales ; il peut enfin rejoindre un annonceur (actuellement, la tendance est à la création de services médias intégrés) ou bien une centrale d'achat d'espaces.

Les salaires varient en fonction de la taille de l'agence et du nombre d'années d'expérience. Un chargé d'études médias gagne entre 135 et 180 KF annuels, un responsable de plan médias entre 190 et 240 KF et un directeur médias entre 300 et 700 KF.

Profil du responsable de plan médias

La fonction médias dans les agences a, au cours de ces dix dernières années, profondément évolué de par l'importance qui lui est accordée dans les stratégies de communication mais aussi en raison des sommes d'argent de plus en plus colossales mises en jeu. Ouverte au départ à des profils très différents (sciences-po, sociologues, économistes, administratifs, Sup de Co et autres), cette profession a évolué ces dernières années vers une séniorisation très forte, avec un recrutement de personnes très professionnelles issues, dans leur très grande majorité, d'écoles de commerce ou de formation en communication type Celsa.

Les qualités essentielles du responsable médias résident bien évidemment dans sa capacité à analyser les données chiffrées à sa disposition et dans sa connaissance de l'ensemble des supports. Il doit faire preuve de pertinence dans ses choix, qui vont engager la crédibilité de son agence vis-à-vis de ses clients. Grands sens de la responsabilité, rigueur, sérieux doivent lui permettre de faire la bonne recommandation en termes de stratégie médias. Il doit de même être à l'écoute de son milieu et avoir un bon sens de l'observation. Le responsable de plan médias doit aussi être capable de transmettre à son équipe les termes de la recommandation stratégique vendue au client en même temps que de l'encadrer. Dans cette fonction comme dans bien d'autres, rien ne remplace l'expérience, qui s'acquiert au fil des ans. Comme dans tous les métiers de la publicité, la pratique de l'anglais est indispensable, une troisième langue est appréciée.

Les grandes écoles et leurs formations spécialisées

Pour curieux que cela puisse paraître, il n'y a pas d'enseignement autonome de la publicité dans les écoles de commerce. Les ESC mais aussi les industries et les circuits de distribution considèrent que la publicité est une partie intégrante du marketing/vente. Elles ne disjoignent plus le produit, son packaging, son positionnement sur le marché, voire sa distribution, de sa publicité et de sa communication. On a inventé pour cela le concept de marketing-mix. C'est l'une des matières de base de l'enseignement fondamental des ESC. C'est pour cela également que les responsables de plan médias se recrutent de plus en plus parmi les meilleurs « vendeurs » issus des filières marketing de toutes les écoles présentes dans ce guide.

LES MOTS-CLÉS DU RESPONSABLE DE PLAN MÉDIAS

Cible : catégorie de personnes que doit atteindre une campagne médias.

Cible ménagère : femme de moins de cinquante ans responsable des achats.

Couverture : nombre de personnes appartenant à la cible, exposées au moins une fois au message.

OVD : occasions de voir (elles se calculent !).

ODE : occasions d'entendre (*idem*).

Nombre de contacts : nombre total de contacts (en OVD, ODE) distribués sur la cible.

Répétition moyenne : nombre moyen de contacts distribués par personne-cible exposée au moins une fois au message.

GRP (Gross Rating Point) : indice synthétique qui permet d'évaluer l'intensité de la pression publicitaire exercée sur une cible définie.

Indice OJD (Office de la justification de la diffusion) : indice qui certifie le nombre d'exemplaires de journaux vendus.

CSP : catégorie socio-professionnelle.

Directeur de clientèle

Définition

Au sein d'une agence le directeur de clientèle est responsable des budgets d'un certain nombre d'annonceurs, c'est-à-dire responsable en termes de publicité du service apporté à ces annonceurs. Il est l'initiateur des stratégies, de l'image et du message, enfin de l'ensemble des services qui sont réalisés pour les annonceurs. Face à ses clients, il assure un rôle de conseil essentiel, il est chargé de faire des propositions sur la stratégie publicitaire et sur tous les éléments du mix marketing (tout ce qui concerne le nom, le prix et le packaging du produit). Face à ses clients, il est responsable du produit créatif, élément phare qui construit la marque dans l'esprit des consommateurs. Il est à la fois le client dans l'agence et l'agence pour le client. Son travail va de la réflexion stratégique à l'aboutissement sur les murs ou sur les écrans. Il est donc chargé d'animer et de gérer un budget à l'année pour ses clients. C'est lui qui élabore la stratégie de communication en accord avec le cahier des charges fourni par l'annonceur. Il est chargé de convaincre le client du bien-fondé de la stratégie proposée. Il assure ensuite la mise en œuvre complète de cette recommandation. Le métier de directeur de clientèle peut s'exercer principale-

Le directeur de clientèle passe environ 50 % de son temps avec ses clients, 15 % à la rédaction de recommandations stratégiques, 20 % à des réunions et des briefs internes. Il consacre le reste à l'information et au contact informel avec ses collaborateurs.

Lundi **14** (03) Mars	Mardi **15** (03) Mars	Mercredi **16** (03) Mars	Jeudi **17** (03) Mars	Vendredi **18** (03) Mars	Samedi **19** (03) Mars
8	8	8	8	8	8
Réunion g^{ale} 9 Brief hebdo avec DG 10	9 Brief Création 10	Rédaction 9 de 10 recommandation	9 RV Client 10 à l'Agence	9	9 W.E. 10
11	11	11	11	11	à 11
12	12	12	12	12	Paris 12
13	13	13	13	RV 13	13
RV client 14 à l'agence 15	14 15	14 15	14 15	Client 14 en 15	14 15
16 Brief 17 Médias 18	16 17 18	16 Réunion 17 planning 18 Stratégie	Travail à 16 l'agence 17 18	province 16 17 18	16 17 18
19	19	19	19	19	19
20	20	20	20	20	20
21	21	21	21	21	21

TÉMOIN

Nathalie Daniels, directrice de clientèle chez Young & Rubicam

« Je suis sortie de l'école en 1984, j'ai ensuite passé une année aux Etats-Unis, pour découvrir ce pays mais aussi pour perfectionner mon anglais. A mon retour en France à l'été 1985, j'ai été engagée chez FCB, une agence de publicité américaine en tant que chef de publicité où j'ai été formée sur des budgets alimentaires et soft drinks. Je suis restée à ce poste pendant cinq ans et en janvier 1991, je suis entrée chez Young et Rubicam en tant que directeur de clientèle, ce qui est une progression logique par rapport à mon expérience. Ce que j'apprécie dans ce métier, c'est la profusion des idées, la richesse et l'ouverture des gens. C'est un métier passionnant, bouillonnant, où le travail en équipe et les relations privilégiées avec les clients sont des plus motivants. A ceux qui se destinent à ce métier, il faut conseiller non seulement de faire des stages (indispensables) en agence ou chez les annonceurs, mais aussi d'acquérir une bonne culture générale publicitaire, de s'intéresser aux gens, aux campagnes, à tout ce qui constitue le monde de la publicité. »

ment en agence (on y trouve plusieurs personnes ayant ce titre), mais aussi chez un support (TV, presse..).

Le directeur de clientèle dans l'entreprise

Dans l'organigramme d'une agence, les directeurs de clientèle, parfois appelés « manager de marques » (Brand Manager), se placent directement après la direction générale. Au sein de cette structure, l'ensemble des services sont à la disposition du directeur de clientèle. Il a pour rôle d'animer le travail de ces différentes équipes afin d'assurer la mise en forme de la recommandation stratégique. Après accord sur les objectifs de la campagne avec le client, il rédige à l'attention de ces différentes équipes (documentation, production TV, média planning, créatifs, fabrication) les documents qui définissent la cible, la campagne et le type de stratégie, ceci afin d'orienter leur travail. Il assure le suivi et l'animation de l'opération. Il est chargé de rendre compte au client de l'avancée des travaux. Ses interlocuteurs externes sont principalement les directeurs marketing ou les chefs de produits. Ce contact direct permet de réduire la chaîne décisionnelle mais aussi de créer des contacts privilégiés avec ses clients.

Quel est le parcours du directeur de clientèle ? En règle générale, il possède huit à dix ans d'expérience. Il a commencé sa carrière en tant que chef de publicité, après trois à quatre ans d'expérience il est devenu chef de groupe, puis, deux à trois ans plus tard, directeur de clientèle. Après cinq ou six ans à ce poste, c'est-à-dire vers l'âge de trente-cinq ans, s'offre à lui la possibilité de devenir directeur commercial, directeur conseil ou, pourquoi pas, directeur général. Il peut aussi envisager de travailler chez un annonceur où son expérience en agence sera très appréciée.

En ce qui concerne les salaires, un chef de publicité gagne entre 120 et 190 KF annuels, un chef de groupe entre 215 et 280 KF et un directeur de clientèle entre 280 et 480 KF par an. Ces salaires varient bien évidemment en fonction de l'expérience et des responsabilités confiées mais aussi en fonction de la taille des agences et des budgets qu'elles gèrent.

Profil du directeur de clientèle

La plupart des directeurs de clientèle passent par une formation en école de commerce où ils acquièrent la culture générale nécessaire en termes de marketing et de publicité. La fonction de directeur de clientèle étant essentiellement commerciale, il doit posséder certaines qualités indispensables à ce métier : ouverture d'esprit, enthousiasme, disponibilité, créativité, rigueur, souplesse, capacité au management, sens de l'initiative, vision stratégique, principalement. Il doit de même avoir une bonne culture générale, faire preuve de qualités rédactionnelles et relationnelles, et bien sûr être doté d'une personnalité bien affirmée.

Le vocabulaire publicitaire courant étant largement composé d'anglicismes, et nombre d'agences de publicité étant anglo-saxonnes, la maîtrise de l'anglais est indispensable ; celle d'une deuxième langue pourra être appréciée. En ce qui concerne l'informatique, la pratique agile des logiciels bureautiques standards (traitement de textes, tableurs) est suffisante.

La formation initiale du directeur de clientèle est très souvent complétée par des séminaires de management qui lui permettent de confronter ses méthodes de travail et ses expériences avec celles de ses homologues.

Les grandes écoles et leurs formations spécialisées

Si l'ESC Amiens Picardie a une filière de troisième année « Communication et publicité », ou que l'ESC Marseille en propose une intitulée « Marketing des services », si l'ESCP a bien un mastère « Communication et Marketing » et l'ESG un troisième cycle « Marketing et publicité », l'ensemble des écoles de commerce préparent au métier de directeur de clientèle dans le cursus de marketing, voire de marketing international. Certaines écoles, en spécialisant leur marché, par exemple l'INSEEC avec son 3e cycle de « Marketing des produits de grande consommation », peuvent préparer certains étudiants à devenir directeurs de clientèles dans des secteurs particuliers de l'économie.

LES MOTS-CLÉS DU DIRECTEUR DE CLIENTÈLE

Briefing : indications succinctes permettant à un prestataire de construire une proposition.

Proposition de services : document précédant généralement le cahier des charges.

Recommandation stratégique : la proposition faite au client pour sa campagne.

Annonceur : le client en matière de publicité.

Concept : représentation mentale, générale et abstraite, d'une opération de communication servant de cadre aux initiatives concrètes.

Feed-back : retour de l'impact d'une opération.

Stratégie : ensemble d'actions coordonnées vers un objectif.

Budget : sommes allouées à la publicité d'un produit dont la gestion est confiée à une agence de publicité.

Support : médium (journal, radio, chaîne) lorsqu'il est envisagé comme véhicule de publicité.

Campagne : l'ensemble des actions publicitaires pour un produit.

Auditeur de gestion

Définition

L'auditeur de gestion en entreprise a pour mission d'assurer la cohérence des procédures qui servent à la gestion administrative de l'entreprise, des achats aux ventes en passant par les stocks, la trésorerie, les immobilisations. Ce poste n'existe que dans une grosse entreprise ou un grand groupe ; dans ce dernier, l'auditeur intervient dans toutes les filiales. Son activité se divise en trois étapes : tout d'abord, il observe et vérifie les règles de travail appliquées à chaque opération, du déchargement des camions à la gestion des jours de congé ; puis il analyse la pertinence de ces procédures afin d'obtenir un rendement maximum ; enfin, il examine la fiabilité de l'information transmise ainsi que la qualité et l'organisation des circuits d'information. Si l'auditeur doit effectuer un contrôle approfondi du bon fonctionnement d'une entreprise ou d'un secteur de celle-ci, mais il peut aussi répondre à un problème précis et ponctuel. Il devra alors isoler la cause de ce problème. Au terme de chaque audit, il remettra à la direction générale et au directeur de l'entreprise auditée un rapport de synthèse qui exposera la situation et présentera ses recommandations. Il sera par la suite amené à faire un suivi de l'application des dites recommandations et de leurs résultats.

L'auditeur passe entre 30 et 50 % de son temps en déplacements. Quand il n'est pas sur une mission d'audit, il partage son temps entre la finalisation du dernier audit, le suivi (30 %) et la préparation (20 %) du suivant.

Lundi **14** (03) Mars	Mardi **15** (03) Mars	Mercredi **16** (03) Mars	Jeudi **17** (03) Mars	Vendredi **18** (03) Mars	Samedi **19** (03) Mars
8	8	8	8	8	8
Avion Nice 9	*Rencontres* 9	*Rencontres* 9	9	9	9
Réunion de présentation 10	*personnel/ responsables/* 10	*avec* 10	10	10	10
11	*administration* 11	*responsables* 11	11	*Présentation* 11	11
Prise de 12	12	12	12	*synthèse* 12	12
connaissance 13	13	13	13	13	13
de la société 14	14	14	14	14	14
15	15	*Analyse des rencontres* 15	15	15	15
16	*Réunion* 16	16	16	*Réunion* 16	16
17	*des auditeurs en mission* 17	17	17	*de synthèse (présentation* 17	17
Visite des 18	18	18	18	*orale)* 18	18
lieux 19	19	*Réunion* 19	19	19	19
20	20	*auditeurs en mission* 20	20	20	20
21	21	21	21	21	21

Fabrice Copin, auditeur senior chez Lafarge Coppee

« Après une école des mines et un mastère en école de commerce obtenu en 1989, je me suis orienté vers l'audit grâce à un stage dans un cabinet d'audit externe où j'ai découvert et apprécié ce métier. J'ai donc exercé trois ans dans un cabinet, puis j'ai intégré l'équipe de Lafarge Coppee il y a deux ans. C'est un métier très attirant car il permet de découvrir de multiples fonctions dans une entreprise, sans les intégrer pour autant. Il offre l'occasion de rencontrer tous les gens qui font l'entreprise. Le principal handicap tient aux déplacements fréquents ; cela peut devenir un inconvénient dont il faut vraiment avoir conscience avant de s'engager dans cette voie. Pourtant, j'arrive toujours à trouver le temps nécessaire pour m'entraîner pour les marathons ! »

L'auditeur de gestion est plus couramment appelé « auditeur interne », c'est-à-dire intégré à une société, par opposition aux auditeurs externes qui sont employés dans des cabinets d'audit. Un auditeur expérimenté est appelé « auditeur senior ». A la différence du contrôleur de gestion, l'auditeur de gestion travaille sur des informations qu'il est allé chercher. Ainsi à chaque audit correspond un déplacement. L'auditeur pourrait s'apparenter à un consultant car il est extérieur aux différentes filiales dans lesquelles il intervient, tout en participant à la bonne marche du groupe dans son ensemble.

L'auditeur de gestion dans l'entreprise

L'auditeur interne est intégré au service audit du groupe ou de l'entreprise, qui comprend de cinq à trente personnes. Ses interlocuteurs sont multiples et variés à tous les échelons, du magasinier au chef du personnel. Ce service est généralement rattaché soit à la direction financière soit à la direction générale de la société mère ou de l'entreprise. La décision de réaliser un audit peut venir de la direction générale dans le cadre du contrôle régulier de toutes les filiales du groupe ou parce qu'elle constate une irrégularité de résultats. Elle peut être initiée par le service audit lui-même après en avoir référé à la direction. Ou encore, elle peut faire suite à la demande d'un directeur d'usine du groupe qui est confronté à un problème.

Les jeunes diplômés n'auront que très peu d'opportunités de trouver un poste d'auditeur en entreprise. Le débutant devra plutôt s'orienter vers un cabinet d'audit pour acquérir une expérience de deux ans. Dès lors, il aura le statut d'auditeur senior. Il pourra également passer par le service du contrôle de gestion, ce qui lui permettra de mieux connaître l'entreprise.

Au delà de deux à cinq années d'activité en tant qu'auditeur de gestion dans une entreprise, il se verra proposer d'autres postes au sein de cette même société. Les services d'audit ont en effet une rotation importante. L'auditeur ayant une connaissance étendue du groupe et de ses services, l'entreprise aura tout intérêt à le placer à la direction comptable ou financière pour profiter de ses acquis. Ou encore, l'auditeur interne pourra postuler au poste d'audit manager.

Le salaire de l'auditeur varie en fonction de son expérience et de sa formation, même si cette dernière perd au fil des années de son importance. Un auditeur débutant peut prétendre à un salaire de 160 à 190 KF par an. Le salaire d'un auditeur senior évolue dans une fourchette de 220 à 350 KF par an.

Le profil de l'auditeur de gestion

Les trois quarts des auditeurs de gestion en poste possèdent un diplôme d'école de commerce, option comptabilité-finances. Les autres sont titulaires de la MST Comptabilité Financière (MSTCF) ou ont suivi une formation technique d'ingénieur, complétée par un mastère ou un DEA en gestion. Une formation complémentaire de troisième cycle type DESS ou encore un DECS (Diplôme d'Etudes Comptables Supérieures) sont de plus très appréciés.

L'auditeur doit être à l'aise en informatique et parler couramment l'anglais. Plus il maîtrisera de langues, plus il lui sera facile d'intégrer un grand groupe. Il est aussi souhaitable que l'auditeur connaisse la comptabilité générale et analytique, française et anglo-saxonne.

L'auditeur de gestion doit être rigoureux et perspicace. Des qualités rédactionnelles seront recherchées. Il doit avoir le sens des relations humaines car il sera sans cesse amené à multiplier les contacts au sein de sociétés qu'il ne connaît pas, où il devra faire en sorte de s'intégrer au mieux pour s'assurer de la bonne collaboration de ses interlocuteurs. Plus les relations seront tendues, plus la mission sera difficile à conduire. La mobilité et la disponibilité sont aussi indispensables, car l'auditeur passe une grande partie de son temps en déplacements d'une durée d'une à trois semaines, qu'il effectue avec un ou plusieurs de ses collègues du service audit.

Les grandes écoles et leurs formations spécialisées

Tout l'enseignement des ESC est conçu pour former des auditeurs de gestion performants. Certaines, toutefois, consacrent à l'expertise et à l'audit un troisième cycle de spécialisation : les ESC Lyon et Pau, par exemple, ou l'IECS de Strasbourg ; le Groupe ESC Reims a un mastère spécialisé en expertise et consulting PME/PMI.

LES MOTS-CLÉS DE L'AUDITEUR DE GESTION

Audit : mission d'observation, d'analyse et de diagnostic.

Comptabilité analytique : instrument de contrôle de gestion de l'entreprise.

Filiale : société ayant une personnalité juridique propre mais dirigée par la société mère.

Immobilisation : part de l'actif ou du patrimoine d'une société non immédiatement disponible ou réalisable.

Mission : étude à mener (observation, analyse et recommandation).

Points faibles : failles décelées étant à l'origine d'un dysfonctionnement.

Procédure : schéma d'organisation du travail.

Recommandation : suggestion d'actions correctives pour résoudre le problème posé.

Restructuration : réorganisation d'une branche d'activité d'une entreprise ou d'un groupe d'entreprises.

Société auditée : filiale du groupe dans laquelle l'auditeur intervient.

Trésorerie : état des fonds et ressources d'une société.

Trésorier

Définition

Le gestionnaire de trésorerie, ou trésorier, est le véritable garde-fou de l'entreprise dont il a pour mission de gérer au mieux les flux financiers afin d'assurer sa situation financière. La gestion de trésorerie consiste à gérer (gestion courante), prévoir et négocier (gestion prévisionnelle). La gestion courante constitue la partie fondamentale de cette fonction. Chaque jour, après avoir encaissé et décaissé, il s'agit d'équilibrer les comptes bancaires en fonction des crédits de trésorerie dont l'entreprise dispose ou des éventuels découverts autorisés. Le trésorier doit donc procéder quotidiennement à des virements entre banques et décider de placements. En outre, il doit surveiller que les conditions bancaires négociées sont bien appliquées. Pour chaque opération apparaissant sur les relevés, le trésorier doit pouvoir fournir une explication, par exemple en cas de dépense trop élevée. La gestion prévisionnelle permet, quant à elle, de prévoir à moyen terme la trésorerie de l'entreprise. Le trésorier doit alors évaluer les besoins et excédents, élaborer un budget prévisionnel et négocier avec les banques les meilleures conditions de financement que ce soit pour des placements ou pour des emprunts.

La matinée du trésorier est consacrée à la gestion quotidienne : à 11 h, il doit communiquer ses résultats aux banques. Il passe de 15 à 20 % de son temps au téléphone avec les différents acteurs d'opérations financières. Les 30 % restants se partagent entre les rendez-vous avec les banquiers, les membres de la direction financière et les visites dans les magasins.

La semaine du gestionnaire de trésorerie

Lundi **14** (03) Mars	Mardi **15** (03) Mars	Mercredi **16** (03) Mars	Jeudi **17** (03) Mars	Vendredi **18** (03) Mars	Samedi **19** (03) Mars
8	8	8	8	8	8
9	9	9	9	9	9
10 *Gestion quotidienne*	10	10	10	10	10
11	11	11	11	11	11
12	12	12	12	12	12
13	13	13	13	13	13
Mise en place nouveaux projets 14	*Contrôle conditions bancaires* 14	14	*Réunion projet refonte comptabilité fournisseurs* 14	*Reporting* 14	14
15	15	*BNP Bilan relations banque* 15	15	15	15
16	16	16	16	16	16
17	17	17	17	17	17
18	18	18	18	18	18
19	19	19	19	19	19
20	20	20	20	20	20
21	21	21	21	21	21

Catherine Sebban, gestionnaire de trésorerie à Prisunic, holding Pinault-Printemps-Prisunic.

« J'occupe ce poste depuis trois ans. Auparavant, je suis restée six ans au service audit du holding, trois ans trésorière au Printemps et un an au contrôle de gestion. J'ai repris un poste de trésorière car je n'étais pas allée au bout de cette fonction. Depuis trois ans, j'ai mis en place d'autres moyens de gestion, des logiciels de trésorerie plus poussés... C'est un métier très vivant, qui a beaucoup évolué grâce à l'informatique qui permet de se concentrer sur des travaux à plus forte valeur ajoutée. Les relations avec les banques changent, les techniques d'encaissement se modifient, c'est un nouveau métier. Mais il faut choisir le secteur d'activité dans lequel on veut l'exercer car être trésorier dans la distribution, dans l'assurance ou dans l'industrie, c'est très différent. »

Le gestionnaire peut aussi être appelé responsable de trésorerie ou « cashier », autrement dit caissier. Son activité sera plus ou moins variée selon la taille de l'entreprise mais aussi le secteur d'activité. Les missions de base, à savoir la gestion courante et le contrôle des conditions bancaires, ne varient guère. Dans une petite entreprise, le trésorier devra prendre part aux décisions financières de la société. Dans une grande entreprise, le trésorier sera tenu éloigné des décisions et tâches stratégiques relevant de la politique financière. S'il est trésorier d'une société filiale d'un groupe, il ne pourra décider de l'affectation de ses fonds. Par exemple, si sa trésorerie est excédentaire, la société mère remontera ces excédents pour les redistribuer auprès de filiales déficitaires ou bien elle décidera de les placer.

La fonction de trésorier sera également sensiblement différente selon le secteur d'activité de l'entreprise. Dans la distribution par exemple, le trésorier devra gérer d'importants flux quotidiens correspondant à de nombreux clients. Dans le secteur industriel, il n'aura à faire face qu'à quelques grosses rentrées d'argent dans le mois. L'organisation de son travail s'en trouve ainsi largement modifiée.

Le trésorier dans l'entreprise

Au sein de l'entreprise, le gestionnaire aura pour interlocuteurs toutes les personnes à l'origine d'un encaissement ou d'un décaissement, et ce à tous les échelons de la hiérarchie, du directeur de magasin au chef d'entrepôt en passant par le service du personnel. En tant que cadre financier, il est rattaché à la direction financière ou à la direction du contrôle de gestion, sauf dans les petites entreprises où il dépend directement du directeur général. Son salaire varie selon son expérience et l'éventail de ses responsabilités au sein de l'entreprise. Il évolue de 200 à 500 KF par an.

Avant de parvenir à ce poste, le candidat doit acquérir une bonne connaissance de l'entreprise pour en maîtriser les rouages. Le futur gestionnaire de trésorerie passe souvent par les services du contrôle de gestion ou d'audit et par le secteur bancaire. Il peut tenter d'intégrer un service de trésorerie en qualité d'adjoint ou d'assistant, mais ce chemin s'avère toutefois plus difficile car les places sont moins nombreuses. Par la suite, le trésorier peut envisager de devenir directeur financier, crédit-manager ou de réintégrer le contrôle de gestion, mais cette fois en tant que responsable.

Profil du gestionnaire de trésorerie

Titulaire d'un diplôme d'école de commerce ou d'ingénieur, option finance, le futur trésorier doit être à l'aise en micro-informatique. Les logiciels de trésorerie apparus dans les années 80 ont en effet remplacé les fastidieux relevés manuels. De plus, les années 90 voient naître une deuxième génération de logiciels. Autant dire que le trésorier doit maîtriser au mieux ces systèmes d'information.

Les qualités de rigueur et d'organisation s'imposent dans cette fonction plus encore qu'en d'autres car le trésorier est soumis à des impératifs horaires. Chaque jour, en fin de matinée, il doit boucler sa gestion pour en rendre compte aux banques.

Il doit être attentif et curieux pour ne laisser aucune information inexpliquée sur ses relevés. Le sens des contacts lui est nécessaire car il devra aussi bien rechercher une information auprès d'un employé au sein de l'entreprise que pour négocier un plan avec un banquier.

Il lui faut, et ce n'est pas la moindre des qualités, avoir le sens des responsabilités, notamment lorsqu'il suspecte des opérations frauduleuses. Si un problème de trésorerie apparaît, il doit pouvoir évaluer rapidement son degré de gravité pour l'entreprise avant d'y remédier.

Enfin, s'il veut enrichir sa fonction et augmenter la valeur ajoutée de son service, le gestionnaire de trésorerie doit faire preuve d'esprit d'initiative. A lui de se poser la question de savoir si les fonds de l'entreprise sont préservés dans tous les secteurs ou s'il n'y a pas lieu d'améliorer l'organisation du service trésorerie. De même, il lui incombe de suivre les transformations des techniques de trésorerie qui évoluent constamment afin de les appliquer au sein de son entreprise.

Les grandes écoles et leurs formations spécialisées

Métier à la frontière de la gestion et de la finance, le gestionnaire de trésorerie fait appel à une grande partie de l'enseignement que lui a dispensé son ESC dans ces discipline qui, combinées, lui donnent les outils de base de son métier.

LES MOTS-CLÉS DU GESTIONNAIRE DE TRÉSORERIE

Jour de valeur : date de prise en compte par la banque d'une opération de crédit ou de débit sur un compte.

Flux : entrées et sorties de trésorerie.

Encaissement : opération de remise de recette sur un compte.

Décaissement : opération de dépense à débiter d'un compte.

Encaisse : valeurs dans la caisse ou en portefeuille.

Placement : affectation de son capital en vue d'obtenir un revenu ou conserver sa valeur.

Reporting financier : suivi de la situation financière sur une période donnée.

Terminaux writer : terminaux permettant d'avoir accès aux marchés financiers.

Investissement : action de placement de capitaux destinés à l'équipement de l'entreprise.

Monnaie électronique : cartes à puce ou cartes à piste magnétique (contenant le code du client et le plafond hebdomadaire à ne pas dépasser).

Gestionnaire de projets

Définition

Cette fonction, encore récente et donc en pleine évolution, a vu le jour dans certains secteurs de la grosse industrie, notamment dans la construction automobile ou de camion ainsi que dans l'aéronautique.

Le rôle du gestionnaire de projets pourrait être comparé à celui d'un chef d'orchestre : il doit animer, organiser, piloter les hommes et les idées autour d'un projet. Au sein de l'entreprise, sa démarche est donc transversale et son poste représente une véritable plate-forme entre les différents services impliqués dans la réalisation du projet.

Le gestionnaire, encore appelé « assistant économique », suit en permanence le déroulement du projet. Avec les secteurs opérationnels, il définit puis analyse l'objectif à atteindre. Auprès du directeur de projet, il assure un rôle de conseil et participe aux décisions économiques. Sa fonction englobe une autre mission essentielle : le contrôle de gestion. Il assure le suivi économique du projet et doit présenter à dates fixes son diagnostic financier à la direction.

Le gestionnaire de projets doit également capitaliser les démarches mises en œuvre lors de la réalisation du produit, ce qui signifie qu'il standardise les expériences et les

Son emploi du temps est lié aux différentes phases du projet. Au début, son travail se fait en interne. Plus le projet avance, plus le gestionnaire de projets devra se déplacer sur les sites de fabrication ; ces déplacements peuvent représenter 50 % de son temps.

La semaine du gestionnaire de projets

Lundi **14** (03) Mars	Mardi **15** (03) Mars	Mercredi **16** (03) Mars	Jeudi **17** (03) Mars	Vendredi **18** (03) Mars	Samedi **19** (03) Mars
8 *(Usine)* Pilotage d'un stagiaire sur un chantier spécifique	**8** *Courrier contrôle des investisseurs*	**8** *(Usine) Analyse des frais de démarrage*	**8** *(Bureau) Pilotage d'une équipe de chercheurs sur un thème précis*	**8** *(Usine) Analyse des frais de démarrage*	**8** *Travaux de consolidation économique (à l'approche des RDV avec la direction générale)*
14 *(Bureau) Réunion hebdomadaire de l'équipe projet avec les responsables métiers*	**14** *Officialisation d'une procédure de contrôle (avec la direction de l'organisation)*	**14** *Synthèse des prix de revient du projet (avec la direction financière)*	**14** *Point sur l'avancement d'un moteur (avec les techniciens)*	**14** *Écriture de notes d'officialisation des prochains RDV de projets*	**14**

Patrick Losq, assistant économique chez Renault

« J'ai complété ma formation technique par un diplôme d'école supérieure de commerce. Après 20 ans d'ancienneté au sein de Renault, je suis passionné par l'automobile. J'ai occupé différentes fonctions dans la direction des prix de revient, j'ai piloté un projet informatique, puis j'ai intégré la consolidation comptable du groupe Renault. Je fus le premier assistant économique nommé dès la genèse du projet. Je travaille sur le même projet depuis plusieurs années ; ce projet est encore top secret. Il faut dire que la création d'une nouvelle automobile nécessite de 5 à 7 ans... Grâce à ce métier, j'ai réalisé un rêve : assister et participer à la naissance d'une automobile. Voilà qui écrase toutes les lourdeurs, notamment horaires, de ce poste. Le danger pourrait être de mal gérer l'après-projet »...

actions effectuées dans le cadre du projet. Il est ainsi amené à participer à des « clubs interprojets » pour cimenter ces différentes actions ; par ailleurs, il utilise les services de sous-traitance de cabinets-conseils et met en place des actions parallèles avec des équipes de recherche rattachées aux grandes écoles.

Le gestionnaire de projets dans l'entreprise

Une nouvelle gamme de produits est généralement supervisée par un directeur de projet, homme-clé directement rattaché à la direction générale et supérieur immédiat du gestionnaire de projets. Directeur et gestionnaire de projets auxquels est adjoint un assistant technique, forment ainsi une équipe dont l'activité s'organise de façon autonome, mais toujours en étroite collaboration avec les services techniques et financiers.

C'est donc dans ces deux branches de l'entreprise que l'on retrouve les principaux interlocuteurs du gestionnaire de projets. Dans le secteur opérationnel, il est en contact avec des techniciens, des ingénieurs, des chefs de groupe ou de service. Il maintient aussi des relations régulières avec les financiers, notamment les responsables d'investissements et les services de contrôle de gestion.

Le métier de gestionnaire de projets étant relativement neuf, il paraît encore difficile de dresser un parcours-type permettant d'y parvenir. Un cadre peut être remarqué puis choisi par ses supérieurs. Cette proposition ne s'adressera pas à un jeune diplômé mais à une personne ayant déjà passé plusieurs années dans l'entreprise. Le candidat doit en effet bien connaître les rouages internes, qu'ils soient d'ordre économique, technique ou hiérarchique.

Le salaire du gestionnaire de projets s'inscrit dans une fourchette de 300 à 450 KF annuels. Selon son parcours et l'envergure du projet qu'il conduit, le gestionnaire peut se maintenir à ce poste plusieurs années, jusqu'à la naissance du produit. Par la suite, son évolution professionnelle dépendra de ses choix et aptitudes ainsi que de l'entreprise dans laquelle il travaille : il peut s'investir sur un nouveau projet ou opter pour une fonction opérationnelle dans un métier technique (en tant que chef de service par exemple) ou financier (directeur financier ou contrôleur de gestion).

Le profil du gestionnaire de projets

Une double formation technique et économique apparaît comme indispensable pour accéder à ce poste. Le CV type du futur gestionnaire de projets pourrait ainsi comporter un diplôme d'ingénieur complété par un diplôme d'école supérieure de commerce. Cette double formation n'est toutefois pas suffisante : il faut parler couramment anglais, car les entreprises ayant créé le poste de gestionnaire de projets ont une portée internationale.

Le candidat qui a déjà piloté un projet de petite dimension, dans le domaine de l'organisation par exemple, sera mieux préparé à sa mission de gestion de projet. Avoir suivi des stages ou occupé des fonctions d'animation, d'organisation, de conception ou de mise en œuvre du produit paraît nécessaire ; de même, une expérience dans un métier où la consolidation et la synthèse sont primordiales peut aussi représenter un atout important. Le candidat doit avoir une grande maîtrise du contrôle de gestion sous toutes ses formes.

Certaines compétences acquises au sein de la société s'avèrent indispensables : le gestionnaire de projets doit posséder une vision globale de l'entreprise et doit comprendre comment naît un produit. Il doit avoir la fibre technique, maîtriser et aimer l'automobile, les camions ou l'aéronautique, selon le secteur qu'il aura choisi.

Le gestionnaire est passionné par le projet dont il a la charge. Il possède des qualités d'organisation, il sait motiver les autres et les faire travailler ensemble. Pour être un bon interlocuteur auprès des services concernés par le projet, il doit être crédible et doté d'un esprit de synthèse ; face aux financiers, il sait faire parler les chiffres. Son sang-froid lui permet d'affronter les rapports de force qui interviennent parfois entre les services techniques et financiers. Pour parvenir à concilier ces divers intervenants, il a des talents de négociateur et sait obtenir le consensus. En un mot, c'est un diplomate.

Les grandes écoles et leurs formations spécialisées

Les ESC qui se sont plus particulièrement consacrées au management de la technologie et de l'innovation, comme l'ESC Grenoble, ou Lyon, peuvent être un « plus » dans cette fonction. Signalons également que l'ESCP et l'ESC Nice ont un mastère de management de projets internationaux.

LES MOTS-CLÉS DU GESTIONNAIRE DE PROJETS

Opérationnel : qui se situe au plus près de l'action, de l'événement ou du produit.

Club interprojet : réunion mensuelle des homologues de différents groupes projets.

Matriciel : croisement entre les métiers horizontaux et verticaux.

Note d'officialisation : informe les acteurs du projet des futurs rendez-vous du produit.

Cahier des charges : récapitulatif des caractéristiques attendues du produit.

Pilotage : définition de l'objectif, et de la voie pour y parvenir.

Trajectoire : politique initiale appliquée à un projet qui devient une référence.

Plan d'action : planification des moyens mis en œuvre pour atteindre l'objectif.

Contrôle des plans d'action : validation de l'écart entre les promesses et les réalisations du produit.

Transversal : qui agit dans les différents métiers verticaux de l'entreprise.

Expert-comptable

Définition

Il convient de distinguer deux grandes catégories de professionnels de la comptabilité. En tant que salarié d'une entreprise, le responsable comptable est en charge de la tenue des comptes. Il réunit, coordonne puis contrôle les données chiffrées et établit régulièrement les documents comptables légaux. De manière générale, il joue un rôle dans l'amélioration des procédures administratives et comptables. Toutefois, sa fonction évolue selon la taille de la société.

Ainsi, dans une moyenne ou grande entreprise, il doit se pencher sur l'organisation, la mise en place et le contrôle du système comptable, afin d'atteindre une plus grande fiabilité des comptes. Dans les entreprises de petite taille, son activité est plus étendue. Il peut alors être chargé de l'ensemble des aspects comptables ou financiers de l'entreprise, en général sous la supervision d'un expert-comptable professionnel libéral.

Alors que le professionnel comptable d'entreprise ne travaille que pour une seule entité, l'expert-comptable exerce son activité dans un cabinet d'expertise comptable, où il est amené à traiter de multiples dossiers. Selon la taille de l'entreprise qui fait appel à ses services, la tâche de l'expert-comptable consistera soit à en tenir les comptes (commerçant, individuel, …), soit à les réviser (examiner le processus de leur établissement). Sous ce dernier aspect, le législateur français prévoit que les commissaires aux comptes (diplômés experts-comptables), plus communément appelés « auditeurs »,

L'expert-comptable libéral se déplace fréquemment chez ses clients : 50 à 60 % de son temps est consacré à des visites et rendez-vous à l'extérieur. Les heures passées au bureau se répartissent pour moitié entre les réunions internes et les études de dossiers.

La semaine de l'expert-comptable

	Lundi **14** (03) Mars	Mardi **15** (03) Mars	Mercredi **16** (03) Mars	Jeudi **17** (03) Mars	Vendredi **18** (03) Mars	Samedi **19** (03) Mars
8						
9	Comité de direction bureau		Lyon Réunion de l'équipe	RDV associé Bureau	Préparation notes de réflexion	Bureau
10		Conseil d'administration				
11						
12						
13			Réunion avec client			
14	Visite client	Visite client		Déjeuner avec client	RDV interne	
15						Tennis avec Arnaud
16				RDV client	Visite client	
17	RDV client	RDV futur client				
18				Bureau		
19	Bureau					
20		Retour Paris				
21						

Patrick Iweins,
expert-comptable et associé
à Salustro Reydel

« Sorti d'école de commerce en 1978, j'ai rejoint en 1980 le cabinet Salustro Reydel (premier cabinet d'audit français indépendant), où je suis associé depuis cinq ans, après avoir obtenu le diplôme d'expertise comptable en 1984.

La privatisation de TF1 et d'Havas, l'introduction en bourse de Canal +, l'offre publique d'échange d'IBM sur CGI constituent quelques exemples des missions auxquelles j'ai participé.

Cette profession est exigeante, elle demande un respect des délais, le maintien d'un niveau technique pluridisciplinaire élevé. Mais le travail y est passionnant, car il se trouve au cœur de la fonction financière vitale pour l'entreprise et offre une diversité de contacts exceptionnelle.

Par ailleurs, en cabinet d'expertise, on rencontre une population assez homogène, plutôt jeune, dont la formation est proche de la vôtre. En conclusion, ce métier exigeant apporte de réelles satisfactions personnelles. »

certifient la régularité et la sincérité des comptes des entreprises.

L'expert-comptable dans l'entreprise

L'interlocuteur privilégié de l'expert-comptable comme du chef comptable est en général le directeur financier. Néanmoins, dans une PME, le chef d'entreprise peut devenir l'interlocuteur principal. Il n'est pas rare que l'expert-comptable libéral soit l'« oreille » du président pour toutes sortes de questions financières touchant à son entreprise, voire à son patrimoine personnel.

Dans une grande entreprise, le chef comptable est en revanche rarement en contact avec le président ; il est rattaché au directeur financier ou au directeur général. Il assure pour sa part l'encadrement d'une petite équipe d'employés, voire de cadres comptables selon la taille de l'entreprise.

Le poste de chef comptable n'est pas confié à un débutant ; il exige au minimum quatre ou cinq ans d'expérience en cabinet ou en entreprise. L'évolution professionnelle du candidat peut intervenir dans le cadre d'un changement d'entreprise, par exemple en quittant une PME pour rejoindre la filiale d'une grande société, ou en évoluant vers un poste de direction financière.

En cabinet, on encourage le débutant à passer le diplôme d'expertise comptable le plus rapidement possible. Après la sortie de l'école de commerce, il faut compter cinq à six ans pour devenir expert-comptable. Une fois le diplôme obtenu, l'évolution de carrière dépend de l'expérience ainsi que de la personnalité de l'expert-comptable. En cabinet, il sera notamment amené à encadrer une équipe comptable.

Les rémunérations offertes à l'embauche sont de l'ordre de 190 à 300 KF par an pour un cadre confirmé, 300 KF et plus pour un expert-comptable. Quant aux jeunes diplômés, ils sont recrutés sur une base de 150 à 190 KF annuels.

Le profil de l'expert-comptable

Le DESCF (Diplôme d'Etudes Supérieures Comptables et Financières), ex-DECS (Diplôme d'Etudes Comptables Supérieures) est le diplômé clé pour parvenir au poste de chef comptable. Toutefois, les titulaires de BTS, de DUT Comptabilité ou, mieux encore, d'une MSTCF (Maîtrise des Sciences et Techniques Comptables et Financières) conserve toutes leurs chances. La formation délivrée par une école de commerce constitue de toute évidence un atout dans l'exercice de la profession comptable en entreprise ou dans un cadre libéral car elle donne au professionnel une vision plus généraliste. Après l'école de commerce, c'est là encore le DESCF qui conduit à l'expertise comptable. Il est conseillé de passer des unités de valeur le plus tôt possible car, par la suite, le temps du futur expert sera compté. Ce diplôme en poche, il faut encore effectuer un stage de trois ans (dont deux au minimum en cabinet d'expertise comptable), passer un examen puis rédiger un mémoire. La durée moyenne des études permettant d'obtenir le diplôme d'expertise comptable est de sept ans. Une fois en poste, le professionnel n'abandonne pourtant pas tout à fait les études : la formation continue demeure essentielle dans un secteur où la technique tout comme la législation évoluent.

A l'embauche, que ce soit en cabinet ou en entreprise, le choix du postulant est fréquemment motivé par ses années d'expérience dans un cabinet d'expertise comptable. En outre, la maîtrise de l'informatique s'avère un atout ; l'anglais est exigé dans les filiales françaises des grands groupes internationaux. Mais, au-delà de la technique comptable, les compétences recherchées ressortent de domaines aussi variés que la fiscalité, le droit, la gestion et la finance.

Quant aux qualités dont doit faire preuve le professionnel comptable, elles sont nombreuses : rigueur, méthode, sens de l'organisation et esprit de synthèse. Il doit être travailleur, posséder des capacités d'appréciation et de jugement et témoigner d'une éthique irréprochable. Confronté à une multitude d'interlocuteurs à l'intérieur et à l'extérieur de l'entreprise, il doit être un homme ou une femme de communication tout en sachant respecter la confidentialité des informations traitées. Il ne doit pas pour autant négliger son potentiel imaginatif et prospectif notamment lorsque, par exemple, il doit choisir un nouveau système informatique.

Les écoles qui y conduisent

Le cursus de nombreuses écoles ont obtenu l'équivalences de plusieurs UV du DECF. Citons par exemple les ESC Le Havre/Caen, Clermont-Ferrand, Nantes Atlantique, Pau, Marseille et Reims. L'ISC et l'ESLSCA présentent également cet avantage. Enfin, l'IECS Strasbourg abrite un DESS de sciences de Gestion.

LES MOTS-CLÉS DE L'EXPERT-COMPTABLE

Compte de résultats : enregistre les flux des charges et des produits.

Bénéfices : résultat positif entre les produits et les charges.

Investissement : dépense dont le cycle de récupération excède la période comptable.

Capitaux propres : capitaux apportés par les associés et réserves.

Comptabilité analytique : instrument de contrôle de gestion de l'entreprise.

Restructuration : réorganisation d'une branche ou d'un groupe d'entreprises.

Reporting (compte rendu) : suivi d'un résultat mensuel.

Consolidation des comptes : établissement des comptes à l'échelle d'un groupe.

Certifier les comptes : attester de la régularité et sincérité des comptes.

Dossier de travail : dossier de révision des comptes de l'entreprise.

Gestionnaire des systèmes d'information

Définition

Le gestionnaire des systèmes d'information doit concevoir les solutions informatiques aptes à répondre aux besoins de l'entreprise. Il supervise et organise les équipements et les réseaux informatiques dont il a la charge et fait évoluer leur configuration selon les besoins. Afin d'optimiser les échanges d'informations et la communication de l'entreprise, il est amené à faire de la « veille technologique » ainsi que de nombreux tests sur les matériels et logiciels ; il doit promouvoir ces nouvelles techniques auprès du personnel, le former et lui apporter une assistance technique. Le gestionnaire des systèmes d'information ayant une vision globale du système d'information de la société, il conseille également la direction générale lors de l'étude de nouvelles solutions informatiques, comme le choix de logiciels, l'évolution des matériels, etc.

Dans une petite entreprise, le responsable des systèmes d'information peut être appelé responsable informatique. Il occupe alors un poste polyvalent, remplissant parfois le rôle d'un architecte réseau lorsqu'il doit configurer le système

Son emploi du temps dépend de la mission et des responsabilités exercées au sein de l'entreprise. Les relations avec les fournisseurs occupent généralement 20 % de son temps, tout comme les réunions internes. Le vendredi soir et le lundi matin sont consacrés à la préparation puis la vérification des sauvegardes du week-end.

Lundi **14** (03) Mars	Mardi **15** (03) Mars	Mercredi **16** (03) Mars	Jeudi **17** (03) Mars	Vendredi **18** (03) Mars	Samedi **19** (03) Mars
8	8	8	8	8	8
Vérification du système 9	9	*Présentation chez un fournisseur* 9	*Test d'un nouveau produit* 9	*Réunion* 9	9
10	*Réunion de service* 10	10	10	*qualité* 10	10
11	11	11	11	*Iso 9001* 11	*Départ* 11
12	12	12	12	12	*week-end* 12
13	13	13	*Tennis* 13	13	*club de voile* 13
14	14	*Lecture et autoformation* 14	14	14	14
RDV fournisseur 15	15	15	*Réunion de travail* 15	15	15
16	*Mise à jour documents de la gestion du réseau* 16	16	16	*Préparation des sauvegardes du week-end* 16	16
17	17	*Assistance aux utilisateurs* 17	17	17	17
18	18	18	18	18	18
19	19	19	19	19	19
20	20	20	20	20	20
21	21	21	21	21	21

Philippe Pasquali, gestionnaire réseau à Air Liquide

« A l'issue de mon diplôme d'ingénieur, complété par un mastère de management des systèmes d'information, j'ai cherché à intégrer un grand groupe international. Ce poste de responsable réseau m'a intéressé car il couvrait toutes les phases de l'implantation d'un réseau local : définition de l'architecture, tests, validation, mise en place puis gestion au quotidien. Le principal défi consistait à bâtir un système informatique « communicant » qui permet aujourd'hui à l'entreprise d'utiliser et de suivre les évolutions techniques. Cet aspect de « veille technologique », qui consiste à s'informer sur les nouvelles techniques afin d'améliorer constamment le système informatique, représente l'un des attraits de ce métier. La vraie difficulté reste de choisir un système informatique suffisamment ouvert pour pallier toutes les éventualités de l'évolution. »

informatique. Dans une grande entreprise, son poste se généralise et sa mission relève principalement de la gestion ; il supervise les différentes personnes intervenant sur son site et peut sous-traiter une partie de son travail à des sociétés de services. Il entretient alors davantage de contacts avec les utilisateurs du système informatique et les fournisseurs.

Le gestionnaire des systèmes d'information dans l'entreprise

Les principaux interlocuteurs du gestionnaire des systèmes informatiques travaillent eux aussi dans le département informatique ou « organisation » de l'entreprise. Il entretient des contacts privilégiés avec l'ingénieur système, le chef du service et surtout les fournisseurs de logiciels, de matériel, de prestations et de maintenance.

Au sein d'une importante entreprise, le gestionnaire des systèmes d'information peut être amené à diriger une équipe. Le plus souvent, il supervise du personnel appartenant à des sociétés extérieures, par exemple aux SSII lorsqu'elles interviennent sur le réseau.

Une société désireuse de mettre en place un nouveau système informatique peut faire appel à un jeune diplômé qui accédera ainsi directement à ce poste. Le débutant sera alors formé par la société et devra élaborer les solutions les mieux adaptées aux besoins de l'entreprise. Une société ayant déjà installé son équipement cherchera plutôt un candidat rapidement opérationnel, ayant occupé durant deux à trois ans un poste d'administrateur réseau ou d'analyste. Par la suite, s'il désire évoluer, le gestionnaire des systèmes d'information pourra vendre son expérience en SSII ou en cabinet de conseil, dans le secteur de l'organisation ou du management des systèmes d'information. Au sein de la même entreprise, il peut évoluer vers la gestion des bases de données en client-serveur ou encadrer une équipe d'ingénieurs en informatique. Il peut également s'orienter vers la direction du département informatique, sachant que ce poste reste difficilement accessible avant l'âge de 30 ans et qu'il nécessite des capacités relevant autant du management que de la technique.

Le salaire d'un gestionnaire des systèmes d'information débutant s'élève à environ 200 KF annuels ; il peut atteindre 400 KF, voire davantage si le poste s'avère stratégique pour l'entreprise.

Le profil du gestionnaire des systèmes informatiques

L'école d'ingénieur avec spécialisation informatique constitue la voie royale pour accéder à ce poste mais il est également possible d'opter pour un DEA ingénieur-réseau. Ces formations peuvent être complétées par un mastère en management des systèmes d'information qui est souvent dispensé dans les écoles de commerce ; ce « plus » permet d'acquérir une vision plus globale et moins technique. Certaines expériences professionnelles constituent aussi des atouts au départ pour le gestionnaire des systèmes d'information : avoir fait de la programmation ou suivi un stage d'étude dans le domaine des architectures clients-serveurs par exemple.

Une fois en poste, le gestionnaire des systèmes d'information poursuit sa formation par le biais des présentations de nouvelles technologies organisées par les fournisseurs en informatique. Parallèlement, il doit se tenir informé de l'ensemble des nouveautés apparaissant sur le marché, et rechercher quel matériel serait mieux adapté aux besoins de son entreprise. La curiosité est donc une qualité indispensable, mais elle n'est pas la seule requise : le gestionnaire des systèmes d'information doit être minutieux, rigoureux, doté d'un esprit d'analyse. Il doit être organisé pour bien gérer la véritable toile d'araignée que constitue le réseau informatique. Il est bien sûr impératif qu'il aime l'informatique mais aussi la technique, et qu'il puisse constamment s'adapter aux nouvelles technologies. Enfin, il doit s'intéresser à la gestion financière et humaine : il sera en effet amené à évaluer le coût d'une solution informatique mais aussi à apprécier l'investissement en personnel que cette solution nécessitera.

Les grandes écoles et leurs formations spécialisées

Si la demande de compétences en gestion des systèmes d'information est récente de la part des entreprises, de nombreuses ESC incorporent à présent ce contenu à leur enseignement. Citons celles de Clermont-Ferrand, Nice, Nancy, Nantes, Paris, Reims, Tours et l'INSEEC. Certaines en ont fait une filière de troisième année, d'autres une spécialisation de troisième cycle.

LES MOTS-CLÉS DU GESTIONNAIRE DES SYSTÈMES D'INFORMATION

Interconnexion : opération consistant à relier deux réseaux informatiques.

SSII (Société de Services en Ingénierie Informatique) : embauche des ingénieurs pour travailler en régie.

Serveur : cœur du système informatique comprenant la mémoire, les programmes, les disques...

Architecture-réseau : manière dont le matériel informatique est connecté au serveur.

Station de travail : ordinateur multi-tâches souvent destiné aux calculs scientifiques.

Client-serveur : architecture-réseau qui permet de faire effectuer les travaux lourds par le serveur.

Host (ou « Gros système ») : système informatique centralisé comprenant toutes les données.

Logiciel d'application : programmes qui permettent de traiter les données.

Génie informatique : conception, réalisation et validation des systèmes informatiques.

Système d'exploitation : élément du logiciel de base indispensable au fonctionnement d'un ordinateur.

Responsable des achats dans la distribution

Définition

Le responsable des achats et approvisionnements en distribution occupe un poste riche qui concilie un travail de gestion et de réflexion autour d'un produit. L'aspect gestion consiste à gérer un groupe de marques, définir les objectifs de chiffre d'affaires jusqu'à la réalisation des marges, suivre les rotations de stocks, faire le suivi mensuel des chiffres et l'analyse des résultats, établir le planning des prochains mois ou saisons. L'aspect réflexion consiste à définir une politique de produit et à suivre sa mise en place, de la fabrication ou de la commande jusqu'à l'acheminement dans les magasins. Il « fait créer » le produit à partir d'un cahier de tendances et/ou des charges de l'entreprise. Pour ce faire, il opère un choix de matière et/ou de produit en recevant des fournisseurs et en faisant des prospections à l'étranger. Enfin, le responsable des achats en distribution a un rôle d'animation : il vérifie le bon acheminement des produits ainsi que leur mise en place dans les magasins. Si des chiffres de vente ne sont pas conformes aux attentes, il doit en rechercher la cause et apporter une solution. Il ne s'occupe pas directement du positionnement

Le responsable des achats (distribution) est libre de son emploi du temps. Il partage ses heures de travail entre la réception des fournisseurs, les réunions hebdomadaires de groupe, les visites de la concurrence et sa gestion quotidienne, le tout entrecoupé de déplacements.

Heure	Lundi 14 (03) Mars	Mardi 15 (03) Mars	Mercredi 16 (03) Mars	Jeudi 17 (03) Mars	Vendredi 18 (03) Mars	Samedi 19 (03) Mars
8						
9				RDV fournisseurs pour produits exclusifs		
10					RDV comptable	
11	Visite concurrence			choix de matières avec styliste		
12					RDV catalogue avec service marketing	
13		Réception fournisseurs (nouveaux) toutes les 1/2 heures	Réception fournisseurs			Salon
14				RDV marque avec chef de groupe	Fournisseur	Italie
15	Réunion chef de groupe				Fournisseur	(Milan)
16				RDV import	Réunion salon	
17				RDV ventes	Visite magasin Nation	
18	RDV Service juridique (contrat)					
19						
20						
21						

124

Florence Kerevel-Lenne, responsable achats en distribution , SAPAC Printemps, chargée de la bijouterie, l'horlogerie et la joaillerie

« En sortant de l'école de commerce, je comptais m'orienter vers l'audit. Mais à l'occasion d'un forum école, j'ai rencontré un responsable du recrutement du Printemps, ce qui m'a permis de réaliser un rêve d'adolescente : être acheteuse dans un grand magasin ! J'ai débuté comme assistante chef de produit dans le secteur des accessoires du cuir. Deux ans après, j'ai été nommée acheteuse dans la confection femme. Je suis depuis un an à la bijouterie et horlogerie. Passer d'un poste à l'autre est passionnant, mais cela demande beaucoup d'efforts d'adaptation pour chacun des produits ; vous devez être incollable sur les marques leaders, les sources d'approvisionnement et le mode de distribution, son évolution... Il faut être au courant de tout et avant les autres. »

en magasin ni de la vente proprement dite, mais si un problème survient, c'est auprès de lui que la marque dépositaire se plaindra ; il doit donc être attentif et savoir conseiller.

Selon les entreprises, la fonction d'acheteur est plus ou moins ouverte sur l'aspect chef de produit. S'il a en charge la marque propre (ou marque distributeur), il est au cœur de la fabrication d'un produit. Les fonctions de gestion de produit et d'animation sont de plus en plus fréquemment confiées à un seul acheteur pour un produit car elles sont interdépendantes. Dans l'agro-alimentaire, le responsable des achats dispose davantage d'outils statistiques pour gérer ses approvisionnements, comme la mesure de l'impact d'une promotion sur un produit ou des courbes d'évolution des ventes.

Dans la production, la fonction d'acheteur ne répond pas aux mêmes objectifs. Elle est surtout axée sur la gestion de l'approvisionnement de matières premières ou transformées pour la production d'un produit. La fonction de chef de produit sera souvent remplie par une autre personne.

Le responsable des achats-distribution dans l'entreprise

Les interlocuteurs privilégiés du responsable des achats sont les fournisseurs. Il les recevra dans ses locaux ou se déplacera pour des missions de prospection. En interne, il est en relation avec les services import, réception de marchandises, comptable pour toutes les factures, marketing, sans oublier le service juridique notamment pour l'établissement de contrats de fournisseurs. Il informe son chef de groupe de toute décision. Ce dernier chargé de coordonner l'activité des acheteurs dépend d'un directeur des achats lui-même rattaché à un directeur de centrale ou de branche.

La notion de chiffre d'affaires est constante pour le responsable des achats qui travaille en fonction d'objectifs de chiffre d'affaires. L'importance du chiffre d'affaires traité ne reflète pas forcément la variété de la fonction. Ainsi, il peut se voir attribuer un petit chiffre d'affaires en ayant la responsabilité d'élaborer entièrement un produit, ou disposer d'un gros chiffre d'affaires mais n'avoir qu'à référencer des produits déjà réalisés.

Contrairement à ce que l'on pourrait penser vu l'importance du produit dans cette fonction, il est davantage demandé aux candidats de maîtriser la fonction que le produit, sachant que ce dernier s'apprend dans l'entreprise. Le jeune diplômé débute en tant qu'assistant du responsable des achats ou du chef de produit. Une fois parvenu au poste de responsable des achats, il peut, selon la variété des produits de l'entreprise, s'occuper d'autres produits. Au-delà, il peut viser le poste de chef de groupe ou bien se tourner vers un secteur plus vaste comme la vente par correspondance.

Le salaire du responsable des achats en distribution avoisine les 240 à 260 KF par an dans les grands magasins. Le salaire peut être plus élevé dans d'autres secteurs de la distribution tels que les chaînes spécialisées ou les réseaux de vente par correspondance.

Profil du responsable des achats-distribution

Un diplôme d'une école de commerce, option achat-approvisionnement, d'une école d'approvisionnement ou d'un DUT technique de commercialisation (il en existe certains spécialisés dans un secteur donné, notamment dans l'agro-alimentaire), complété par une formation commerciale, un diplôme d'ingénieur d'une école de gestion sont autant de pistes pour le candidat. Celui-ci doit maîtriser la gestion et avoir de solides notions de marketing. Le jeune diplômé sera plus facilement recruté par une grande entreprise à la gestion des stocks, ou en qualité d'assistant de l'acheteur. En complément de ces formations, un jeune qui voudrait se spécialiser dans le textile peut s'orienter vers une école de style en Europe ; l'étudiant y apprend à monter un produit et à l'assurer jusqu'à la production, en tenant compte des impératifs de gestion et de marketing.

Occupant un poste autonome et décisionnaire, l'acheteur en distribution ne

LES MOTS-CLÉS DU RESPONSABLE DES ACHATS-DISTRIBUTION

Assortiment (ou collection) : ensemble des articles proposés à la vente.

Cadencier : document recensant les commandes et mouvements de stocks des marchandises vendues au cours d'une période donnée.

Plan de vente : liste des familles d'articles permettant de satisfaire les besoins de la clientèle compte tenu de la concurrence et de la politique commerciale.

Référence : type de produit de l'assortiment d'un magasin, défini très précisément du point de vue de ses caractéristiques.

Référencer un fournisseur : le faire entrer dans le parc de fournisseurs. A l'inverse, « déréférencer » consiste à le supprimer du parc.

Spécification : description de tout objet, matière ou produit d'une manière suffisamment détaillée pour permettre sa fabrication ou reproduction ultérieure.

Cahier des charges : définition des besoins du distributeur à laquelle les fournisseurs doivent se conformer.

Rentabilité au mètre carré : chiffre réalisé en magasin sur une surface donnée.

Linéaire : surface de présentation du produit en magasin.

Marque distributeur : produit proposé sous label du distributeur.

doit pas craindre les responsabilités. Il doit posséder des qualités de gestionnaire. Le maniement des chiffres est quotidien. Des qualités d'analyse, d'organisation sont requises pour agencer son planning sur plusieurs mois et répondre rapidement aux problèmes pouvant survenir à chacun des maillons de sa chaîne. Avoir un sens du produit s'avère indispensable, tout comme posséder des facilités d'adaptation car le responsable peut être un jour amené à acheter de l'or après avoir acheté du textile. Le responsable des achats aime les voyages car il passe de deux à six mois en déplacements en France et à l'étranger pour des salons professionnels que ce soit des salons de matières ou de confection, des prospections de fabricants, etc. Aussi, les qualités de contacts sont un atout majeur tant les interlocuteurs sont variés et les objectifs différents : négociation, prospection, rupture de contrat...

Les grandes écoles et leurs formations spécialisées

Le métier de responsable des achats est à la charnière de la gestion pure et de la gestion des système d'information. Dans le contexte industriel et dans la grande distribution c'est un métier techniquement exigeant et financièrement à haut risque. Si bien que de nombreuses écoles y consacrent un troisième cycle spécifique. L'IECS offre un DESS « Achat international » et l'ESSEC, dans le même registre, un mastère de « Gestion des achats internationaux ». L'ESC Reims propose un module de spécialisation « Gestion et organisation de la fonction achats » et la SUP'TG du même groupe soumet au choix des étudiants une filière de troisième année de « Négociation commerciale achat/vente ». L'ESC Lille offre, quant à elle, un 3e cycle « Logistique et approvisionnement » et l'ESC Bordeaux a ouvert un Institut du management de l'achat industriel.

Si l'offre de spécialisation est aussi importante, c'est que dans le contexte industriel, la fonction est souvent tenue par un ingénieur qui, en formation continue, acquiert la maîtrise de la fonction management des achats. Il faut quelquefois connaître de façon approfondie les aspects techniques des produits achetés pour bien gérer à la fois l'offre des fournisseurs et les flux de commandes.

Responsable planification

Définition

Le poste de responsable de la planification est une véritable plaque tournante dans une entreprise. Le responsable a en effet pour tâche de concilier les objectifs de la production et ceux des clients. Ses missions sont triples. D'abord, il doit assurer la disponibilité-produit en veillant à ce que l'entreprise dispose du stock adéquat, au bon moment et au bon endroit, afin d'honorer les commandes. Secundo, il doit faire en sorte que cette disponibilité-produit nécessite un minimum de stocks. Enfin, il doit vérifier que toutes ces opérations sont réalisées au moindre coût, et que les desiderata du client sont en accord avec les objectifs de l'usine. L'usine et le client sont les deux extrémités de la chaîne que le responsable de la planification doit satisfaire et écouter.

C'est pourquoi le responsable de la planification s'occupe de la production mais aussi de la gestion des projets en amont. Par exemple, il peut intervenir sur la conception d'un emballage : si le marketing décide de lancer un nouveau produit, le responsable de la planification a alors pour tâche de coordonner les contraintes des services logistiques, achats, distribution afin de mettre en place une chaîne de production et de distribution quasi idéale pour tous. Par ailleurs,

Le responsable de la planification passe 80 % de son temps en contacts et négociations avec les services ventes, marketing et les usines, et 20 % en tâches administratives. Ses déplacements sont de l'ordre d'une à trois journées par mois.

La semaine du responsable planification

Lundi **14** (03) Mars	Mardi **15** (03) Mars	Mercredi **16** (03) Mars	Jeudi **17** (03) Mars	Vendredi **18** (03) Mars	Samedi **19** (03) Mars
8	8	8	8	8	8
9 *Etude lancement de produit* 10 11 *Lenor* 12	9 *Equitation Réunion groupe* 10 11 12	9 *Visite « Worms »* 10 11 12	9 *Plans d'actions stocks avec finances* 10 11 12	9 *Prévisions ventes* 10 11 12	9 10 11 12
13	13	13	13	13	13
14 *Projets nettoyants ménagers (avec le chef de marque)* 15 16 17	14 *Vérification des demandes de production* 15 16 17	14 15 16 17	14 *Réunion informatique* 15 *Candidat* 16 17 *Equitation*	14 *Usine Revue de la disponibilité produit* 15 16 17	14 15 16 17
18	18	18	18	18	18
19	19	19	19	19	19
20	20	20	20	20	20
21	21	21	21	21	21

Pascale Chauvin, responsable planification chez Procter et Gamble

« C'est un poste où l'on peut en permanence investir de la matière grise. Les tâches ne sont jamais répétitives dans la mesure où rarement on affronte la même situation ou la même crise. Demain j'aurai une commande non passée, après-demain un client qui, sans nous prévenir, nous aura retenus sur une promo... Je ne sais jamais ce qui se passera dans l'heure. Il faut donc être disponible en cas de crise. Comme c'est un département peu connu, il faut se créer une image de marque dans l'entreprise. Auparavant je ne connaissais pas cette fonction. Après trois ans de vente chez Procter, on me l'a proposée. L'usine m'attirait, j'ai accepté à la condition que je puisse réintégrer les ventes si besoin était. En deux ans j'ai récupéré toute la filière lessive de Procter et je ne veux plus retourner dans les ventes ! »

le responsable de la planification doit soit modifier, soit anticiper toutes les périodes difficiles pour l'entreprise comme le lancement d'un produit, une grève des transports ou la faillite d'une usine incluse dans le processus de production...

Ce métier n'est pas encore très répandu. On le trouve surtout dans les grosses entreprises ou les groupes. Dans ce cas, c'est souvent le terme anglo-saxon *« product manager planning »* qui désigne son poste.

Le responsable de la planification est toujours rattaché au siège social de façon à ce que les impératifs du client soient tout autant étudiés et pris en compte que ceux des usines. C'est ce qui le différencie du responsable de la production en usine qui cherche avant tout à rentabiliser ses lignes de production.

Le responsable planification dans l'entreprise

Par sa position intermédiaire entre la conception et la production d'un produit, le responsable de la planification a pour interlocuteurs privilégiés le responsable de production en usine, les services des ventes et du marketing, sans oublier les finances, service incontournable pour tout ce qui touche au calcul des stocks. Il est également en contact avec le service juridique pour vérifier que les produits fabriqués sont conformes aux standards juridiques en vigueur sur le marché français, notamment lorsqu'il s'agit de produits importés.

On trouve pour l'instant ce métier surtout dans les grands groupes ; le responsable de la planification est intégré au département Service Client, département relié, par l'intermédiaire de son directeur, au PDG.

Ce métier étant encore peu représenté, il n'existe pas de parcours type. Un passage par les ventes ou l'usine semble s'imposer, ne serait-ce que pour connaître ses futurs et principaux interlocuteurs. Le candidat devra en outre maîtriser les maillons de la chaîne de production de façon à être efficient et à proposer des solutions pertinentes.

Ce poste a une grande importance pour le chiffre d'affaires d'une entreprise puisqu'il peut superviser 100 % d'une usine. La rémunération du professionnel évolue selon les années d'expérience de 200 KF par an pour un débutant à 400 KF pour un candidat confirmé.

Profil du responsable planification

Les écoles de commerce ou d'ingénieur offrent des formations correspondant aux exigences de base pour cette fonction. Un DESS ou un DEA seront appréciés. Une bonne connaissance de la micro-informatique est quasi obligatoire. Sans être informaticien de formation, le responsable de la planification doit pourtant être en mesure de dialoguer avec l'un d'eux : comprendre ses objections, trouver avec lui des solutions à un problème ou examiner conjointement un projet. De bonnes notions de marketing sont indispensables, tout comme l'anglais.

Qualité essentielle pour le futur responsable de planification : avoir des nerfs solides. A tout moment un problème peut surgir à n'importe quel maillon de la chaîne : manque de stock, grève des transports, commande mal passée... Il faut alors faire preuve de sang-froid pour synthétiser les données, évaluer rapidement la situation et trouver la solution pour l'entreprise et le client. Et aussi réagir vite car les problèmes nécessitent souvent d'être résolus sur-le-champ. Pour répondre à ces crises, le responsable de la planification doit faire preuve d'imagination. Dans les périodes de tension mais aussi au quotidien, la capacité à convaincre et le sens des contacts humains sont des qualités appréciables car il aura une équipe à motiver. Il devra enfin affirmer sa fonction ; ce métier n'étant pas encore très connu, le responsable de la planification ne jouit pas *a priori* de la confiance témoignée par exemple au responsable marketing ou au responsable des ventes. Il lui faudra donc souvent se forger une image de marque au sein de l'entreprise.

Les grandes écoles et leurs formations spécialisées

Manager des systèmes d'information en vue de la planification exige du professionnel une bonne formation de base en organisation et une compétence en bases de données et en élaboration de cahier des charges. Dès la prépa, on se forme à la première et dans toute ESC une initiation à l'informatique et à la méthodologie du projet est proposée. Se spécialiser par un mastère, par exemple, à l'ESSEC à l'ESCP, à Tours, à Nice... reste possible.

LES MOTS-CLÉS DU RESPONSABLE PLANIFICATION

- **PSO (Product Supply Organisation) :** structure incluant la recherche, les usines et le service client.
- **Customer Service :** service client chargé de gérer les demandes en qualité et en quantité.
- **Volume :** données manipulées en permanence. On parle de volume produit, de volume à vendre (ou volume à venir).
- **Programme de production :** conçu en usine, il doit répondre aux demandes de la production.
- **Demande de production :** établie par le service de la planification pour répondre aux demandes.
- **CPS (Criticial Part Schedule) :** suivi des projets de lancement d'un produit.
- **Rayé :** quand un produit manque dans une livraison et qu'on ne peut le livrer on le raye, il devient un « rayé ».
- **Disponibilité-produit :** produit à disposition, en nombre et en temps.
- **Plan structurel :** schéma d'organisation à appliquer.
- **Revue de résultats :** étude des résultats de production consécutive à une opération.

Responsable logistique

Définition

La fonction de responsable logistique au sein d'une entreprise est capitale. Elle a pour but principal d'optimiser les flux de marchandises en amont et en aval de la production, quelles que soient les matières produites, achetées ou transformées. La « matière » peut prendre la forme d'un produit comme une voiture, une boîte de conserve ou un journal, ou bien celle d'une personne comme un passager ou un visiteur. Le responsable logistique est le garant du respect des commandes des clients. Pour ce faire, il gère l'approvisionnement de ses usines ou entrepôts en matières premières ou en produits à transformer en élaborant des plannings. Il s'occupe de la gestion de la chaîne de production en faisant en sorte de resserrer au maximum les coûts au niveau de l'usine ou de l'entreprise. Il supervise la distribution de la production auprès des clients. Son leitmotiv est : un coût minimum pour une efficacité maximum. Pour chaque marché, il analyse les différentes contraintes logistiques : lieu de livraison, saison de livraison... Une erreur de gestion des approvisionnements ou de contrôle de la chaîne de livraison causera des dommages en chaîne, du client mécontent aux pertes temporelles et financières directes pour l'entreprise quand une chaîne d'usine est à

Le responsable logistique passe près de 30 % de son temps au téléphone avec ses clients et fournisseurs, 10 % à 30 % en déplacements en France ou à l'étranger pour visiter des centres logistiques, 10 % en reporting, 10 % à superviser son équipe, 5 % en gestion interne, administrative et informatique.

Lundi **14** (03) Mars		Mardi **15** (03) Mars		Mercredi **16** (03) Mars		Jeudi **17** (03) Mars		Vendredi **18** (03) Mars		Samedi **19** (03) Mars	
	8		8		8		8		8		8
Reporting	9		9	*Gestion informatique*	9	*Téléphone*	9	*Reporting téléphone*	9		9
	10	*Visite centre logistique France/ Etranger*	10		10		10		10		10
	11		11	*RV extérieur client/ fournisseur*	11	*Réunion équipe*	11		11		11
Téléphone clients	12		12		12		12		12		12
	13		13	*Déjeuner client/ fournisseur*	13		13		13		13
Réunion d'équipe	14		14		14		14	*Téléphone*	14		14
	15	*Gestion administrative*	15		15	*Visite centre logistique*	15		15		15
Téléphone fournisseurs	16	*Téléphone*	16		16		16		16		16
	17		17		17		17	*RV/Réunion*	17		17
	18		18	*Reporting*	18	*Téléphone*	18		18		18
	19		19		19		19		19		19
	20		20		20		20		20		20
	21		21		21		21		21		21

TÉMOIN

Philippe Gardent, responsable logistique de la flotte d'EUROPCAR France et Italie

« *Après l'école de commerce et un DESS en logistique, j'ai travaillé dans cinq entreprises en dix ans ; comme contrôleur de gestion d'une flotte, attaché commercial, adjoint au directeur de logistique d'une entreprise qui n'a finalement pas créé le poste et chargé de mission pour un parc d'exposition. Je suis responsable logistique à Europcar depuis deux ans. Je gère le parc de véhicules, comme ses 40 000 contraventions annuelles, les franchises, la filiale en Italie... Il y a dix ans, les postes logistiques étaient confidentiels ; désormais la fonction a acquis ses lettres de noblesse dans l'entreprise et dans les écoles. L'inconvénient de ce métier, c'est sa spécialisation poussée. L'entreprise est très exigeante. Je conseillerais aux jeunes une expérience chez les chargeurs et les transporteurs.* »

l'arrêt faute de matière. Dès qu'un problème survient, il doit y apporter une solution pour que la gestion des flux reprenne son cours normal. Pour mener à bien ces tâches, le responsable de logistique dispose d'un outil de base, l'informatique, qu'il doit rendre toujours plus performant. Exerçant une fonction stratégique, il peut rapporter ou coûter beaucoup à une entreprise. Car s'il optimise au mieux le fonctionnement des flux, cela peut permettre à son entreprise, quelle que soit sa taille, d'économiser de 10 à 20 %, voire 30 % du chiffre d'affaires. Ou l'inverse !

Dans une petite entreprise, il s'occupe seul de ces différentes tâches, alors que dans une grande entreprise, il est épaulé par une équipe.

Le terme de responsable logistique est encore souvent employé abusivement par des employeurs pour des postes plus restrictifs comme celui de responsable des achats ou des approvisionnements. Une façon pour les entreprises de valoriser ces dernières fonctions.

Le responsable logistique dans l'entreprise

Au sein de l'entreprise, le responsable logistique est régulièrement en contact direct avec la direction commerciale et/ou marketing. Ne serait-ce que pour l'informer des commandes ou du lancement d'un nouveau produit ou encore pour proposer une multiplication du nombre de fournisseurs ou planifier une diminution des stocks. Il est également en relation avec la direction financière lorsqu'il effectue des achats. A l'extérieur de l'entreprise, il s'entretient quotidiennement avec les fournisseurs et clients. Dans les grandes entreprises, le responsable logistique anime et gère l'équipe de techniciens du département du même nom. Il est l'adjoint d'un directeur de logistique, lui-même membre du comité de direction.

Pour accéder au poste de responsable logistique, il faut compter de cinq à dix ans d'expérience dans des postes de responsable des achats, de gestion d'entrepôt ou d'inventaire... Cette expérience peut s'acquérir dans l'entreprise même. Un des parcours type pourrait être : responsable des achats puis gestionnaire des stocks et enfin responsable logistique. Pouvoir justifier dans son cursus d'une expérience en international est un plus non négligeable.

Son salaire annuel évolue dans une fourchette de 300 à 600, voire 700 KF par an, selon son expérience et le nombre de personnes placées sous sa responsabilité. La carrière du responsable logistique peut évoluer vers le poste de directeur de logistique, ou par exemple de directeur régional d'un site.

Le profil du responsable logistique

Suite à une première formation en école de commerce option logistique, ou d'une école d'ingénieurs, le diplômé peut envisager un DESS achats ou transports pour compléter sa formation et présenter de solides bases pour exercer ce métier. En outre, il est primordial pour le futur responsable de la logistique de maîtriser la micro-informatique car toutes les informations reçues et transmises transitent par ces canaux. De plus, les entreprises demandent toujours aux logisticiens d'optimiser leurs circuits d'information. Il doit bien connaître les rouages de l'entreprise, essentiellement l'organisation commerciale et industrielle. Savoir parler anglais s'impose, même si on ne demande pas au logisticien de le parler couramment, à moins qu'il ne soit salarié d'une entreprise ayant des filiales à l'étranger.

Compte tenu de l'importance de sa fonction, le responsable logistique doit avoir des nerfs solides. Il sera en effet souvent au cœur de situations stressantes comme un transport défaillant ou une rupture de stock. Il lui faudra alors réagir très rapidement. Méthode et organisation sont deux qualités maîtresses. Le responsable logistique devra en outre posséder le sens des relations humaines pour diriger son équipe ; et ne pas détester le téléphone qui sera l'un de ses outils de travail quotidien. Enfin il devra faire preuve de mobilité car il sera régulièrement amené à se déplacer dans les différents centres logistiques de son entreprise ou de ses clients/fournisseurs, en France comme à l'étranger.

Les grandes écoles et leurs formations spécialisées

On a besoin aujourd'hui de logisticiens dans les secteurs les plus inattendus, comme par exemple les opérations humanitaires de grande envergure. C'est sans doute pour cela que l'offre de formation s'est considérablement étoffée ces deux dernières années. Allez du côté des fiches ESSEC, Bretagne-Brest, Lille, Nantes Atlantique, Marseille, Reims, Paris, Strasbourg, Tours, Nice, Le Havre-Caen.

LES MOTS-CLÉS DU RESPONSABLE LOGISTIQUE

Flux : entrées et sorties de matières en temps et en volumes donnés.

Reporting : suivi des activités sur un échéancier.

Optimisation : recherche de la performance maximum.

Qualité : conformité du produit aux exigences et aux normes.

Flotte : réunion de véhicules destinés à un usage défini.

Stock : quantité de marchandises ou matières en réserve ou à disposition.

Opérationnels : personnel de terrain en contact avec les clients.

Chargeurs : négociant possédant la cargaison d'un véhicule affrété pour un transport.

Transporteur : entreprise chargée de transporter (marchandises ou personnes).

Inventaire : opération consistant à recenser l'actif et le passif d'une usine.

Crédit-manager

Définition

Le crédit-manager a une triple responsabilité qui est de définir, mettre en œuvre et veiller à la bonne application de la politique de crédit de l'entreprise vis-à-vis des clients et fournisseurs. Il joue le rôle d'arbitre entre les directions commerciales et financières qui ont chacune leur objectif, l'une de développer son chiffre d'affaires, l'autre d'assurer la sécurité financière de l'entreprise. Le leitmotiv du crédit-manager est donc de trouver un équilibre profitable entre la stratégie commerciale, le coût du crédit et le risque d'insolvabilité du client. Énoncé de son problème : faire régler le client dans les délais, au terme d'une échéance la plus courte possible. Pour chaque client, le crédit-manager apprécie le risque et, en fonction de l'enjeu commercial, proportionne les encours financiers. Il doit rechercher et proposer aux commerciaux des modes de paiement qui soient attractifs pour leurs clients potentiels, et pas trop risqués pour l'entreprise.

Il détermine donc les plafonds de crédit. Il étudie les risques que l'entreprise peut ou ne peut pas prendre. Il analyse systématiquement la solvabilité des clients ; il enquête notamment auprès des greffes, des tribunaux de commerce, des entreprises de renseignements pour connaître leur solidité financière. Il

Le crédit-manager consacre 50 % de son temps à des réunions diverses (commerciaux, banques, direction financière) et 50 % à la gestion de son service et de ses comptes. Il se déplace fréquemment pour rendre visite à ses clients ou aux antennes commerciales de son entreprise.

Lundi **14** (03) Mars	Mardi **15** (03) Mars	Mercredi **16** (03) Mars	Jeudi **17** (03) Mars	Vendredi **18** (03) Mars	Samedi **19** (03) Mars
8	8	8	8	8	8
9	9 *Réunion interne*	9	9 *Réunion service*	9	9
10 *RDV chef de ventes*	10 *Revue*	10	10 *Revue des*	10	10
11	11 *problèmes*	11	11 *réclamations*	11	11
12	12 *clients*	12	12 *(litiges)*	12	12
13	13	13	13	13	13
14	14 *Revue idées*	14 *Visite client distributeur*	14	14 *Visite*	14
15	15 *Réunion*	15	15	15 *antenne*	15
16	16 *force de vente*	16	16	16 *commerciale*	16
17	17	17	17 *RDV*	17	17
18 *RDV banque*	18	18	18 *service*	18	18
19	19	19	19 *juridique*	19	19
20	20	20	20	20	20
21	21	21	21	21	21

TÉMOIN

**Jacques-André Vincenot,
Trésorier-Crédit-manager
chez Kodak**

« Titulaire d'un diplôme de commerce et d'une licence en droit, je voulais un poste dans la finance. Le hasard des propositions internes ont fait que je suis devenu crédit-manager. Depuis un an, j'ai la responsabilité de la trésorerie mais je gère toujours le crédit-management. Le crédit-manager exerce une fonction malheureusement peu valorisée. En France le financier et le commercial sont séparés alors qu'aux Etats-Unis il y a toujours une personne dans l'entreprise pour conjuguer ces deux domaines. Dans ce métier il faut aimer prendre des risques mais ne pas être kamikaze, car l'entreprise vous laisse une délégation qu'il faut crédibiliser. Reste qu'on ne devient pas un vrai crédit-manager sans avoir osé prendre des risques et s'être « planté » quelques fois... »

négocie des conditions de crédit et met en œuvre la politique de marges, taux et garanties. Il doit enfin mettre en place des mesures préventives de sécurisation du risque.

Après avoir consenti un crédit à un client ou obtenu un crédit auprès d'un fournisseur, le crédit-manager gère ces comptes (clients et fournisseurs) : il s'assure du respect des échéances, du recouvrement des créances ; il supervise la gestion des litiges ; il cherche à optimiser la balance des encours clients ; il organise la relance en cas de non-respect des conditions du contrat de vente ; il peut décider de procédures de mise en contentieux. Productivité et efficacité des encaissements doivent être maximum.

Le poste de crédit-manager, ou responsable crédit-client ou encore risque-crédit, n'existe que dans des grosses PME ou grandes entreprises. Les PME délèguent en effet très souvent ce poste à d'autres sociétés. Soit à une assurance-crédit qui fixe les montants plafonds de crédit, sans possibilité de recours. Soit à une société de factoring : elles revendent leurs factures à cette société financière qui se charge de recouvrir les somme dues. Ou bien elles utilisent des techniques de « scoring » : note calculée en fonction de données chiffrées pour évaluer la solidité financière du client.

Le crédit-manager dans l'entreprise

Le crédit-manager pilote le service crédit composé de responsables de recouvrement, d'analystes-crédit, ou de responsables crédit-client (recouvrement et analyse crédit) et d'une équipe rédigeant les actes de crédit ou opérant la comptabilité client. En moyenne, il supervise une vingtaine de personnes. Intégré à la direction financière, il dépend du directeur financier, lui-même rattaché à la direction générale auprès de laquelle il fait approuver la politique de crédit. Ses interlocuteurs privilégiés sont la force de vente et son encadrement.

Être crédit-manager implique une formation de base en finance ainsi qu'une expérience dans la vente. Débuter par le contrôle de gestion dans une unité de vente avant de prétendre à un poste de crédit-manager junior est une voie logique. Reste que la progression interne est souvent de règle, et un responsable recouvrement ou un analyste-crédit pourront devenir crédit-manager après quelques années. Sa rémunération évolue en moyenne de 200 KF annuels pour un débutant à plus de 600 KF pour un crédit-manager confirmé. La suite de sa carrière peut s'orienter vers trois voies : la finance (la trésorerie), le commercial et les ressources humaines (aspect négociation).

Profil du crédit-manager

Le crédit-manager est perçu comme un généraliste avec des bases solides en finance, commerce et négociation. Ecole de commerce ou université (maîtrise de gestion, de sciences économiques, DESS finances) dispensent les formations adéquates. De bonnes notions juridiques sont nécessaires. Au-delà du cursus scolaire, une formation faite par des professionnels peut être envisagée auprès de l'association des crédit-managers basée à Paris.

Si le métier de crédit-manager suppose le goût des chiffres, il demande tout autant le sens du commercial. Sa fonction étant encore peut reconnue en France, le crédit-manager doit se rendre indispensable à l'entreprise s'il veut conserver son service et que les commerciaux ne négligent pas d'avoir recours à lui avant la signature d'un contrat de vente. Il doit donc être dynamique et à même de prendre des risques. Car la création d'un service de crédit-management dans une entreprise à pour but de ménager plus de marges de manœuvre aux commerciaux dans leurs négociations faute de quoi elle aura recours à une société extérieure. Le crédit-manager doit donc être créatif pour proposer aux commerciaux des produits financiers adaptés à leurs besoins. Il doit pouvoir être autonome dans ses réactions : le client est roi et si un litige survient, la solution doit être immédiate.

Dans la lignée des qualités requises pour un commercial, le crédit-manager devra faire preuve de talents de négociateur tant vis-à-vis de la force de vente que des banques ou de sa direction.

Il devra se montrer convaincant dans son argumentation pour sensibiliser les commerciaux à la présentation des conditions de paiement au client, le produit vendu devant être attractif autant par ses qualités que par son mode de règlement.

LES MOTS-CLÉS DU CRÉDIT-MANAGER

Comptes-clients : ensemble de factures dues et non payées à un moment donné.

Plafond : montant que le compte du client ne peut pas dépasser.

Solvabilité du client : avoir les moyens de payer son créancier.

Litige : contestation d'une dette, d'une facture, d'un trop-perçu ou d'un impayé...

Contentieux : ensemble des litiges.

Encours financier : risques financiers auxquels l'entreprise s'expose.

Provisions : sommes versées à titre d'acomptes ou réserves financières en vue de dépenses.

Recouvrement : action de recevoir le paiement d'une créance.

Scoring : unité de mesure établissant la solidité financière à partir de bilans, etc.

Point de risque : suivant le score, est donné un point de risque sur une échelle de 0 à 20 pour le client en question.

Factoring : action de vendre à une société financière la créance d'un client avant son échéance, la société financière se chargeant de récupérer l'argent auprès du client à l'échéance fixée.

Trader

Définition

Le trader – il n'existe pas de traduction française de ce terme – est un spécialiste des transactions portant sur des valeurs mobilières et un opérateur professionnel sur les marchés internationaux. Sa fonction consiste à gérer des risques financiers sur des produits.

Il fait des cotations pour des clients qui cherchent à transmettre un risque : geler leur endettement, échanger des taux d'intérêt, des devises ou des marchandises. Une fois le risque repris à son compte, le trader doit le replacer sur le marché et se couvrir du risque qu'il a endossé. Pour ce faire, il utilise un panel d'instruments financiers.

Le trader passe donc ses journées à jouer autour du manque à gagner en prévision de la tendance du marché. Il doit sans cesse calculer le montant risqué, et agir en fonction des marges de risque que sa société lui a laissé ; il sait qu'il peut perdre une certaine somme sur une opération s'il se rattrape sur une suivante. Il dispose d'un budget mensuel qu'il ne doit pas dépasser, à moins que tous les marchés subissent le même sort.

Pour mener à bien toutes ces opérations, il doit sans cesse apprécier le marché,

Le trader passe 80 % de ses heures de travail devant ses ordinateurs à faire des cotations pour ses clients ; il en consacre 10 % à des réunions et 10 % aux comptes de fin de journée. Suivant les temps morts accordés par le marché, il occupe de 5 à 50 % de son temps à la recherche d'informations.

La semaine du trader

Lundi **14** (03) Mars	Mardi **15** (03) Mars	Mercredi **16** (03) Mars	Jeudi **17** (03) Mars	Vendredi **18** (03) Mars	Samedi **19** (03) Mars
8	8	8	8	8	8
← *Réunion de marché* →					9
9	9	9	9	9	
← *Mise à jour bases de données* →					10
10	10	10	10	10	
11	11	11	11	11	11
12	12	12	12	12	12
Pause déjeuner (surveillance de garde des marchés)			*Pause déjeuner*		
13	13	13	13	13	13
14	14	14	14	14	14
15	15	15	15	15	15
16	16	16	16	16	16
17	17	17	17	17	17
← *Clôture de la journée – Bilan des résultats* →					18
18	18	18	18	18	
19	19	19 *Intervention école de commerce*	19	19	19
20	20	20	20	20	20
21	21	21	21	21	21

Vincent Drevet, trader swaps au Crédit Commercial de France

« Sitôt sorti de l'école de commerce, j'ai fait mon service en tant que coopérant pour le CCF ; à mon retour j'y ai été embauché. C'est un métier excitant et très vite stimulant car rapidement vous vous voyez confiés des montants non négligeables. Il m'arrive de ne rien faire de la journée parce que je n'ai pas d'intérêts particuliers sur le marché, j'estime qu'il est trop ou pas assez cher. A l'inverse certains jours je peux traiter 2 milliards ! Le trader est un plombier de luxe, ce qui explique son salaire élevé, mais ce métier est fatigant, aussi au-delà de 35 ans rares sont ceux qui restent traders. Je conseillerais à un jeune tenté par ce métier de faire un stage dans une salle de marché d'une banque, il comprendra concrètement en quoi consiste ce travail. »

anticiper ses mouvements, hausse ou baisse, en fonction des résultats financiers de ses acteurs. C'est pourquoi il est en permanence relié aux différentes places boursières par écrans interposés. Il est ainsi à même de réagir rapidement si une occasion se présente de spéculer pour son établissement financier ou qu'un gros risque est encouru par un placement. Pour anticiper au mieux, il alimente régulièrement sa base de données d'informations et prépare ses futures opérations.

Les traders ne sont pas l'exclusivité des établissements financiers. Quelques groupes industriels, des constructeurs automobiles et informatiques notamment, ont créé leur propre salle de marché. Certaines sont aussi importantes en volume de transactions que celles de groupes financiers. Les principes sont les mêmes, sauf que les traders manieront plus de produits physiques (matières premières) que de produits financiers.

Le trader dans l'entreprise

Le trader est à un poste intermédiaire entre celui qui reçoit l'ordre d'un client – le vendeur – et celui qui exécute cet ordre – le courtier. Il n'est jamais en relation avec le client, c'est le vendeur qui l'informe des opérations à effectuer. Le trader calcule et analyse les possibilités d'action permettant de se conformer aux désirs du client et, une fois la décision prise, transmet l'ordre à un courtier. Ce dernier peut être en permanence relié au trader par micro ouvert : le trader l'entend à longueur de journée, tandis que le courtier n'entend le trader que lorsque celui-ci l'appelle. Traders et vendeurs sont les occupants de la salle des marchés de l'établissement financier, les courtiers sont, eux, sur une place boursière. La salle des marchés est dirigée et supervisée par un chef de salle, qui en réfère à la direction générale.

Le métier de trader est exercé par des jeunes dont l'âge oscille entre 25 et 35 ans. Il faut au trader débutant une année d'exercice pour maîtriser les produits financiers manipulés. Aussi estime-t-on à deux ans la période au-delà de laquelle il est performant. Après deux à cinq années d'expérience, le trader peut intégrer une plus grosse salle de marché pour gérer de plus grosses sommes. Mais ce métier n'est pas une carrière en soi, et régulièrement les traders s'orientent après dix ans de services vers le secteur finance d'une grande entreprise. Leur étiquette de technicien de finance pointu ne leur laisse que peu d'opportunités d'intégrer une branche commerciale classique.

Mais cette étiquette a son avantage : une rémunération très attrayante. Une façon de récompenser la bonne gestion des prises de risques ; la part de la salle des marchés pour une banque peut en effet représenter de 5 à 30 % net du chiffre d'affaires. Le trader a un fixe, et une commission en fonction du résultat ; le salaire peut varier de 10 à 200 % du fixe. Un trader débutant aura un fixe autour des 200 KF par an, un senior pourra légitimer d'un salaire de base entre 300 et 500 KF par an.

Profil du trader

Ecole de commerce et d'ingénieurs sont les deux formations à suivre pour devenir trader. Sachant qu'un DESS Banque ou Finance est très apprécié sur le marché. Et qu'un ingénieur sera préféré à un diplômé d'une école de commerce si les produits financiers à traiter sont complexes, comme les options. En effet, l'employeur demandera dans ce cas au trader de développer un produit ; à charge pour lui donc de faire des recherches mathématiques. Les sortants d'une école de commerce seront recrutés pour coter uniquement. Ils doivent néanmoins aimer et maîtriser les mathématiques, car leurs journées se composent de chiffres, et la rigueur mathématique est essentielle pour devenir un bon trader.

Il n'est pas nécessaire au futur trader d'être un as du juridique ou de l'administratif : ces deux aspects étant traités par le back-office de la salle des marchés. Par contre, il lui est toujours demandé de contrôler l'outil informatique : toutes ses feuilles de calcul sont sur micro, c'est son outil de travail avec le téléphone, il doit donc pouvoir améliorer cet outil pour valoriser ses soldes, clarifier ses positions, mettre à jour ses bases de données. Il n'est pas spécifié au trader d'être bilingue, toutefois il pratiquera quotidiennement l'anglais – au téléphone par

LES MOTS-CLÉS DU TRADER

Marché : lieu (physique ou non) sur lequel s'opèrent des transactions entre acheteurs et vendeurs.

Marché à terme : marché sur lequel sont négociés des titres financiers, devises ou matières premières livrables pour une date ultérieure. Utilisé notamment pour spéculer.

Swap : contrat d'échange de taux d'intérêts ou de devises.

Bourse : lieu où des échanges s'effectuent entre personnes ayant un besoin de financement et personnes ayant une capacité de financement.

Cours : prix attribué sur un marché à un titre financier, suite à la confrontation de l'offre et de la demande.

Cote : ensemble des cours des valeurs mobilières à une date donnée.

Coter : fournir un prix à l'achat ou à la vente.

Cotation : inscription du prix qui permet d'équilibrer offre et demande d'un actif financier.

Spéculation : stratégie de recherche de gain en prenant un risque.

Option : instrument donnant droit d'acheter ou vendre un titre déjà émis, un indice boursier, ou une matière première, et ce à un prix d'exercice jusqu'à une certaine échéance. L'option pourra être levée ou abandonnée suivant l'évolution du prix de l'actif.

dessus le marché, (si l'on peut se permettre cette fantaisie) – avec ses courtiers ; c'est dire s'il devra posséder des bases solides dans cette langue.

Outre des qualités de rigueur, de sang-froid, de rapidité de réaction et de décision, le trader devra faire preuve de talents de négociateur car un prix peut toujours être remis en question. Il devra savoir changer d'opinion, et ce très vite car le marché n'attend pas. Enfin il devra apprendre à perdre de temps à autre... Enfin il saura garder intacte la passion de s'informer, notamment en lisant la presse financière quotidienne, mais pas uniquement.

Les écoles et leurs formations spécialisées

Trader est un métier où la formation de base des ESC n'est que le premier pas d'un ensemble de spécialisations en finance de marché, en ingénierie financière, en finance internationale, etc. Les meilleures écoles, HEC, ESSEC, ESCP, EAP, ESC Lyon, Grenoble, Nantes, Reims et Rouen proposent des modules de spécialisation sous forme de mastères ou de troisièmes cycles, mais déjà, à l'intérieur de leurs filières de troisième année, des spécialisation « finances » assez poussées.

Directeur financier

Définition

Le directeur financier occupe un poste clé. Il participe aux décisions d'orientation stratégiques de l'entreprise et veille à ses principaux équilibres financiers à moyen et long terme. Il doit instaurer, optimiser et contrôler les techniques de gestion financière les mieux adaptées au développement de sa société. C'est lui qui définit la politique financière de l'entreprise et gère les fonds nécessaires à sa croissance ; il doit ainsi établir les plans de financement et les besoins de trésorerie, étudier les projets d'investissement et de développement. Il encadre les services comptables et supervise souvent le contrôle de gestion.

Pour remplir ces multiples missions, le directeur financier doit maîtriser bilans et budgets prévisionnels, ainsi que la comptabilité générale et analytique ; il a ainsi une vision globale de l'entreprise.

Le directeur financier est aussi appelé « finance manager », « responsable financier » ou « de la fonction financière ». Dans une entreprise de 200 à 500 personnes, on l'appelle « directeur administratif et financier ». Plus la taille de l'entreprise est modeste et plus le poste qu'il occupe est polyvalent et touche à des domaines variés comme le juridique et le fiscal. Il sera alors chargé de la gestion adminis-

Le directeur financier passe un tiers de son temps avec ses collaborateurs et 20 % en business review. Le reste de son temps se répartit entre les voyages à l'étranger (20 %), les rendez-vous extérieurs (10 %), les comités de direction (10 %) et les visites aux usines (10 %).

La semaine du directeur financier

Heure	Lundi 14 (03) Mars	Mardi 15 (03) Mars	Mercredi 16 (03) Mars	Jeudi 17 (03) Mars	Vendredi 18 (03) Mars	Samedi 19 (03) Mars
8						
9		RDV	Business	Nancy		Lecture
10		Banque	Review papier toilette	Réunion mensuelle		courrier
11				contrôleur	Londres	
12	Comité			de gestion	Réunion	
13	de		Déjeuner		financière	
14	direction	Réunion mensuelle	avec assureur	Résultats financiers	européenne	Tennis
15	(Paris)	Crédit	Conférence	usine		
16		Manager	téléphonique avec USA			
17						
18						
19						
20						
21						

TÉMOIN

Pierre Le Roy, directeur financier Europe à Kimberly-Clark Sopalin

« Inconsciemment, je visais la direction financière dès le début de ma carrière. Celle-ci a commencé au contrôle de gestion usine et s'est poursuivie au contrôle de gestion commerciale. Par la suite, je suis devenu responsable du contrôle de gestion, puis j'ai rejoint la filiale France en tant que directeur financier. J'ai ensuite dirigé un projet informatique européen puis rempli la fonction de directeur financier de la division produits ménagers Europe. J'occupe mon poste actuel depuis 1993. La direction financière est passionnante, car elle se situe très près des stratégies de l'entreprise. Notre rôle consiste avant tout à aider à prendre de bonnes décisions. Cependant, il faut savoir que le directeur financier n'a pas toujours la décision finale... sauf en ce qui concerne le financement. »

trative des services généraux et du patrimoine immobilier ; il devra en outre contrôler le service comptabilité et superviser la politique informatique. La gestion des ressources humaines fait elle aussi souvent partie de ses activités. Son titre est alors directeur administratif et financier. Dans les grands groupes, il peut intervenir dans les montages financiers et juridiques, par exemple lors de fusions-acquisitions.

Le directeur financier dans l'entreprise

Ses interlocuteurs se retrouvent pour la plupart dans le comité de direction : ce sont les directeurs industriels, commerciaux, du marketing et des relations humaines, sans oublier le PDG ou le directeur général. Dans un groupe international, le directeur financier est également en contact avec ses homologues des filiales étrangères. Les banquiers, les assureurs ainsi que les administrations comme la DATAR ou le Trésor Public constituent ses principaux interlocuteurs à l'extérieur de l'entreprise.

Le directeur financier est membre du comité de direction et il est rattaché au directeur général ou au PDG. Dans un groupe international, son supérieur hiérarchique direct peut être le directeur financier d'une zone géographique plus vaste, par exemple l'Europe. Son équipe est composée de chefs de service ; il a généralement sous ses ordres un ou plusieurs contrôleurs de gestion, un crédit-manager, un trésorier, un responsable du service juridique et fiscal ainsi qu'un chef comptable. L'importance de l'équipe travaillant sous ses ordres varie selon la taille de sa société ; elle peut compter jusqu'à 200 personnes.

Le poste de directeur financier requiert une solide expérience professionnelle, évaluée à une dizaine d'années ; toutefois, dans une entreprise de taille modeste, cinq à six ans d'expérience peuvent suffire. Un des cursus classiques consiste à intégrer tout d'abord un cabinet d'audit en tant qu'auditeur, puis à rejoindre au sein de l'entreprise le contrôle de gestion industrielle et ensuite commerciale ; la direction financière s'offre dès lors au postulant. Après le passage en cabinet d'audit, il est également possible d'opter pour une autre voie et d'acquérir l'expérience nécessaire au travers des fonctions de chef comptable puis de directeur comptable. Enfin, une autre voie peut passer par le contrôle de gestion.

Le salaire du directeur financier connaît de grandes variations selon les entreprises ; il se situe généralement dans une fourchette de 400 à 800 KF annuels. Il peut toutefois descendre à 280 KF pour un jeune cadre et grimper jusqu'à 1 300 KF pour un cadre expérimenté travaillant dans une grande société.

Le profil du directeur financier

Les diplômes des écoles de commerce constituent la formation clé pour accéder à ce poste ; l'idéal est de la compléter par un DESCF (Diplôme d'Etudes Supérieures Comptables et Financières), sans qu'il soit pour autant nécessaire de poursuivre cette voie jusqu'au stage d'expertise comptable. Une formation financière ou économique délivrée par une université américaine de renom, comme Harvard, peut également représenter une formation enrichissante.

Ces connaissances théoriques peuvent être complétées par une expérience dans un cabinet d'expertise comptable ou, mieux encore, dans un cabinet d'audit. Une expérience professionnelle à l'étranger constitue aussi un sérieux atout, surtout si le futur directeur financier envisage de travailler dans une société internationale. Dans cette même optique, il lui sera souvent demandé d'être bilingue. Par ailleurs, il devra avoir une compréhension globale des systèmes informatiques, c'est-à-dire savoir comment ceux-ci s'articulent au sein de l'entreprise.

Outre ces diverses compétences, un directeur financier doit posséder deux qualités essentielles : tout d'abord l'organisation, indispensable lorsqu'il faut superviser plusieurs services et diriger différentes équipes. On le jugera ainsi sur son aptitude à faire travailler les hommes ensemble pour les amener à prendre les bonnes décisions. La seconde qualité découle de la première : il doit savoir communiquer, avec ses équipes comme avec la direction générale. Enfin, pour progresser dans la fonction financière, il faut faire preuve de mobilité géographique et être prêt à travailler à l'étranger le cas échéant.

Les grandes écoles et leurs formations spécialisées

Le mastère en "Ingénierie financière" de l'ESSEC ou de l'ESC Lyon, voire le troisième cycle « Finance » de ESC Tours ou encore de l'Institut Supérieur du Commerce et de bien d'autres écoles peuvent aider à conquérir cette fonction.

LES MOTS-CLÉS DU DIRECTEUR FINANCIER

Business review : revue des plans produits.

Cash-flow : montant net disponible pour investir et verser des dividendes.

Profit and loss : compte de résultats ; exposé des résultats financiers de l'entreprise.

Actif : ensemble des biens ou droits constituant un patrimoine.

Passif : ensemble des dettes et des charges financières.

Société de capital-risque : investisseur apportant argent et compétences aux entreprises.

Rentabilité : ce que l'on peut espérer retirer comme bénéfice suffisant d'un placement.

Couverture des risques : opération permettant d'éviter les dangers de change et de taux.

Résultat net de l'exercice : différence entre les produits et les charges.

Analyste de crédits

Définition

L'analyste de crédits bancaires est la personne qui est chargée d'analyser et de mettre en forme les demandes de crédits faites à sa banque. Ces demandes peuvent émaner soit de particuliers soit d'entreprises, l'analyste étant spécialisé dans l'un des deux créneaux. Son travail se décompose en trois phases : l'analyse, le montage et le contrôle. À partir des demandes transmises par les chargés de clientèle, il établit un diagnostic financier du demandeur en se fondant sur l'étude des documents comptables (bilan de fonctionnement du compte, chiffre d'affaires, endettement, capacité de remboursement). Il étudie la nature de la demande (crédit de trésorerie, crédit d'investissement, crédit à la consommation) ainsi que le volume et la durée probable du crédit. Il évalue les risques potentiels liés à l'octroi d'un crédit. En fonction de ces risques, il est chargé de mettre en place les garanties nécessaires qui couvriront sa banque contre ce risque (caution personnelle, gage de titres…). Il rédige ensuite, en fonction de la grille des crédits en vigueur dans son établissement, un document de synthèse appelé acte de crédit où sont reportées les conditions du crédit accordé (taux, montant des remboursements, garanties…). Ce document est ensuite présenté à

L'analyste de crédits consacre environ 60 % de son temps en étude, analyse et contrôle des crédits, 30 % aux visites d'agences, à l'information et à la formation des chargés d'affaires. Le reste est consacré aux réunions de coordination internes.

La semaine de l'analyste de crédits

Lundi **14** (03) Mars	Mardi **15** (03) Mars	Mercredi **16** (03) Mars	Jeudi **17** (03) Mars	Vendredi **18** (03) Mars	Samedi **19** (03) Mars
8	8	8	8	8	8
Réunion de service 9-10 *Point sur l'activité* 11	*Étude des comptes clients* 9-10-11	*Visite d'agence* 9-10 *Brief chargé de clientèle* 11-12	*Analyse financière des sociétés clientes* 9-10-11	*Suivi administratif des demandes* 9-10	9-10-11
12	12	12	12	12	12
13	13	13	13	13	13
Analyse des demandes de crédit 14-15-16	*Visite d'agence* 14-15	*Étude de dossiers clients* 14-15-16	*Réunion comité de crédit* 14-15 *Suivi des crédits accordés* 16-17	*Visite d'agence, formation des chargés de clientèles* 15-16-17	14-15-16-17
17	17				
18	18	18	18	18	18
19	19	19	19	19	19
20	20	20	20	20	20
21	21	21	21	21	21

TÉMOIN

**Sylvie Fort Bardoure,
analyste de crédits entreprises,
centre d'affaires BNP,
Marne-la-Vallée**

« Je suis diplômée d'école de commerce, promotion 1991. Durant cette période, j'ai suivi un certain nombre de stages et notamment en 3ᵉ année, dans une entreprise d'agro-alimentaire du Sud-Ouest où je me suis occupée de la mise en place d'outils pour le contrôle de gestion et l'aide à la décision. J'ai ensuite entamé ma recherche d'emploi notamment par l'envoi de candidatures spontanées. Contactée par la BNP, j'ai été recrutée en novembre 1991. Après une période de découverte de la banque et de ses métiers, j'ai accepté la proposition qui m'était faite d'un poste d'analyste de crédits secteur entreprises. Cette fonction m'a permis de mettre en application mes connaissances en analyse financière et en gestion des entreprises. C'est un métier très intéressant, très formateur, qui permet d'avoir une vision d'ensemble de la vie des entreprises et de leur fonctionnement. Il constitue aussi un premier emploi ouvrant de multiples possibilités d'évolution dans le milieu bancaire. »

un comité de crédit avec son avis. Si après le passage devant cette commission le crédit est accordé, il peut assurer le montage administratif du dossier. Il est ensuite chargé du suivi et du contrôle des remboursements. En parallèle, l'analyste de crédits bancaires peut assurer auprès de différentes agences du réseau une mission d'information et de formation en matière de crédit aux particuliers et aux entreprises.

L'analyste de crédits dans la banque

L'analyste de crédits bancaires travaille généralement au sein d'un centre d'affaires, entité géographique chargée de gérer et de centraliser les demandes des clients. Sous la responsabilité du directeur de centre, il travaille en relation avec les chargés d'affaires (aussi appelés chargés de clientèle) qui lui transmettent pour étude les demandes de crédits de leurs clients. Auprès de ces collaborateurs, il joue un rôle de conseil, de soutien et d'intermédiaire avec le comité de crédit. Cette structure, avec laquelle il est en relation permanente, est chargée de donner son accord sur les demandes de crédits qui sont rédigées et proposées (avec avis) par l'analyste de crédits. Son métier étant essentiellement sédentaire, ce dernier n'a par définition que peu de contacts directs avec les clients si ce n'est à travers l'étude détaillée de leur situation financière. Il peut néanmoins être amené à les contacter pour obtenir les informations complémentaires qui seront utiles à son analyse. En parallèle, il peut être amené à assurer, au cours de réunions d'information, la formation des chargés de clientèle et des personnels d'agences sur la politique de crédit propre à la banque et sur les différentes formules de financement proposées aux clients.

Les postes d'analyste de crédits sont aisément accessibles comme premier emploi après un « tour de banque », période dont la durée est d'environ six mois et qui permet au jeune diplômé de préciser son projet professionnel. Les salaires se situent dans une fourchette de 150 à 180 KF annuels, variables en fonction des établissements et indices salariaux pratiqués. Après environ trois ans à ce poste, les possibilités d'évolution de carrière sont nombreuses et variées comme dans la plupart des établissements bancaires, sachant qu'à l'expérience peuvent s'ajouter de multiples possibilités de formation interne.

Profil de l'analyste crédits bancaires

Comme nous l'avons déjà vu, le métier peut constituer le premier poste d'un jeune diplômé. Dans ce cas de figure, la plupart des jeunes analystes de crédits sont issus d'écoles de commerce ou possèdent une formation universitaire de type « sciences économiques ». Le poste est aussi accessible pour des formations Bac +2 ou par promotion et formation internes. Il nécessite des compétences de base en analyse financière, en droit et en fiscalité. La plupart de ces compétences peuvent être complétées après quelques mois passés à ce poste. L'analyste de crédits doit savoir utiliser l'informatique maison (logiciel de gestion et d'analyse financière). La maîtrise d'une langue étrangère n'est pas indispensable.

Il doit savoir faire preuve de réelles qualités d'analyse et de synthèse dans l'étude de ses dossiers, mais aussi de diplomatie dans l'exposé de ses observations. Il doit être à même, à partir de son travail, de porter un jugement objectif, pertinent et impartial face aux demandes des clients. Il doit pouvoir rédiger ses conclusions de façon claire et synthétique pour faciliter la tâche des chargés d'affaires.

Les grandes écoles et leurs formations spécialisées

De nombreuses ESC ont maintenant une filière « banque » en troisième année, même dans les formations Bac +4/5 (Sup'TG Reims, IPAG, IÉSEG). Elles sont souvent parrainées par une grande banque (ex. : le Crédit Lyonnais – avec le Gan – à l'ISC). Notons ici, à titre d'exemple, la dominante « Banque/Finance » de l'ESC Rouen ou de l'EDHEC ; le troisième cycle de « Finance actuariat, gestion de portefeuille » de l'ESC Lille et le module de spécialisation « Banque et Management » de l'ESC Reims.

LES MOTS-CLÉS DE L'ANALYSTE DE CRÉDITS

Rentabilité du crédit : du point de vue de la banque, ce que rapporte le crédit accordé.

Conditions de crédit : les conditions générales de négociation d'un crédit.

Acte de crédit : document de synthèse où sont reportées les conditions du crédit.

Diagnostic : avis porté sur la situation financière d'un demandeur.

Garanties de crédit : dispositions prises par la banque pour garantir les risques.

Crédit court terme : crédit dont la durée est inférieure à deux ans, accordé pour résoudre des problèmes de trésorerie.

Crédit moyen terme : crédit dont la durée varie entre deux et cinq ans, accordé pour des investissements.

Crédit long terme : crédit d'investissement dont la durée varie entre sept et dix ans.

Crédit à la consommation : crédit accordé aux ménages pour l'achat de biens de consommation (véhicule, télévision).

Nantissement : contrat de garantie qui accorde à la banque la possession effective des investissements jusqu'au remboursement total de la dette.

Conseiller en gestion de patrimoine

Définition

Le conseiller en patrimoine est l'interlocuteur direct des personnes souhaitant gérer leur capital financier ou immobilier. Il joue un rôle de conseil personnalisé et doit être capable d'apporter une réponse globale aux attentes de ses clients. Il intervient dans l'analyse et le conseil patrimonial et matrimonial (contrat de mariage, droits de succession, héritage), l'assistance juridique et fiscale, la gestion de trésorerie, la gestion financière, le conseil en immobilier. Il établit des diagnostics retraite, fait du conseil en assurance et prévoyance et intervient dans la transmission de patrimoine. Il est chargé de proposer à ses clients des produits financiers (crédits, placements, assurances vie, actions et obligations, SICAV...) mais aussi des produits immobiliers (achat de parts de sociétés civiles de placements immobiliers). Il possède un rôle de conseil, intervient dans l'aide à la décision du client, et dans le montage d'opérations financières. Il informe régulièrement ses clients de l'état et du rendement de leur patrimoine. Le responsable en gestion de patrimoine peut gérer un portefeuille de particuliers ou

Le conseiller en patrimoine passe 60 % de son temps en rendez-vous avec la clientèle (en agence ou à l'extérieur), 15 à 20 % en étude et traitement de dossiers, 5 % en lecture d'informations (presse, notes financières). Le reste de son temps est consacré à la formation continue et aux réunions de service.

La semaine du conseiller patrimonial

Lundi **14** (03) Mars	Mardi **15** (03) Mars	Mercredi **16** (03) Mars	Jeudi **17** (03) Mars	Vendredi **18** (03) Mars	Samedi **19** (03) Mars
8	8	8	8	8	8
9 *Mini réunion de mise au pt*	9 *Mini réunion de mise au pt*	9 *Mini réunion de mise au pt*	9 *Formation continue*	9 *Mini réunion de mise au pt*	9
10 *Traitement et étude dossier*	10 *RV client agence*	10 *Lecture info (presse, notes financières)*	10	10 *Traitement & étude dossier*	10 *RV chez le client*
11 12	11 12	11 12	11 12	11 12	11 12
13 *RV Client à l'extérieur*	13 *Appui aux collaborateurs*	13 *Déjeuner client*	13	13	13
14 15	14 15	14 15	14 15 *RV client à l'agence*	14 15 *RV client à l'extérieur*	14 15
16	16 *Réunion hebdo tous services*	16 *RV client extérieur*	16	16	16
17	17	17	17	17	17
18	18	18	18	18	18
19	19	19	19	19	19
20	20	20	20	20	20
21	21	21	21	21	21

Pierre Louis Corbin, conseiller patrimonial, Banque CIO

« C'est en 1986 que je suis entré dans la vie active après une formation en école de commerce option consulting et un stage de fin d'étude à la Société Générale. Ensuite, dans le cadre de mon VSNE, j'ai travaillé pour le BRGM en tant que responsable financier en France puis en Guyane. En 1988, j'ai été engagé par le Crédit du Nord à Bordeaux comme conseiller en patrimoine junior sous la responsabilité d'un mandataire de gestion ; en parallèle j'ai suivi une formation en droit et techniques de placements financiers. Au bout de douze mois j'avais en charge la gestion d'un portefeuille clients. Fin 1990, contacté par un cabinet de recrutement, je suis entré au Crédit Industriel de l'Ouest en tant que conseiller patrimonial. Je suis actuellement adjoint au responsable marché des particuliers. J'apprécie dans ce métier d'être en relation continue avec mes clients, d'être leur confident. C'est passionnant de posséder un savoir technique et de pouvoir le faire partager. »

d'entreprises. Selon la structure de l'agence, le conseil en patrimoine peut dans les petites structures assurer en parallèle les fonctions de mandataire de gestion c'est-à-dire effectuer, pour le compte d'un client l'achat et la vente de produits boursiers (actions et obligations).

Le conseiller en patrimoine dans la banque

En interne, le conseiller patrimonial est en relation avec les différents services (analystes financiers et immobiliers, service documentation) qui peuvent lui apporter les informations indispensables au montage d'opérations rentables pour ses clients. Au sein de sa structure il peut faire appel à des spécialistes en droit, en fiscalité, aux conseils en assurance vie. Le conseiller en patrimoine est un généraliste entouré de spécialistes. Au sein d'une agence bancaire, il rend des comptes au responsable de marché particuliers/entreprises, lui-même sous la responsabilité d'un responsable de secteur. Le parcours d'un jeune diplômé consiste à effectuer dans un premier temps un « tour de banque » (six à douze mois) afin de se familiariser avec son environnement, période pendant laquelle il complète sa formation initiale par différents stages. Il est ensuite en charge d'un petit portefeuille clients et reste pendant environ deux à trois ans conseiller en patrimoine junior. Il devient ensuite conseiller senior. Les relations avec les clients se situant sur la longue durée, il peut décider d'exercer cette activité un grand nombre d'années, son portefeuille pouvant atteindre jusqu'à 250 clients. Vers l'âge de 40/45 ans il peut devenir mandataire de gestion, spécialiste en marketing patrimonial ou intégrer une agence de gestion patrimoniale privée. Il peut encore profiter des multiples évolutions de carrière possibles dans les établissements bancaires. Son salaire à l'embauche se situe vers 135 KF annuels, au bout de trois ans 250 KF. Les conseillers qui bénéficient d'une longue expérience et d'un gros portefeuille clients peuvent atteindre les 500 KF annuels.

Le profil du conseiller en patrimoine

Le conseiller en gestion de patrimoine est généralement issu d'une école de commerce mais le métier est ouvert à des diplômés des IEP ou d'universités

(Dauphine). Certains ont complété leur formation par un passage dans un IAE, mais le complément de formation est dispensé également au sein même de la banque où le jeune diplômé peut suivre les enseignements du Centre de Formation des Professions Bancaires. Ces formations lui permettent d'acquérir les compétences nécessaires en analyse financière, montage d'opérations et ingénierie financière. Le responsable de gestion de patrimoine passe près des trois quarts de son temps en rendez-vous avec ses clients. Dans ce contexte, il doit faire preuve d'une très grande qualité d'écoute et d'une disponibilité permanente. Rigueur, discrétion, aptitude relationnelle, recul et clairvoyance sont ses atouts. Il doit de même posséder une bonne culture générale et être capable de s'adapter à des clients très différents qui attendent beaucoup de ses services. Il doit leur apporter une prestation de conseil personnalisé de grande qualité. Dans ce métier la connaissance d'une langue étrangère n'est pas indispensable. Par contre la maîtrise de l'informatique, notamment des logiciels de gestion de patrimoine, la familiarité avec les bases de données, une bonne connaissance de l'environnement informatique sont recommandées.

Les grandes écoles et leurs formations spécialisées

La formation dispensée dans toutes les ESC peuvent conduire à ce métier. Les majeures du type « Finance/Banque/Assurance » de l'ESC Nantes Atlantique fournissent les outils suffisants. Ce qui fait la différence est la capacité du professionnel à être un interlocuteur convaincant auprès de sa clientèle particulière. Toutefois, lorsque les patrimoines à gérer sont importants, se spécialiser dans la finance, ou dans le management de l'immobilier peut être très utile. De ce point de vue, les formations que proposent l'Institut de management patrimonial et de l'immobilier de Sup de Co Bordeaux, le Mastère MICA (immobilier) de Marseille-Provence, ou encore le très spécialisé troisième cycle « Gestion de patrimoine » de l'ESLSCA, semblent être de bonnes opportunités.

LES MOTS-CLÉS DU CONSEILLER PATRIMONIAL

- **Approche patrimoniale globale** : capacité à appréhender la globalité d'un client et de son environnement.
- **Portefeuille clients** : l'ensemble des clients sous la responsabilité du conseiller patrimonial.
- **Discrétion et confidentialité** : respect du secret bancaire et protection du client.
- **Capacité d'écoute** : être attentif aux attentes du client, pouvoir y répondre.
- **Taux de rendement** : la rentabilité des placements.
- **Produits boursiers** : produits faisant l'objet d'une cotation en Bourse.
- **MONEP (marché des options négociables à Paris)** : ensemble de produits financiers faisant office de placement.
- **SICAV (société d'investissement à capital variable)** : produits financiers en actions ou obligations.
- **Fiscalité** : ensemble des lois relatives à l'impôt qui interviennent dans la gestion de patrimoine.
- **Organisation de succession** : organisation du patrimoine en fonction des héritages à recevoir et de ceux à transmettre.

Responsable clientèle entreprises

Définition

Le chargé de clientèle entreprises au sein d'une banque a la responsabilité du développement et de la gestion d'un portefeuille clients. En ce qui concerne le développement (environ 30 % de son temps), il est chargé de la prospection auprès des entreprises non clientes de sa banque. Son rôle consiste à prendre contact avec ces entreprises pour un rendez-vous de présentation. Dans ce cadre, il évalue et détecte les besoins et attentes du client potentiel, présente sa banque et ses différents produits (placements, crédit..) et propose à ses interlocuteurs des solutions adaptées à leurs besoins.

En ce qui concerne la gestion de son portefeuille, il est chargé d'établir avec ses clients une relation professionnelle suivie qui allie contrôle (analyse des résultats, situation financière) et conseil personnalisé. Il s'occupe de la gestion administrative des comptes et a pour mission d'étudier la recevabilité des demandes de ses clients relatives à l'obtention de crédit ou aux facilités de trésorerie, etc. Face à une demande précise, il analyse la situation du demandeur et les risques inhérents à cette opération. Il prend en charge le montage du dossier de finan-

La semaine au responsable clientèle entreprises

Le responsable clientèle entreprises passe environ 35 % de son temps en rendez-vous clients ou prospects à l'agence ou à l'extérieur. Il en consacre 25 % à la gestion administrative des comptes ; le reste se partage entre les réunions internes, l'analyse de dossiers et la prospection téléphonique.

Lundi **14** (03) Mars	Mardi **15** (03) Mars	Mercredi **16** (03) Mars	Jeudi **17** (03) Mars	Vendredi **18** (03) Mars	Samedi **19** (03) Mars
8	8	8	8	8	8
Gestion des débiteurs 9	*Gestion des débiteurs* 9	*Gestion des débiteurs* 9	*Gestion des débiteurs* 9	*Gestion des débiteurs* 9	9
Administratif 10	10	10	10	10	10
11	*Comité de crédits* 11	*RDV clients* 11	*Réunion interne* 11	*Administratif* 11	11
12	*(analyse* 12	12	12	12	12
13	*dossiers)* 13	13	*Administratif* 13	13	13
14	14	14	14	14	14
RDV clients 15	*RDV clients* 15	*Prospection* 15	*RDV clients* 15	*Analyse dossiers* 15	15
16	16	16	16	16	16
17	17	17	17	17	17
18	18	18	18	18	18
19	19	19	19	19	19
20	20	20	20	20	20
21	21	21	21	21	21

TÉMOIN

Laurence Poncenet, responsable clientèle entreprises, CIC Montparnasse

« *Après l'obtention de mon bac en 1985, j'ai intégré un IUT où j'ai suivi un DUT en gestion appliquée aux petites et moyennes entreprises. A ma sortie en 1987, par la voie de l'admission parallèle je suis entrée directement en 2ème année d'école de commerce avec pour spécialisation l'option commerce international. A la fin de ma formation en 1989, après une vague de candidatures spontanées, j'ai été recrutée par le CIC comme attaché commercial.*

Après trois mois de formation, je me suis attaquée au marché des entreprises. J'étais alors chargée de la prospection auprès d'entreprises non clientes du CIC. Je devais obtenir des rendez-vous, leur présenter les produits du CIC et participer au montage des dossiers correspondant à leurs demandes. En février 1992, ma fonction a évolué vers un poste de rédacteur entreprises chargé de l'étude des dossiers et de leur présentation en commission. En septembre 1992, j'ai été nommée responsable clientèle entreprises au sein d'un centre d'affaires où j'assure la gestion d'un portefeuille clients. »

cement qu'il présentera et défendra devant le comité d'engagement de sa structure. Si son dossier est accepté, il pourra octroyer à son client le crédit (ou autre demande). A partir de cet instant, il sera chargé du suivi de l'opération et du respect de l'accord conclu entre les deux parties. Le responsable de clientèle travaille en fonction d'objectifs fixés par la direction du marché entreprises. Son travail vise à assurer à sa banque une présence significative et durable sur le marché.

Le responsable de clientèle entreprises dans la banque

Véritable partenaire financier des entreprises, le responsable de clientèle est l'interlocuteur privilégié du directeur financier ou du chef comptable. Par des contacts fréquents avec ces personnes, il doit pouvoir connaître la spécificité de ses clients, leurs besoins, leurs attentes mais aussi la situation financière et les perspectives de développement des entreprises clientes.

Il recueille ainsi les éléments nécessaires à une juste évaluation de la situation et des demandes. Au sein d'une agence bancaire ou d'un centre d'affaires (structure gérant uniquement des clients entreprises), le responsable de clientèle travaille sous la responsabilité d'un chef de secteur, lui-même placé sous la responsabilité du directeur du centre. Travaillant généralement en binôme, il est en relation dans sa structure avec l'ensemble des services pouvant lui apporter un soutien logistique ou technique dans le montage et le suivi de ses dossiers (service juridique, salle des marchés, service ingénierie, back office…).

En termes d'évolution de carrière, le responsable de clientèle peut se voir confier la gestion d'un portefeuille plus important sur son marché ou sur un autre (marché particuliers, marché grands groupes, marché des professionnels…). Il peut aussi évoluer au sein de sa banque vers des fonctions de directeur adjoint de succursale, de conseiller en patrimoine ou au siège de sa banque. Son salaire se compose d'un fixe auquel vient s'ajouter un pourcentage de prime variable et directement lié à son volume d'activité. Il se situe généralement entre 180 et 220 KF par an et varie en fonction de l'ancienneté, des résultats et de la banque.

Profil du responsable de clientèle entreprises

Le métier est ouvert en priorité aux personnes de formation commerciale, aux universitaires (maîtrise de gestion, DESS banque ou finance) ou par promotion interne après environ une dizaine d'années d'expérience dans la banque. Tout responsable de clientèle entreprises ou particuliers passe par une série de stages de formation (analyse financière, analyse juridique) ainsi que par une formation aux produits proposés par sa banque.

A ces stages techniques peuvent s'ajouter des séminaires commerciaux de motivation et de techniques de travail en groupe. Métier de commercial avant tout, il s'adresse à des personnes motivées et performantes. Il faut être à la fois rigoureux, organisé et savoir travailler dans l'urgence en gérant les priorités.

Doté de qualités relationnelles, le responsable clientèle doit être en outre un bon technicien maîtrisant l'ensemble des outils d'analyse et de montages financiers. La maîtrise de l'informatique « maison » s'acquiert rapidement, la pratique d'une langue étrangère est utile mais non indispensable, sauf si les entreprises clientes sont des filiales de groupes étrangers.

Les grandes écoles et leurs formations spécialisées

Travailler dans une banque et être l'interlocuteur privilégié des entreprises pour la gestion de leurs finances demande d'avoir profité au maximum des spécialisations finance/banque offertes par toutes les ESC, concernant l'analyse et l'intervention sur les marchés financiers et la meilleure façon de gérer leurs investissements, leurs immobilisations, voire leurs dettes.

Pour la gestion de très gros clients, par nature d'envergure internationale, une spécialisation dans la finance internationale peut se révéler nécessaire (HEC, ESCP, EAP…).

LES DIX MOTS-CLÉS DU RESPONSABLE CLIENTÈLE ENTREPRISES

Cash flow : capacité d'autofinancement d'une entreprise.

Back office : structure qui prend en charge le traitement des opérations bancaires.

Crédit documentaire : garantie de paiement quand on travaille à l'exportation.

Escompte : avance de la banque à une entreprise d'un effet de commerce non échu.

Découvert : ensemble des avances consenties par une banque.

Agios : conditions d'escompte.

Commission : sommes perçues par une banque en échange des services apportés.

Investissement : action financière menée par une entreprise en vue de son développement.

Crédit bail : mode de financement d'investissement.

Dailly : avance fournie par la banque sur les factures d'une entreprise.

Gestionnaire d'OPCVM (SICAV - FCP)

Définition

Avant de définir le métier, il convient d'expliciter ce qui se cache derrière le sigle OPCVM, inconnu des non-professionnels et qui signifie : organisme de placement collectif en valeurs mobilières. Ces valeurs mobilières peuvent être des actions, des obligations ou des produits court terme. On trouve deux types d'OPCVM : les SICAV (sociétés d'investissements à capital variable) et les FCP (fonds communs de placement). Chacun d'eux constitue un portefeuille de titres dont une partie peut être achetée par des particuliers ou des entreprises auprès de leur banque. La fonction d'un gestionnaire d'OPCVM au sein d'un établissement bancaire va consister à faire fructifier ces valeurs et à assurer ainsi la rentabilité des placements opérés par les acheteurs. Ainsi, les trois quarts de son travail consistent à s'informer sur le marché, sur les tendances de la Bourse, à lire les informations financières et à rencontrer les analystes du marché afin de recueillir les informations nécessaires à la prise de décision. Il prend à la suite des recoupements d'informations la décision d'investissement. A ce stade, trois possibilités s'offrent à lui :

Le gestionnaire de SICAV passe 80 % de son temps à s'informer sur les marchés, les entreprises, les tendances. Le reste est consacré à la rédaction de rapports, aux réunions internes et aux actes d'investissement proprement dit.

La semaine du gestionnaire d'OPCVM

Heure	Lundi 14 (03) Mars	Mardi 15 (03) Mars	Mercredi 16 (03) Mars	Jeudi 17 (03) Mars	Vendredi 18 (03) Mars	Samedi 19 (03) Mars
8						
9	Réunion interne des gestionnaires OPCVM	Analyse de l'information presse	RDV avec l'institution boursière	Analyse des informations	Analyse des informations	
10						
11			RDV analyste			
12	PV stratégistes	Déjeuner de présentation organisée par une société cotée				
13			Déjeuner avec courtier	Déjeuner de présentation organisée par une société cotée	Déjeuner de présentation organisée par une société cotée	
14			Passage d'ordre d'investissement			
15	Passage d'ordre d'investissement	Analyse de l'information financière / Analyse financière				
16			Présentation aux clients de la stratégie de gestion des OPCVM	Conseil d'administration d'une Sicav	Passage d'ordre d'investissement	
17						
18	RDV courtier			RDV courtier	Rédaction de rapport de gestion	
19						
20						
21						

Marie-France Peltre , gestionnaire d'OPCVM à la BNP

« Ma première expérience avec le milieu bancaire se situe dans le cadre de mon stage de 3ᵉ année. A cette époque, en 1985, j'ai passé trois mois à Tokyo en tant qu'assistante chargée de clientèle pour les entreprises étrangères. A la fin de ce stage, je me suis inscrite pour deux ans à la faculté de commerce de l'université de Hitotsubashi à Tokyo pour apprendre le japonais et passer un Master of Art (MBA). Pendant ces deux ans j'ai suivi un stage à la banque Paribas de Tokyo en tant qu'analyste de crédits. A la fin de mes études, après un an chez Renault comme attachée commerciale sur la zone Asie-Pacifique, j'ai à nouveau rejoint le milieu bancaire : d'abord deux ans à la Sanwa Bank en tant qu'analyste de crédits puis, depuis fin 1990, à la BNP en tant que gestionnaire de SICAV de la zone Asie-Pacifique. »

acheter, vendre ou ne rien faire et attendre une meilleure opportunité d'investissement. De la justesse de son analyse et de ses investissements va dépendre la rentabilité des organismes de placement qu'il gère.

Il est responsable de sa politique d'investissement et de sa gestion devant les investisseurs, devant sa banque et devant les structures de contrôle des opérations boursières (COB). Il peut participer à la création de nouveaux organismes de placement pour répondre à la demande. La fonction peut s'exercer sur différents marchés (France, étranger), dans une banque ou dans des sociétés (généralement étrangères) qui gèrent leurs fonds de retraite.

Le gestionnaire de SICAV dans la banque

Dans un établissement bancaire, le gestionnaire d'OPCVM travaille avec une équipe de plusieurs personnes. Il peut gérer seul ou en cogestion un ou plusieurs produits. Il travaille sous la responsabilité d'un directeur de marché des capitaux ou directement de la direction financière. Son travail se décompose en trois stades : l'information, l'étude et la décision. Lors de sa quête d'information, outre la lecture de la presse économique et des rapports d'analyse financière, il prend contact avec toutes les personnes qui sont à même de l'éclairer sur les tendances et l'état du marché boursier. Que ce soit en interne ou en externe, il rencontre régulièrement des analystes financiers, des économistes, des stratégistes et des courtiers. Il est aussi en contact avec des commerciaux qui peuvent lui fournir des informations sur les attentes des clients mais également sur la nature des valeurs qui s'échangent sur le marché. Grâce à cette collecte d'informations, il va étudier quelles sont les possibilités d'investissement les plus intéressantes pour son OPCVM et prendre sa décision. La phase de décision se résume à un simple appel téléphonique traité en quelques minutes. A ce moment, le gestionnaire est sûr de son analyse et prend une décision qui peut engager des sommes très importantes. Les autres contacts du gestionnaire s'effectuent dans le cadre des réunions d'information durant lesquelles il peut être amené à expliquer devant d'importants clients ou des institutionnels quelle est sa politique de gestion ou, à l'inverse, des réunions de présentation organisées par des sociétés cotées en Bourse qui souhaitent se faire connaître des investisseurs.

Profil du gestionnaire d'OPCVM

Comment devient-on gestionnaire d'OPCVM ? Généralement l'intéressé est une personne de formation économiste ou Sup de Co qui a commencé sa carrière par un poste d'analyste financier occupé pendant trois ou quatre ans. Le passage à la gestion s'est fait ensuite progressivement par la constitution d'un petit portefeuille en partenariat avec un gestionnaire senior. L'expérience aidant, la personne gagne en autonomie et en responsabilité et peut ensuite assurer la gestion de plusieurs OPCVM. Après trois ou quatre ans à ce poste les possibilités d'évolution sont nombreuses. Il peut devenir soit directeur d'une équipe de gestion, soit stratégiste avec plus ou moins d'autorité sur la décision des gérants. Il peut aussi choisir d'intégrer une équipe commerciale ou marketing chargée de la conception de produits nouveaux. Enfin, il a la possibilité de revenir à l'analyse financière où son expérience d'opérationnel lui sera très utile.

Le salaire est constitué généralement d'un fixe auquel vient s'ajouter un bonus lié aux performances des produits qu'il gère. La rémunération va dépendre de cette performance, de l'expérience et du marché des produits à gérer. Du fait, la fourchette est très large et peut varier de 200 à 700 KF annuels, ce dernier plafond étant néanmoins rarement atteint.

Le métier s'adresse principalement à des personnes de formation grandes écoles de commerce (option finance), à des statisticiens (ENSAE) et parfois à des ingénieurs. Les postes sont aussi accessibles par promotion interne. Le gestionnaire est une personne d'expérience qui possède une connaissance et une vision des marchés corollaires de sa recherche continue d'informations.

Un des atouts essentiels du gestionnaire est la maîtrise d'une ou plusieurs langues étrangères qui lui permettront de travailler sur les marchés étrangers (Asie, Amérique du Sud), l'anglais étant indispensable pour s'occuper de gestion au niveau international. Autres qualités importantes dans ce milieu, la culture générale, la souplesse et l'ouverture d'esprit. Le gestionnaire ayant un volume de travail important, il doit faire preuve d'une grande capacité d'analyse et de synthèse. Enfin, il doit être doté de bon sens, posséder une « philosophie » des marchés, savoir « flairer » les bons coups et savoir attendre les opportunités.

Les grandes écoles et leurs formations spécialisées

La formation initiale de l'ensemble des ESC de ce guide peuvent conduire un étudiant motivé vers ce métier.

LES MOTS-CLÉS DU GESTIONNAIRE D'OPCVM

Bear Market : marché en baisse.

Bull Market : marché en hausse.

Krach : effondrement des cours.

Cycle boursier : évolution de la cotation d'un titre en banque.

Liquidité (d'un marché) : c'est-à-dire les flux en direction de ce marché (marché actions ou obligations).

Booster : renforcer, améliorer la performance d'un produit ou d'un titre.

Courtier : intermédiaire entre deux acteurs du marché.

Gestionnaire de trésorerie de la banque, responsable desk

Définition

Avant de définir le métier de responsable de desk, il convient d'expliciter de façon simple en quoi consiste la gestion de trésorerie dans une banque.

Une banque peut, par l'intermédiaire de ses différents centres de profit, acheter, vendre, emprunter ou prêter de l'argent, des titres ou des crédits. L'ensemble de ces opérations bancaires génère sur les marchés des flux de capitaux. Par rapport à l'ensemble de ces opérations, le rôle de la trésorerie doit permettre à la banque de faire face à ses engagements et d'assurer le financement et la rentabilité de ces flux. Par rapport à cette mission globale, la trésorerie est chargée de deux missions spécifiques :

• la gestion des liquidités (les fonds collectés par la banque), c'est-à-dire s'assurer que chaque jour, la banque peut faire face à ses obligations ou à ses excédents de liquidités non placés ;

• la gestion des risques de taux et de change, c'est-à-dire emprunter au moins cher/placer au plus cher et anticiper l'évolution de la courbe de taux et de change

Le responsable de desk consacre environ 70 % de son temps à son activité de trader, 20 % de son temps en réunion d'échange et d'information, le reste étant consacré aux relations internes, à la lecture de la presse...

Lundi **14** (03) Mars	Mardi **15** (03) Mars	Mercredi **16** (03) Mars	Jeudi **17** (03) Mars	Vendredi **18** (03) Mars	Samedi **19** (03) Mars
		Édition des états *Analyse des marchés* *Prise de position*			
		Trading, meeting, réunion des responsables de desk pour commentaires sur leur marché			
		Édition des états *Analyse des marchés* *Prise de position*			
Arrêt des comptes	*Réunion du management organisation sur gestion du personnel*		*Arrêt des comptes*		

TÉMOIN

Pablo Vergara, responsable desk Repo, Direction des marchés de taux et de change, Crédit Lyonnais

« Je suis sorti de l'École en 1989 après une formation commerciale qui mettait fortement l'accent sur l'alternance avec de nombreux passages en entreprises. J'ai ainsi effectué mon premier stage chez un agent de change en Bourse où je travaillais sur le MATIF (Marché à Terme des Instruments Financiers) dans une équipe très jeune et avec une grande autonomie. C'est à cette occasion que j'ai découvert la très haute technicité de l'activité des marchés. Mon deuxième stage, je l'ai effectué en tant que négociateur sur le MONEP (Marché des Options Négociables à Paris). Je suis ensuite entré dans la vie active en 1989. J'ai alors passé un an et demi chez un courtier sur le marché REPO (cessions temporaires de titres). En juin 1991, j'ai rejoint le Crédit Lyonnais en tant qu'opérateur REPO chargé du trading obligataire, au sein d'un desk faisant partie de la trésorerie centrale. Ce desk s'est développé pour devenir un centre de profit qui occupe aujourd'hui cinq personnes dont je suis responsable. »

pour gérer au mieux les risques inhérents à ce type d'opération.

Elle assure ces fonctions pour l'ensemble des centres d'affaires qui génèrent des flux de liquidités. La trésorerie est constituée de « desks » (des équipes de traders rattachées à un produit) qui interviennent en tant qu'opérateurs sur une partie précise du marché (marché des produits dérivés, marché obligataire, marché des changes) et qui permettent à la trésorerie de remplir sa mission.

En fonction des impératifs et des orientations de gestion fixés par la direction financière de son établissement, et en fonction des engagements pris par la banque, le rôle du responsable de desk consiste, dans son domaine d'intervention :

• à assurer plusieurs fois par jour l'édition des états du marché (la situation à l'instant T) ;

• à réaliser à partir de cette édition une étude macro-économique de la situation ;

• à prendre une décision d'action sur le marché (achat, vente, statu quo) en choisissant les couples produits/marché les plus pertinents pour ajuster sa liquidité.

En parallèle, le responsable de desk doit s'informer de façon régulière sur l'état des marchés (rencontre avec les autres opérateurs), surveiller les opérations d'ajustage de la banque centrale (Banque de France), les politiques monétaires nationale et internationale afin de recueillir les informations nécessaires à sa prise de décision. Il intervient aussi dans le management de son équipe de traders, il est consulté pour la création de nouveaux produits et dans l'élaboration de la politique à mener en termes de gestion de trésorerie.

Le responsable desk dans la banque

La trésorerie d'une banque se compose en moyenne d'une vingtaine de personnes ayant à leur tête un trésorier aidé par deux adjoints. L'un est chargé de la gestion des liquidités, l'autre de la gestion des risques de taux et de change. Directement lié à l'une de ces personnes, le responsable de desk travaille en équipe et assure une veille permanente sur son domaine d'intervention. Il est épaulé dans son travail par le service du back office. Ce service est chargé de réaliser et de traiter les opérations, de compiler les entrées et les sorties de liquidités des différents centres de profit. Par rapport aux résultats des opérations comptabilisées par le back office, il connaît son solde prévisionnel et agit en fonction, d'où l'importance de cet interlocuteur pour son travail. Il est en relation avec le service études chargé de résoudre les problèmes à court terme, de modifier ou de créer les outils, les supports informatiques qui lui permettront un accès total à l'information en temps réel (communication et télécommunication avec les marchés). Ainsi, la trésorerie possède le monopole d'accès sur toutes les opérations (courtiers, Banque de France, inter-banques) en France et avec les succursales de sa banque à l'étranger. On constate une grande stabilité de la fonction pour ce métier un peu complexe à expliquer, où l'expérience tient lieu de formation. Il existe d'ailleurs une augmentation de la moyenne d'âge proportionnelle aux responsabilités au sein de la trésorerie (la moyenne d'âge pour un trésorier est d'environ 45 ans).

Les salaires varient en fonction de la banque et des indices qui y sont pratiqués. Un jeune diplômé avec un ou deux ans d'expérience dans un autre secteur gagne aux alentours de 220 KF par an, avec deux à trois ans d'expérience supplémentaires sont salaire se situe entre 250 et 300 KF auxquels s'ajoutent des primes pouvant représenter (dans certains cas) jusqu'à un an de salaire.

Profil du gestionnaire de trésorerie

Le métier est accessible en deuxième expérience, après une expérience de trading, de relations bancaires ou de risques contreparties. Il nécessite de connaître la gestion des risques de taux, la politique monétaire et les politiques de crédits nationales et internationales. Les personnes exerçant se métier sont généralement des diplômés de l'enseignement supérieur. On trouve de plus en plus de diplômés d'écoles de commerce spécialisés en finances mais surtout de nombreux ingénieurs (Mines, X, ENSAE…) possédant une excellente maîtrise des mathématiques financières et des logiciels de modélisation et d'aide à la décision.

Les qualités essentielles que requiert ce travail sédentaire répétitif dans la forme mais pas dans la qualité, sont la rapidité d'exécution, la maîtrise des concepts, la

LES MOTS-CLÉS DU GESTIONNAIRE DE TRÉSORERIE DE LA BANQUE

Courtier : intermédiaire entre deux acteurs du marché inter-bancaire.

Trader : négociateur sur le marché financier.

Desk : un groupe de traders.

Sales : le commercial situé en salle des marchés.

Spot exchange rate : taux de change francs/dollars/Mark.

MATIF : marché à terme des instruments financiers qui propose des instruments de couverture contre les risque de taux.

Cut off : arrêt des comptes en fin de journée par la Banque de France.

OPCVM : organisme de placement collectif en valeur mobilière, gros détenteur de liquidités.

Solde : solde des comptes Banque de France où sont inscrites les liquidités d'une banque.

CLASSIFICATION PRÊT/EMPRUNT

JJ : emprunt le jour même, remboursement le lendemain.

Tomnext : traitement à J, paiement à J +1, remboursement à J +2.

Terme : toute opération qui n'est pas JJ entre un jour et un an.

concentration et la résistance au stress. Les connaissances en informatique (tableur, progiciel intégrés, application informatique) sont indispensables, l'ensemble des observations et des manipulations se faisant grâce à ces outils. La pratique de l'anglais est elle aussi incontournable, à la fois pour comprendre le vocabulaire propre au milieu et à l'activité, mais aussi pour permettre les échanges avec les places financières à l'étranger.

Les grandes écoles et leurs formations spécialisées

Plus de la moitié des étudiants suivant une formation dans une ESC suit, en troisième année, une spécialisation financière. Certains ne l'utiliseront qu'indirectement, d'autres opteront pour une vie professionnelle très axée sur la finance. Ceux qui désirent s'engager sur cette voie pourront se spécialiser dans de nombreuses écoles. Citons ici, parmi d'autres, la spécialisation de troisième année « Finance de marché » du CERAM (ESC Nice), ou le troisième cycle « Innovation financière et métiers de la finance » de l'ESC Tours, ou encore celui d'« Ingénierie financière » de l'ESLSCA.

Directeur d'agence bancaire

Définition

Le directeur d'agence est la personne responsable du fonctionnement interne et des résultats d'une implantation bancaire. Il est chargé de faire appliquer dans son agence les recommandations stratégiques, les orientations et les objectifs fixés par le comité exécutif de la banque. En tenant compte de ces objectifs, il élabore à l'attention de sa direction le plan d'action de son agence pour l'année à venir. Il en rédige le rapport annuel qui donne l'état des lieux ainsi que les prévisions de développement. Il est chargé d'adapter la stratégie du groupe à son secteur. Il s'occupe de faire remonter l'information vers le groupe. Il assure l'animation de son équipe commerciale qu'il doit convaincre et faire adhérer à la stratégie du groupe. Il fixe les objectifs commerciaux et soutient son équipe dans ses démarches et dans la gestion des comptes. Comme il est chargé de suivre les risques liés aux engagements de la banque, il analyse les demandes de sa clientèle, octroie les crédits et consulte son comité d'engagement en cas de grosse demande. Il est responsable de la gestion quotidienne de l'agence en termes administratifs. Il s'occupe du suivi mensuel des comptes d'exploitation de l'agence. Enfin il représente son agence et sa banque auprès des gros clients vis-

Le directeur d'agence bancaire passe 25 % de son temps en RV clients,
30 % à la gestion de l'agence (administratif, comptable, animation d'équipe),
30 % à la gestion de la clientèle (suivi des demandes, traitement d'opérations).
Les 15 % restants sont consacrés à la prospection.

La semaine au dir. d'agence bancaire

Lundi **14** (03) Mars		Mardi **15** (03) Mars		Mercredi **16** (03) Mars		Jeudi **17** (03) Mars		Vendredi **18** (03) Mars		Samedi **19** (03) Mars	
	8		8		8		8		8		8
Comité courrier : Traitement du courrier									9		9
Suivi clientèle	10	*Comité crédit*	10	*Suivi de clientèle*	10	*Comité crédit*	10	*Suivi clientèle*	10		10
	11		11		11		11		11		11
	12		12	*Déjeuner clients*	12		12	*Déjeuner client*	12		12
	13		13		13		13	*Réunion avec équipe commerciale*	13		13
	14		14		14		14		14		14
Gestion agence	15	*RV prospect*	15	*Gestion agence*	15	*RV au siège*	15	*RV prospect*	15		15
• *administration*	16	*Gestion de clientèle, suivi des demandes, traitements des OP*	16		16	*Réunion interne agence*	16		16		16
• *personnel*	17		17		17		17		17		17
• *logistique*	18		18		18		18		18		18
	19		19		19		19		19		19
	20		20		20		20		20		20
	21		21		21		21		21		21

TÉMOIN

**Alain Magnin Lambert,
directeur de l'agence
La Défense,
banque Neuflize,
Schlumberger, Mallet (NSM)**

« *Au cours de ma formation, j'ai suivi les options gestion financière et gestion commerciale. En fin de première année, j'ai suivi un stage de trois mois à la Banque de l'Union Européenne à New York où je m'occupais du back office. En 2ᵉ année, je suis retourné à New York pour six mois dans la même banque où je m'occupais cette fois des relations avec les entreprises françaises aux États-Unis. Ces deux stages m'ont permis de connaître l'environnement bancaire, de perfectionner mon anglais mais aussi de découvrir ce que pouvaient être les contacts de haut niveau avec les entreprises. Après mon service militaire, en août 1983, je suis entré à la banque Paribas où j'occupais le poste de chargé de clientèle en agence (particuliers et petites entreprises) puis des entreprises plus importantes. En février 1988, je suis entré chez NSM en tant qu'attaché de clientèle puis, deux ans plus tard, responsable des relations entre le siège parisien et les entreprises des régions Normandie et Midi-Pyrénées où je m'occupais du soutien à la prospection et de la gestion des comptes. En février 1991, j'ai été nommé directeur de l'agence de La Défense.* »

à-vis desquels il assure le rôle de porte-parole de son groupe ; il peut même lui arriver d'appuyer ces derniers dans leurs propres actions de relations publiques.

Le directeur d'agence dans sa banque

Dans son agence le directeur est en relation directe avec sa clientèle. Qu'elle soit constituée de particuliers ou d'entreprises, il est le représentant de la banque auprès de ses clients. Il prend des rendez-vous réguliers afin d'assurer le suivi et le bon fonctionnement des opérations menées en commun. Au sein de sa banque, il rend compte à son supérieur direct, le directeur de réseau. En interne, il est en relation avec son équipe commerciale qu'il doit manager et motiver ainsi qu'avec l'ensemble des entités de l'agence (administratif, accueil...). Restant en moyenne trois ans au même poste, la plupart des directeurs d'agences ont commencé leur carrière comme chargé de clientèle. S'occupant d'abord de particuliers, de petites puis de grandes entreprises, ils ont acquis les compétences nécessaires pour gérer un éventail de clientèle très varié.

Un directeur d'agence peut par la suite envisager d'évoluer dans la structure en tant que responsable de groupe, retourner au siège pour gérer une clientèle de grandes entreprises, obtenir la responsabilité de services techniques. S'il décide de quitter la banque, il pourra exercer des fonctions de conseil en patrimoine, de trésorier ou de directeur financier d'entreprise. Pour ce qui concerne les salaires, ils varient en fonction du système de rémunération (fixe plus intéressement, participation aux résultats, etc.). Un chargé de clientèle gagne entre 250 et 350 KF annuels, un directeur d'agence entre 300 et 500 KF annuels. Il faut noter qu'à ces salaires s'ajoutent les facilités de crédits accordées aux personnels bancaires, la participation aux bénéfices et autres plans d'épargne salariale.

Le profil du directeur d'agence

Le secteur bancaire est encore aujourd'hui un de ceux qui laissent le plus de place à l'évolution interne des personnes. Il dispose des structures de formation qui permettent d'acquérir les compétences nouvelles favorisant cette évolution. Si ces postes sont facilement accessibles aux diplômés d'écoles de commerce (il faut toutefois compter sur un minimum de dix années d'expérience professionnelle), on y trouve également nombre de personnes de formation universitaire, science po ou même autodidactes. Tous les directeurs d'agence ont à un moment ou un autre bénéficié d'une formation complémentaire en management, motivation d'équipe et techniques bancaires. Le directeur d'agence doit aussi assurer auprès de ses clients un rôle de conseil et posséder des compétences en gestion de patrimoine, fiscalité et produits financiers. Il doit, au-delà de ses compétences techniques, être disponible et ouvert, avoir de réelles capacités commerciales, savoir prendre des décisions et des risques dans un temps restreint. Il doit de même savoir évaluer les situations et faire preuve de discernement.

Les directeurs d'agence possèdent tous des compétences en informatique (tableurs, traitement de texte) et maîtrisent parfaitement les logiciels propres à l'établissement dans lequel ils travaillent (logiciels de gestion de comptes, financiers, etc.). La connaissance de l'anglais peut être indispensable, notamment face à des entreprises étrangères ou dans la lecture de la presse économique anglosaxonne.

Les grandes écoles et leurs formations spécialisées.

S'il faut du temps à un diplômé d'école de commerce pour parvenir à la fonction de directeur d'agence, c'est que, dans la banque comme partout ailleurs, la formation de base donne les outils mais il faut une vraie et longue expérience de terrain pour les appliquer à bon escient. Les étudiants de l'ESC Reims qui voudraient embrasser la carrière bancaire seraient bien inspirés de suivre, dès leur troisième année, la filière « Banque et management » et ceux de Rouen, la dominante « Banque/finances ». Mais toutes les écoles ont une spécialisation « Finance » en 3ᵉ année.

LES MOTS-CLÉS DU DIRECTEUR D'AGENCE BANCAIRE

- **CP :** abréviation de « clientèle privée ».

- **Gestion de patrimoine :** ensemble des opérations permettant au banquier d'aider et de conseiller ses clients dans la gestion de ses biens.

- **Ratio Cooke :** ratio qui limite le niveau d'engagement de la banque par rapport à ses fonds propres.

- **Extourner :** annuler une opération.

- **Produit net bancaire :** la somme des engagements moins leur coût d'achat.

- **Comité :** réunion de professionnels de la banque autour d'un dossier financier.

- **Prospection :** ensemble des actions qui visent à attirer de nouveaux clients.

- **Risque :** la notion de risque prise autour d'un engagement financier.

- **ROA :** Return on Assets : retour sur investissement.

- **ROS :** Return on Solvary : rentabilité des capitaux propres de la banque.

Directeur des engagements

Définition

La direction des engagements constitue dans les établissements bancaires la direction la plus stratégique. C'est en effet elle qui détient la responsabilité des engagements financiers d'une banque, c'est-à-dire la responsabilité de décision sur l'ensemble des actions qui constituent les activités d'une banque en termes d'investissements, de crédits, de prêts, de participations ou de rachats. En fonction des dossiers qui lui sont présentés, le directeur des engagements est chargé :

• de recueillir l'ensemble des informations sur les sociétés, les marchés, les taux d'intérêts et la conjoncture ;

• d'analyser les informations recueillies, les outils de gestion, les indicateurs et rapports financiers.

D'après ces analyses pointues, il évalue les risques inhérents aux opérations que la banque souhaite mener. Après concertation avec l'ensemble des services concernés, il prend la décision de l'engagement financier et assure le suivi et la gestion des opérations financières engagées. Son action repose sur le triptyque analyse, prise de risque et gestion. En parallèle, la direction des engagements est chargée de concevoir des produits financiers qu'elle propose à ses clients. Le

Le directeur des engagements sur le marché court terme passe 40 % de son temps en réunions d'information ou de concertation, 30 % à l'étude et à la préparation des dossiers, 10 % avec ses clients, le reste étant consacré aux relations entre services et à la lecture de l'information.

La semaine du directeur des engagements

	Lundi **14** (03) Mars	Mardi **15** (03) Mars	Mercredi **16** (03) Mars	Jeudi **17** (03) Mars	Vendredi **18** (03) Mars	Samedi **19** (03) Mars
8						
9	*Etude de dossier*	*Comité de risque*	*Téléconférence exploitation*	*Projets informatique en cours*	*Réunion impayés*	
10						
11						
12			*Réunion d'information direction*			
13	*Déjeuner client*					
14	*Contacts en interne*	*RDV Clients*		*Etude de dossiers*	*Lecture presse, note financière indicateurs*	
15			*Réunion de services*			
16						
17						
18						
19						
20						
21						

TÉMOIN

**Antoine Chaix,
directeur de la division
Marché court terme
chez UFB Locabail**

« Diplômé en 1981, j'ai travaillé pendant un an dans une PME en tant qu'adjoint au directeur, une expérience qui m'a permis de découvrir tous les rouages d'une entreprise. Après une courte période dans l'agro-alimentaire en tant que responsable grands comptes, je suis entré en 1983 chez UFB Locabail.

J'ai exercé dans un premier temps les fonctions d'analyste financier pour la division Travaux publics, puis en 1986 celui d'analyste financier à la direction des opérations spéciales qui dépend de la direction des engagements. Ensuite j'ai été chargé du contrôle des risques pour une filiale allemande, en 1991. Je suis devenu responsable risque pour l'engagement des affacturages. Je suis actuellement directeur de la division Marché court terme et responsable des engagements financiers sur ce marché. »

directeur doit donc répondre aux demandes de ceux-ci, mais aussi proposer des produits financiers nouveaux.

Le directeur des engagements dans l'entreprise

L'importance de la fonction varie en fonction de la taille mais aussi de la spécificité de l'organisme bancaire où elle s'exerce (banque de réseau, banque d'affaires, banque de crédit...). Le nombre de personnes qui y travaillent varie de 10 à 150. Dans les très grosses structures, la direction des engagements est découpée par activités (immobilier, industriel, crédit-bail, opérations boursières...) constituant autant de directions spécifiques qui lui sont rattachées. Le directeur des engagements est, lui, rattaché à la direction opérationnelle de la banque. Ses interlocuteurs sont principalement des clients qui souhaitent le portage d'opérations immobilières, industrielles ou boursières, à qui la banque propose son aide. Il a également contact avec une clientèle à qui la banque a proposé ses produits, la majeure partie des dossiers émanant d'entreprises. En interne, il existe une relation étroite entre les directions spécifiques qui permet la circulation et l'échange de l'information. La nécessité de disposer d'informations de qualité exige aussi de très fréquentes relations avec les services qui assurent la base logistique des opérations d'engagements (services télématiques, informatiques et électroniques). Pour parvenir à des responsabilités au sein de cette direction, il convient d'évoluer successivement à travers les différents services afin d'acquérir une vision globale des activités de la banque ; on y accède donc après une dizaine d'années d'expérience et après avoir exercé des fonctions commerciales et d'analyste financier. Une fois en poste, les possibilités d'évolution sont nombreuses. Les salaires varient avec le niveau de responsabilité et l'expérience ; ils se situent dans une fourchette allant de 250 à 500 KF par an.

Profil du directeur des engagements

En termes de formation initiale, ce type de métier s'adresse principalement à des personnes diplômées d'écoles de commerce (options finances et banque), de sciences politiques, ou à des universitaires ayant acquis une formation spécialisée dans le domaine financier. Le responsable des engagements doit être une personne généraliste dans son approche et son analyse et spécialiste des produits ou des opérations financières dont il a la charge. Une expérience en entreprise lui a permis de connaître le fonctionnement de celle-ci et son évolution progressive dans différents services le rend à même de posséder une vision globale du métier de la banque. Au cours de sa carrière, il a suivi des stages de management, de motivation d'équipe, de finances, de techniques bancaires et de micro-informatique, outil indispensable dans son métier. Il maîtrise bien évidemment l'anglais et très souvent une autre langue, ce qui lui ouvre des perspectives de carrière importantes dans le domaine international. Il est avant tout un homme de dossier possédant une qualité d'écoute, de lecture et d'analyse qui lui permet le moment venu de faire le bon choix. Il doit savoir rédiger, expliquer, convaincre de la justesse des options proposées, être capable de résumer, de synthétiser avec pertinence et rigueur. Dans ce métier, la décision dépend toujours de la qualité des informations qu'il est à même de recueillir. La lecture de la presse économique spécialisée est donc indispensable pour évaluer le contexte dans lequel ses actions vont s'inscrire. Il doit toujours savoir plus, plus rapidement et plus sûrement sur son environnement que tout autre ; en un mot, c'est un professionnel attentif qui est à l'écoute de son milieu et des attentes de ses clients.

Les grandes écoles et leurs formations spécialisées

Ce métier demande du professionnel une très haute spécialisation en finance et en finance internationale. Il convient donc d'indiquer ici les spécialisations de haut niveau comme le mastère « Finance internationale » d'HEC, ou celui d'« Ingénierie financière » abrité soit par ESC Lyon, soit celui de « Finance : back office » du CERAM.

LES MOTS-CLÉS DU DIRECTEUR DES ENGAGEMENTS

Décision : elle est toujours le résultat d'une étude approfondie.

Risque : rarement là où on le voit, là où on ne l'attend pas.

Crédit : soit un prêt financier, soit la confiance que l'on mérite.

Crédit bail : mode de financement le plus répandu en France.

Dossier : souvent urgent, rarement complet, à étudier en profondeur.

Floor plan : financement des espaces de stockage.

Affacturage : prise en compte par un organisme de crédit des factures d'une entreprise.

EDI : échange de dossiers informatique. Les sources et la qualité des informations sont essentielles dans ce métier.

Responsable financement d'opérations internationales

Définition

Au sein d'un organisme bancaire, le métier de chargé d'affaires responsable du financement d'opérations internationales consiste à étudier et à répondre aux demandes de clients internationaux ayant des programmes d'investissement lourds (supérieurs à 100 millions de dollars). Pour traiter cette demande, il faut procéder à :
• l'étude du cahier des charges remis par le client,
• l'évaluation et de l'analyse technique du projet,
• l'évaluation des risques (politiques, financiers..),
• l'évaluation des besoins du client.

Après cette phase d'analyse, il reste à :
• mettre en place les structures juridiques et financières qui permettront de soutenir le projet,
• trouver les moyens et les partenaires (autres institutions financières) susceptibles d'être intéressés par le projet et qui pourront prendre à leur charge une partie de l'engagement.

Le chargé d'affaires passe environ 50 % de son temps en travail de recherche en vue de montage et d'analyse, 25 % en contacts avec les banques ou les clients (visites de clients à l'étranger, prospection). Le reste de son temps est consacré aux travaux de documentation et aux réunions internes.

Lundi **14** (03) Mars	Mardi **15** (03) Mars	Mercredi **16** (03) Mars	Jeudi **17** (03) Mars	Vendredi **18** (03) Mars	Samedi **19** (03) Mars
8	8	8	8	8	8
Analyse de projet 9 10	*Contact avec banque et clients* 9 10	*Recherche et analyse* 9 10	*Recherche et analyse* 9 10	*Recherche et analyse* 9 10	9 10
11	11	11	11	11	11
12	12	12	12	12	12
13	13	13	13	13	13
Travaux de documentation 14 15 16	*Recherche et analyse* 14 15 16	*Contact avec banque et client* 14 15 16	*Contact avec banque et client* 14 15 16	*Réunion interne* 14 15 16	14 15 16
17	17	17	17	17	17
18	18	18	18	18	18
19	19	19	19	19	19
20	20	20	20	20	20
21	21	21	21	21	21

TÉMOIN

Gérald Massenet, chargé d'affaires secteur Energie-Mines-Projets industriels, Département des Financements de projets et d'équipements au Crédit Lyonnais

« Je suis sorti en 1989 d'une école de commerce. Au cours de ma scolarité j'ai eu l'occasion d'effectuer un stage de quatre mois dans une banque à New York, ce qui m'a permis de perfectionner mon anglais mais aussi d'approcher le milieu bancaire. A la suite de mon diplôme, j'ai suivi un Mastère spécialisé en technique financière à l'ESSEC. En mars 1991 (dans le cadre d'un VSNE) je suis parti en Corée du Sud. Au sein du bureau du Crédit Lyonnais en Corée, je m'occupais de contrôle de gestion et de la mise en place de budgets. A mon retour en France, j'ai été embauché par le Crédit Lyonnais en tant que chargé d'affaires dans le département Financements de projets et d'équipements qui s'occupe notamment du financement de grands projets à l'étranger (construction de barrages, exploitation minière). »

• proposer un plan de financement en tenant compte des capacités du marché à absorber ce financement.

Une fois bouclé, le dossier de financement est présenté et défendu devant le comité de crédit de sa banque qui est chargé du contrôle des engagements. Si le dossier est accepté, le chargé d'affaires responsable du financement en assure la présentation devant le client et, en cas d'acceptation, est chargé de suivre l'opération. En parallèle, il procède à un travail de prospection en identifiant les clients potentiels (notamment par le biais du réseau commercial de sa banque) et en répondant aux appels d'offres.

Le chargé d'affaires dans l'entreprise

Par la complexité de son métier, le chargé d'affaires est en relations suivies avec de très nombreux interlocuteurs. Ses clients tout d'abord auprès desquels il assure le démarchage, la présentation et le suivi des opérations. Au cours de la phase d'analyse, il trouve conseil auprès des différents services de la banque qui lui apportent les compétences nécessaires (direction des études techniques, spécialistes en droit international, en géopolitique...) mais aussi auprès de sociétés de consultants internationaux (spécialistes en ingénierie, en géologie, juristes...). Il est en relation avec de nombreuses institutions bancaires avec qui il doit composer le syndicat qui soutiendra financièrement le projet. En parallèle, il est en relation avec les agences de crédits export qui garantiront les risques de ses opérations et avec les différentes agences de développement françaises et étrangères. Au sein de son service, il est sous la responsabilité d'un chef de secteur, lui-même sous la responsabilité d'un directeur de département. Métier nécessitant une grande expérience professionnelle, les évolutions de poste sont plus lentes que dans d'autres secteurs de l'activité bancaire (en moyenne tous les cinq ans) mais les responsabilités confiées vont grandissant tout comme les évolutions de salaire.

Le profil du chargé d'affaires

Les compétences très diverses nécessaires pour exercer ce métier permettent une ouverture à des profils très différents. La proportion est d'environ 50% écoles d'ingénieurs (Mines, Ponts...) et 50 % écoles de commerce. Quelle que soit l'origine, il n'est pas rare pour ces personnes d'avoir suivi une formation complémentaire spécialisée du type MBA, INSEAD ou Mastère spécialisé en finance internationale. En raison de ses nombreux contacts à l'étranger, le métier nécessite de parler couramment l'anglais et si possible une deuxième langue (le plus souvent l'espagnol). Il faut de même maîtriser les logiciels micro-informatiques ainsi que différent tableurs indispensables au travail préparatoire d'analyse. Parmi les autres qualités indispensables à l'exercice de cette profession : avoir le sens du contact, être doté d'imagination ainsi que d'une grande capacité d'analyse et de synthèse. Il faut, bien entendu, savoir communiquer clairement et de façon séduisante pour défendre son projet. Il faut être capable de travailler dans une équipe internationale où, dans les grandes banques, de nombreuses nationalités sont représentées.

Ne pas oublier non plus que la connaissance des différences culturelles se révèle un atout indéniable, même lorsqu'il s'agit de financement. En effet derrière toute décision, fût-elle financière, il y a des manières d'être et d'appréhender les réalités très différentes.

Enfin, il faut savoir que ce métier hyperspécialisé réclame un haut degré de professionnalisme et une grande expérience.

Les grandes écoles et leurs formations spécialisées

Comme le responsable des engagements, le chargé d'affaires responsable des financements d'opérations internationales est davantage un financier qu'un gestionnaire. Il aura préféré dans sa formation initiale les modules, filières, ou majeures de finance, voire de finance internationale. Les responsabilités et les dossiers internationaux se multipliant, on pourra exiger à ce poste un professionnel aguerri ayant suivi un mastère spécialisé (HEC « Finance internationale », par exemple).

LES MOTS-CLÉS DU RESPONSABLE DE FINANCEMENT D'OPÉRATIONS INTERNATIONALES

Arrangeur : institution financière qui organise et répartit sur d'autres institutions une opération financière.

Underwriter : institution financière qui prend un risque dans une opération financière dont le montant sera réparti.

Opération sans recours ou à recours limité : recours sur le projet, pas sur l'actionnariat.

Test d'achèvement : test mené pour s'assurer que le projet a été réalisé conformément au cahier des charges.

LIBOR : taux d'intérêt référence pratiqué sur le marché de Londres.

Agence de crédit export : entité étatique chargée de promouvoir le commerce extérieur.

Couverture du risque politique : ensemble des techniques qui permettent d'éliminer un risque souverain.

Sponsor de projet : le promoteur du projet (le client).

Syndicat : ensemble des participants et des prêteurs d'un projet.

Sell down : cession d'une portion de crédit à une autre institution financière après le bouclage de la transaction.

Votre partenaire concours...

**Espace Etudes éditions
a publié en 1994 :**

☐ **Les annales des banques
HEC et ESLSCA/ISC 94/95**
Tous les sujets corrigés
(HEC/ESSEC/ESCP/ESCL/
EDHEC/IENA/ISC/ESLSCA)
400 pages
120 Francs (+ 15 F de frais de port)

Terminales ☐ **Les annales S.E.S.A.M.E 94/95**
Sujets, corrigés, rapport des
correcteurs, méthodologie.
200 pages
39 Francs (+ 15 F de frais de port)

☐ **Les annales VISA 94/95**
Sujets, corrigés, rapport des
correcteurs, méthodologie.
200 pages
39 Francs (+ 15 F de frais de port)

ANNALES

BON DE COMMANDE

Coupon à renvoyer (avec chèque de règlement) à Espace Etudes
28, rue de La Trémoille – 75008 Paris – Tél. : 42 93 21 46

Nom : ....

Adresse : ....

....

Code Postal ; .... Ville : ....

Je commande :

☐ HEC et ESLSCA/ISC (120 F + 15 F de frais de port)
☐ VISA (39 F + 15 F de frais de port)
☐ SESAME (39 F + 15 F de frais de port)

Courtier en assurances

Définition

Le courtier en assurances, également appelé assureur conseil, établit avec ses clients un diagnostic de leurs risques et leur vend des contrats adaptés. Il conseille et suit sa clientèle, modifie au besoin les garanties et assure le service « après-vente » jusqu'au versement des indemnités en cas de sinistre.

Comme l'agent général, le courtier joue le rôle d'intermédiaire entre ses clients et les compagnies d'assurances. Mais à l'inverse de l'agent général, il est mandaté par ses clients ; il les représente et négocie pour leur compte les meilleurs contrats auprès des compagnies d'assurances de son choix. Le courtier n'a pas de lien de droit avec ces dernières.

La profession présente de multiples possibilités. Un courtier peut choisir de travailler seul ; dans ce cas, il est propriétaire de son portefeuille, son statut est celui d'un commerçant et il doit donc être immatriculé au registre du commerce. Toutefois, cette situation s'avère plutôt rare : le courtage en assurances s'exerce le plus souvent dans un cabinet de courtage ; le terme de courtier désigne alors non plus un individu mais le cabinet lui-même.

Les cabinets de courtage emploient de une à plusieurs centaines de personnes,

Dans un cabinet de courtage, certains postes relatifs à l'administration ou la gestion sont sédentaires. Dans la fonction commerciale, déplacements et visites occupent 50 à 75 % de l'activité d'un courtier. Un courtier de proximité peut quant à lui être en quasi-permanence sur le terrain.

h	Lundi 14 (03) Mars	Mardi 15 (03) Mars	Mercredi 16 (03) Mars	Jeudi 17 (03) Mars	Vendredi 18 (03) Mars	Samedi 19 (03) Mars
8						
9	*Visite de*		*Troyes*	*Réunion avec*	*Expertise*	
10	*l'entreprise D.*	*Vérification*	*Visite au nouveau PDG*	*l'équipe de gestionnaires*	*sinistre*	
11	*à Cergy-Pontoise*	*de risque à l'entreprise X*	*des bonneteries*	*Démarchage*	*Bourg-la-Reine incendie*	
12				*clients*		
13					*Déjeuner avec*	
14					*M. G. des AGF*	
15		*RDV bureau*	*Visite de*	*RDV entreprise D.*		
16		*pour assurances*	*courtoisie. entreprise de*	*à Paris 18*	*RDV*	
17	*UAP. RDV*	*personnelles*	*chauffage*	*RDV Société Y.*	*entreprise C.*	
18		*M. R.*		*à Paris 9*	*à Gennevilliers*	
19	*Comité de direction*					
20						
21						

François Le Cornec, PDG de la SGAP Expansion (Société Générale d'Assurances et de Prévoyance)

« J'ai débuté dans cette affaire familiale en 1960 en tant qu'inspecteur. Nous étions alors une quinzaine. Aujourd'hui nous sommes 200, leaders sur le marché des assurances crédit-bail immobilier et de l'assurance des professions libérales. Ici, les décideurs sont des commerciaux. L'esprit commercial est, je pense, une condition indispensable de réussite et ceci reste valable à tous les échelons du cabinet. Il faut également être disponible, compétent, proche du client. Quant au devenir de la profession, il passera soit par une grande spécialisation, par exemple dans le courtage international, soit par un courtage de proximité. Les postes intermédiaires ont à mon avis peu d'avenir. Je conseille donc au débutant d'échafauder une stratégie précise avant de se lancer dans cette branche. »

qui occupent des fonctions très variées. Dans un petit cabinet, les salariés doivent répondre aux besoins les plus divers de leurs clients. A l'inverse, au sein de cabinets importants, les employés sont souvent spécialisés dans des branches spécifiques de l'assurance, afin de faire face à des demandes beaucoup plus précises.

Le courtier dans l'entreprise

Le courtier ayant créé son affaire est son propre patron. Il dirige le plus souvent une petite équipe de collaborateurs et est en contact immédiat avec sa clientèle, composée de particuliers ou d'entreprises. Dans un cabinet de courtage, la plupart des salariés sont eux aussi en relation avec les clients, à l'instar du chargé de clientèle. Celui-ci entretient également des contacts étroits avec les compagnies d'assurances, et notamment avec les souscripteurs, patrons de division ou directeurs commerciaux. Le chargé de clientèle dirige une équipe composée de technico-commerciaux et de gestionnaires qui suivent contrats et sinistres au jour le jour. Ses supérieurs directs appartiennent à la direction générale du cabinet ; mais si le chargé de clientèle gère de très gros contrats, il peut lui-même faire partie de la direction. Cette fonction représentant un poste-clé au sein du cabinet de courtage, elle est particulièrement convoitée par les jeunes diplômés.

Ceux-ci ne peuvent toutefois pas accéder directement à ce poste à l'embauche. Ils débutent souvent en tant que technico-commerciaux et sont intégrés à une équipe ; progressivement, ils sont amenés à démarcher eux-mêmes les clients. Leur évolution professionnelle se concrétise par la nature des affaires qui leur sont confiées : ils auront d'abord en charge des PME puis devront gérer les contrats d'importantes sociétés. Ils peuvent ainsi évoluer en intégrant un cabinet de courtage plus modeste mais dans lequel ils seront chargés de dossiers plus « stratégiques ».

Il est possible de créer son propre cabinet de courtage par le rachat d'un cabinet existant, par exemple. Une telle installation nécessite un apport financier minimal. Ces courtiers « indépendants » sont rémunérés à la commission ; leur revenu dépend donc de leur activité. Dans les cabinets de courtage, les systèmes de rémunération varient ; certains comprennent un salaire fixe complété par des primes qui peuvent représenter un quart du salaire. Un commercial débutant gagnera entre 200 et 600 KF par an, un chargé de clientèle embauché dans un cabinet important peut prétendre à environ 400 KF par an, voire davantage.

Le profil du courtier

Les formations délivrées par les écoles de commerce ou d'ingénieurs restent très appréciées dans le courtage car elles favorisent une ouverture d'esprit nécessaire à la profession. Le futur courtier doit compléter sa vocation de conseil par des connaissances en fiscalité, en prévention des risques et surtout en droit ; généralement, une grande polyvalence est requise.

Pour devenir courtier, il faut posséder une carte professionnelle, obligatoire pour la présentation d'opérations d'assurances. Cette carte est délivrée à l'issue d'une formation complémentaire prévue par la réglementation. Le programme, d'une durée minimum de 150 heures, porte sur l'assurance IARD, l'assurance vie et la capitalisation. Ce stage s'effectue le plus souvent auprès d'un courtier ou d'une société d'assurances. Le cabinet de courtage délivre par ailleurs fréquemment une formation pratique au nouveau venu. Les compétences exigées dans un cabinet de courtage varient selon les besoins des clients et le type de contrats gérés : l'anglais est ainsi incontournable sur les marchés internationaux ; la spécialisation dans un domaine très pointu, tel le risque industriel, peut être demandée. En revanche, gérer les contrats de petites entreprises implique des compétences polyvalentes. Dans les deux cas, il faut se tenir informé de toutes les évolutions de réglementation ou modifications fiscales ayant trait aux domaines couverts. Autre dénominateur commun : il faut avoir l'esprit commercial. Le courtier doit en outre posséder une qualité essentielle : le professionnalisme. Il doit en effet prendre immédiatement les mesures nécessaires pour répondre aux besoins des clients qui lui ont confié d'importantes sauvegardes d'intérêt. Si le courtier oublie d'effectuer une opération, le client n'aura plus confiance... et ira voir ailleurs. Enfin, un débutant ne doit pas oublier que le courtage est un métier où relations et contacts sont primordiaux.

LES MOTS-CLÉS DU COURTIER EN ASSURANCES

Intermédiaires d'assurances : courtiers, agents généraux, mandataires et salariés d'entreprises d'assurances.

Note de couverture : atteste des garanties réciproques de l'assureur et du client.

Prime : synonyme de cotisation ; prix annuel de l'assurance.

Sinistre : réalisation du risque.

Vérification du risque : visite technique du risque avec l'assureur.

Prise de garantie : exécution d'un ordre du client auprès de la compagnie d'assurances.

Valeur vénale : valeur de remplacement du bien ou matériel par un bien identique.

Tierce : désigne les garanties de dommages lorsqu'il existe un tiers identifié.

Dommages aux tiers : dans l'automobile, dommages causés à d'autres personnes.

Note de visite : compte rendu de la visite au client qui sera transmis au service gestion.

Agent général d'assurances

Définition

L'agent général d'assurances, également appelé AGA, est un acteur important de la distribution de l'assurance. Il représente généralement une seule compagnie d'assurances dont il est le mandataire dans une zone géographique définie. Cette compagnie lui apporte un appui technique et lui fournit parfois une aide financière afin de démarrer son activité. Les liens qui le rattachent à sa compagnie sont régis par un mandat appelé « traité de nomination ».

L'agent général est tout d'abord un vendeur puisqu'il diffuse les produits et les services d'une société d'assurances. C'est également un technicien qui apporte assistance et conseil à ses clients. Il établit avec eux un bilan de leurs risques, leur propose des produits adaptés à leur situation et leurs demandes, gère leurs contrats. En cas de sinistre, il instruit leur dossier et assure le service « après vente » jusqu'au versement des indemnités. L'agent général doit aussi se charger du suivi de ses clients : il examine ponctuellement avec eux l'évolution de leur situation et modifie en conséquence les garanties. Travailleur indépendant, l'agent général est enfin un gestionnaire : il doit administrer et gérer sa propre affaire d'une façon autonome.

L'agent général travaille parfois jusqu'à 14 h par jour. Son emploi du temps s'organise souvent au jour le jour et varie considérablement selon la taille de son agence. Les déplacements sont fréquents, surtout lorsqu'il travaille en milieu rural.

La semaine de l'agent général d'assurances

Lundi 14 (03) Mars	Mardi 15 (03) Mars	Mercredi 16 (03) Mars	Jeudi 17 (03) Mars	Vendredi 18 (03) Mars	Samedi 19 (03) Mars
8	8	8	8	8	8
Réunion avec 9	RDV 9	9	RDV 9	9	9
délégation 10	client 10	RDV avec 10	client 10	RDV 10	10
de Lyon 11	11	l'inspecteur 11	11	client 11	11
12	12	12	12	Déjeuner 12	12
13	13	13	13	professionnel 13	13
Visite 14	14	14	RDV avec 14	14	14
client L. 15	15	15	l'expert- 15	Règlement 15	15
16	Travail au 16	Travail au 16	comptable 16	sinistres 16	16
Visite 17	cabinet 17	cabinet 17	17	17	17
client H. 18	18	18	18	18	18
19	19	19	19	19	19
20	20	20	20	20	20
21	21	21	21	21	21

Alain Germann, agent général mandataire d'AXA à Fontainebleau

« J'ai débuté ma carrière dans l'assurance, en tant qu'inspecteur. Après deux ans, j'ai décidé de changer de secteur et j'ai intégré le service marketing puis le service commercial d'Air Liquide. Par la suite, j'ai occupé tour à tour le poste de chef des ventes en reprographie, de directeur export, directeur des ventes, directeur commercial... Je suis agent général depuis dix ans et je dirige aujourd'hui une équipe de trois personnes. Ce ne fut pas une démarche affective mais rationnelle, car j'estime que ce métier est davantage un métier de reconversion. Je ne le conseillerais donc pas à un jeune diplômé ; toutefois, certaines personnes peuvent avoir une démarche volontaire et se révéler dans ce travail... Mais attention ! Il faut avoir déjà eu des rémunérations variables... et avoir accepté ces hauts et ces bas. »

Selon l'importance de l'agence qu'il dirige, il aura ou non des employés sous ses ordres. Dans une petite agence, il travaille souvent seul (parfois avec son épouse). Il doit alors se charger de toutes les tâches inhérentes à son agence : recevoir les clients, prospecter, gérer les sinistres, la comptabilité et les nouveaux contrats... Dans une grande agence, il est le principal animateur et pilote une équipe de collaborateurs qu'il a souvent lui-même recrutée puis formée. Il peut ne s'occuper que de la gestion ou bien choisir de se spécialiser dans certains risques particuliers.

L'agent général dans l'entreprise

L'agent général est son propre patron. Ses clients représentent bien sûr ses premiers interlocuteurs ; ce sont des particuliers mais aussi des commerçants ou des entreprises, avec qui il a chaque jour des rapports directs. Au sein de la compagnie d'assurances dont il est le mandataire, son interlocuteur privilégié est l'inspecteur du cadre. De plus, les grandes sociétés d'assurances créent désormais fréquemment des délégations régionales avec qui l'agent entretient d'étroites relations.

Cette fonction n'est a priori pas ou peu destinée à un jeune diplômé. Celui-ci peut en revanche intégrer l'équipe d'une agence, par exemple en tant que commercial, et s'associer par la suite à l'agent général. Globalement, deux voies mènent au poste d'agent général : un candidat postule pour la reprise d'un portefeuille, ce qui sous-entend qu'il dispose d'un capital initial. Par ailleurs, son expérience et sa formation doivent lui permettre d'être rapidement opérationnel ; certains candidats viennent du milieu bancaire, d'autres ont déjà travaillé dans l'assurance, en tant qu'inspecteurs ou salariés de compagnie par exemple. La seconde voie d'accès est plus rare : une compagnie d'assurances décide de la création d'une agence. L'agent général peut alors bénéficier d'une aide financière et technique de cette société.

Quant à l'évolution de carrière d'un agent général, elle peut se traduire par la reprise d'un portefeuille plus important ou par le développement de son agence.

C'est une profession non salariée : l'agent général étant payé à la commission, son revenu dépend de son activité mais aussi du nombre de ses employés ainsi que de ses frais généraux. Son commissionnement moyen s'élève selon les statistiques à 730 KF annuels. Mais sur le terrain, on constate de grandes disparités : la fourchette évolue entre 100 et 1000 KF annuels, voire davantage.

N'oublions pas qu'il faut déduire de ces commissions les frais généraux, qui s'établissent en moyenne à 64 %.

Le profil de l'agent général

Un brevet professionnel, un BTS d'assurance ou un diplôme des instituts des assurances représentent de bonnes bases pour cette profession. Une formation supérieure dans les domaines juridiques (comme un DUT carrières juridiques, option assurance) ou économiques (école de commerce) peut être exigée ; elle permet de toute manière de mieux aborder certaines facettes du métier. De plus, on demande souvent au candidat de posséder une expérience commerciale réussie, par exemple dans la vente en PME ou PMI. En un mot, il faut être multidisciplinaire.

Quels que soient ses diplômes, le futur agent général doit suivre un stage de formation complémentaire ; prévu par la réglementation, il est indispensable pour la reprise d'un portefeuille. Il est dispensé par les compagnies d'assurances. Sa durée varie selon les sociétés et la formation initiale du stagiaire ; en théorie, elle est de 150 heures au minimum, mais atteint en pratique près de 600 heures. A l'issue de cette formation, la compagnie délivre une carte professionnelle.

A chaque étape de sa carrière, on demande à l'agent général de faire preuve de motivation. Il doit aussi avoir de bonnes capacités de gestion et d'organisation. Sa fonction ne nécessite pas de grandes connaissances en informatique mais il doit pouvoir s'y adapter. Son rôle relationnel demeure important sur le plan local. Il devra savoir fidéliser sa clientèle et donc prendre le temps d'informer : c'est un homme disponible. Il a le sens de la négociation et un tempérament de vendeur ; avant tout, il aime l'autonomie, l'indépendance et les responsabilités.

Les grandes écoles et leurs formations spécialisées

De nombreuses écoles de commerce ont fait appel dans leurs cursus de 3e année à des compagnies d'assurances pour des spécialisations autour des nouveaux produits que proposent les assureurs aujourd'hui. C'est le cas, par exemple, de l'ESC Nantes Atlantique ou de l'ESC La Rochelle (avec AGF et MAAF), ou encore, à un autre niveau, de la Sup'TG Reims.

LES MOTS-CLÉS DE L'AGENT GÉNÉRAL

Portefeuille : représente toute la clientèle et les contrats de l'agence.

Commissionnement : chiffre d'affaires de l'agent général.

Réseau : mode de distribution de l'assurance entre le siège et ses intermédiaires.

Production : distribution et ventes de contrats d'assurances.

Mandat : lien juridique qui rattache l'agent général à sa compagnie.

Période probatoire : permet de vérifier les qualités d'un jeune agent général.

Viabilité d'une agence : seuil à partir duquel une agence peut s'autofinancer et se développer.

Bon de capitalisation : contrat d'épargne souscrit individuellement.

Réassurance : activité par laquelle un réassureur couvre tout ou partie des risques souscrits par un autre assureur.

Chiffre d'affaires : total des encaissements de cotisations, dont celles acceptées en réassurance.

Inspecteur du cadre

Définition

L'inspecteur du cadre en assurance pilote une équipe de conseillers commerciaux, de chargés de mission IARD, ou d'agents, qui tous doivent promouvoir les produits de la compagnie d'assurances sur le terrain. La fonction de l'inspecteur du cadre répond à trois objectifs : recruter, animer et contrôler la production et son équipe de producteurs. L'inspecteur du cadre recrute et forme ses collaborateurs qui seront des conseillers en assurance, ou des agents généraux. Une fois la candidature avalisée par l'inspecteur général, s'enclenche la deuxième phase : l'inspecteur du cadre forme sa nouvelle recrue.

L'inspecteur a aussi pour mission de manager son équipe sur une circonscription donnée. L'animation consiste notamment à encourager ses vendeurs, à les dynamiser pour développer leur production, à les assister lorsqu'un problème survient, leur prodiguer une assistance technique et commerciale en les accompagnant chez le client lors d'études « pointues ».

Le contrôle implique la supervision de l'ensemble de la gestion des agents : suivre les résultats obtenus, évaluer la réussite de chacun, vérifier leur bonne gestion administrative et comptable, et, le cas échéant, remédier aux problèmes.

L'inspecteur du cadre partage son temps entre la gestion (40 %) et le commercial (60 %) : le commercial avec des rendez-vous de direction, des réunions avec les collaborateurs, des déjeuners de travail, des journées de formation ; la gestion avec le recrutement, l'analyse des ratios, la vérification des comptes.

La semaine de l'inspecteur du cadre

Heure	Lundi 14 (03) Mars	Mardi 15 (03) Mars	Mercredi 16 (03) Mars	Jeudi 17 (03) Mars	Vendredi 18 (03) Mars	Samedi 19 (03) Mars
8						
9			*Audition d'un*	*RDV*		
10			*candidat*	*Directeur*		*Golf*
11				*du réseau*	*Gestion*	
12		*Réunion*	*Déjeuner*			
13		*d'inspecteurs*	*inspecteurs*			
14	*Gestion*	*du cadre*				
15			*Gestion*	*Réunion*	*RDV*	
16				*marketing*	*Inspecteurs*	
17					*sur IARD*	
18						
19						
20						
21						

Michel Frémondière, inspecteur général du cadre à l'UAP, 55 ans

« Gamin, je voulais tout faire sauf le métier de mon père, inspecteur d'assurances ! Étudiant, il m'a confié le retard d'encaissement d'un de ses agents, en quinze jours j'avais rattrapé ce retard, gagné mes vacances et rencontré des gens passionnants. Je suis devenu agent mandataire le temps de mes études. Ma fiancée a géré mon petit portefeuille pendant que j'étais à l'armée. Ensuite j'ai été conseiller commercial pendant sept ans, puis inspecteur jusqu'en 1983 où je suis devenu inspecteur général. Dans ce métier on peut se construire soi-même, de la rémunération à l'organisation du travail, comme un chef d'entreprise, l'investissement financier en moins. Je conseillerais aux étudiants de gérer un petit portefeuille comme mandataire, ce qui donne une dimension de l'entreprise ; et comme il n'y a pas de lien salarial avec la compagnie, donc d'objectifs à remplir, cela laisse le temps d'envisager le poste. Si j'avais débuté en tant que salarié, je ne suis pas certain que j'aurais réussi. »

L'inspecteur du cadre doit notamment s'assurer que l'argent des clients a bien été encaissé aux dates prévues.

Pour mener à bien cette tâche de contrôle et de gestion, l'inspecteur dispose d'un panel de ratios qui lui permet de suivre et d'analyser le résultat global de l'équipe qu'il encadre. A partir de ce bilan, il devra construire une stratégie conforme à la politique de la compagnie, stratégie qu'il dictera ensuite à ses collaborateurs.

Les missions des inspecteurs peuvent varier selon les compagnies d'assurances. Dans certaines, l'inspecteur devra par exemple faire des contrats, dans d'autres il n'en aura pas la charge, sauf pour aider un de ses collaborateurs ; dans ce cas il ne sera pas commissionné.

L'inspecteur du cadre dans l'entreprise

Généralement, l'inspecteur du cadre dirige une équipe de 30 à 50 personnes. Ses interlocuteurs principaux sont ses agents ou conseillers commerciaux et son inspecteur général. L'inspecteur général encadre près de 200 personnes, dont les inspecteurs du cadre, de sa circonscription. Il est lui-même rattaché au directeur de son réseau et au directeur des réseaux. L'inspecteur général du cadre a les mêmes attributions que l'inspecteur du cadre, sauf que son équipe n'est pas composée d'agents mais d'inspecteurs. Par ailleurs, il ne recrute que rarement directement mais vérifie que les recrutements de ses inspecteurs sont conformes aux attentes.

Dans l'assurance, la promotion interne est souvent de règle, seule la rapidité du parcours peut varier. De même, la séparation entre l'administratif et le commercial étant très marquée, rares sont les employés administratifs qui parviennent à intégrer la branche commerciale. C'est pourquoi le choix initial de la branche est très important pour la suite de la carrière. Un jeune diplômé peut débuter en tant qu'agent mandataire et être repéré par son inspecteur qui lui proposera de devenir conseiller puis inspecteur du cadre à son tour. Ensuite, la promotion logique consiste à devenir inspecteur général. Au-delà, l'évolution vers le poste de directeur d'un réseau peut s'avérer délicate tant ce poste recouvre les caractéristiques d'un travail plus administratif que commercial.

Un inspecteur du cadre a une rémunération proche de 650 KF par an, celle de l'inspecteur général oscille entre 1 000 et 1 300 KF par an, voire plus.

Le profil de l'inspecteur du cadre

Une formation commerciale (minimum Bac + 2) est un avantage majeur pour exercer ce métier car elle offre une culture générale importante et donne des bases de gestion et de logique commerciale. Pour être efficace il faut maîtriser les données économiques et financières. Quels que soient les diplômes initiaux, une formation complémentaire de deux ans est indispensable pour devenir inspecteur du cadre ; elle s'effectue auprès de la compagnie d'assurances ou dans un Institut des assurances avant d'intégrer une compagnie.

A qui s'interroge sur les moyens à employer pour réussir dans cette profession, il est une lapalissade bonne à rappeler : il faut avoir l'esprit vendeur et aimer le commercial. Ces aptitudes sont nécessaires tant au poste d'inspecteur du cadre qu'à chaque étape menant à cette fonction. Les métiers de la vente et de l'encadrement de commerciaux sont difficiles car ils demandent de concilier des qualités de persévérance, d'organisation, de persuasion et de négociation. Il faut être travailleur et autonome tout en suivant une stratégie d'entreprise, même si celle-ci donne assez de liberté à l'inspecteur qui établit son propre plan d'action en fonction de son équipe. N'oublions pas que la rémunération peut évoluer avec les résultats.

Enfin il faut faire preuve d'esprit d'initiative, notamment pour organiser ses formations ou mettre en place des concours internes pour motiver ses vendeurs.

Pour manager une équipe, une aisance dans les contacts humains s'impose tant vis-à-vis des clients que des collaborateurs proches qu'il faudra sans cesse motiver, aider quand leur moral faiblira... De plus, mieux vaut avoir des nerfs solides pour résister aux coups durs propres aux métiers de la vente !

Les grandes écoles et leurs formations spécialisées

La tendance dans l'assurance est à une sophistication des produits ; c'est pour cela que les ESC, de plus en plus, ouvrent des cours de spécialisation. L'ESC Nantes Atlantique a passé un accord avec les Mutuelles du Mans pour sa filière « Finance/Banque/Assurance ». L'ESSEC possède une spécialisation de « Management en assurance-finance » qui pourrait convenir à un inspecteur qui voudrait évoluer dans son groupe.

LES MOTS-CLÉS DE L'INSPECTEUR DU CADRE

Assurance de personne : quand le préjudice provient d'une atteinte à la personne de l'assuré.

Assurance de dommages : quand le préjudice provient d'une atteinte aux biens de l'assuré.

Risk-management : assurance contractée par l'entreprise.

Assurance : transfert de risque.

Production : réalisation de contrats et opérations administratives liées, comme l'établissement de pièces et documents qui constituent matériellement le contrat.

IARD : Contrat Incendie-Accidents-Risques divers.

Rachat de contrat : contrat stoppé avant l'échéance et racheté par le client à la compagnie.

Portefeuille : ensemble des contrats et clients détenus par un agent.

Encaissement : contrat payé aux dates prévues.

Responsable gestion de carrières

Définition

La gestion de carrières est une fonction stratégique, apparue dans les années 1990, pour anticiper sur les évolutions technologiques et adapter à l'avance, en quantité et en qualité, le niveau des salariés aux contraintes futures des marchés. Leitmotiv du responsable gestion de carrières : prévoir pour mieux gérer.

Stratège, il recense les postes à pourvoir, recherche les filières professionnelles de carrières. Car tous les métiers évoluent. Cela l'amène à revoir les profils qu'il recrute, à décomposer les aptitudes à avoir, les compétences à couvrir. Le responsable gestion de carrières résume le tout en cartes des métiers actuels et futurs, en organigrammes à cinq ans, en nomenclatures de postes. Il s'intéresse d'abord aux fonctions de responsabilité et donc l'attention se porte en priorité sur les cadres.

Mais le responsable gestion des carrières ne se contente pas seulement de repérer les mutations futures ou le niveau de compétence des salariés. Il est acteur du développement des hommes. A lui de satisfaire leurs aspirations tout en répondant aux besoins de l'entreprise. Il encourage pour cela la mobilité fonctionnelle et géographique. Il accompagne les salariés dans leurs formations com-

Le responsable gestion de carrières passe 60 % de son temps en entretiens, réunions ou téléphones, 30 % en analyses, études, création de documents, et 10 % en veille (lectures, conférences, rencontres entre professionnels...).

La semaine du res. gestion de carrières

Lundi **14** (03) Mars		Mardi **15** (03) Mars		Mercredi **16** (03) Mars		Jeudi **17** (03) Mars		Vendredi **18** (03) Mars		Samedi **19** (03) Mars	
	8		8		8		8		8		8
Courrier	9	*Apprentissage*	9	*Réalisation*	9	*Etude*	9	*Planning*	9		9
Prise de		*d'outils*		*cahier*		*des métiers*		*RDV avec*			
RDV, envoi	10	*indicateurs de*	10	*des charges*	10	*futurs*	10	*consultants,*	10		10
convocation...	11	*personnalité*	11	*Minitel*	11	*Suivi des*	11	*candidats...*	11		11
Entretien	12		12	*Déjeuner avec*	12	*missions*	12		12		12
candidat				*resp. e^{int}*		*recrutement*					
	13		13		13	*avec les*	13		13		13
Déjeuner				*Réalisation*		*consultants*					
avec homo-	14	*Comité*	14	*questionnaire*	14		14	*Entretien*	14		14
logues d'autres		*développement*		*sur métier*		*Formation*		*candidats*			
entreprises, par-	15	*avec DRH*	15	*« responsable*	15	*des chefs de*	15		15		15
tage d'expé-	16	*et superviseurs*	16	*de magasin »*	16	*région aux*	16		16		16
rience						*outils d'analyse*					
	17		17	*Courrier*	17	*de personnalité*	17		17		17
Appel tél. de				*explication aux*							
tous les	18		18	*chefs de région,*	18	*Entretien*	18		18		18
superviseurs, sur	19		19	*relais pour*	19	*candidat*	19		19		19
leurs projets,				*cette enquête*							
besoins...	20		20		20		20		20		20
Réflexion plan	21		21		21		21		21		21

Evelyne Revellat, responsable développement du personnel du groupe ETAM

« Je suis entrée dans les ressources humaines un peu par hasard. Un bac +2 en poche, je rejoins, en 1983, Hewlett Packard et son service recrutement. Puis je deviens chargée des relations avec les Grandes Ecoles. Pendant ces six ans d'activité professionnelle, je reçois de nombreuses formations en RH. Cela m'incite à aller plus loin. J'intègre une Sup de Co en admission parallèle, à temps plein pendant deux ans.

Retour chez HP. Je deviens ingénieur marketing pendant un an. Mais... les RH me manquent.

J'entre en 1992 chez Etam pour créer la fonction de développement du personnel. Je ne chôme pas, entre la création d'un service minitel, les audits ou les comités de développement, la recherche de consensus autour des embauches ou la gestion de 200 KF de budget par an... Les ressources humaines me passionnent. Ce qui me plairait, dans l'avenir, c'est de partager mon temps entre plusieurs entreprises. »

plémentaires, négocie leur mutation... Il s'engage à leur côté pour les orienter et les conseiller. C'est un métier de conseil humain qui exige de bien connaître les individus.

La frontière entre gestion de carrières, recrutement, formation est mince. Certains responsables de gestion de carrières peuvent recruter ou mettre en place des programmes de formation... voire même créer des outils de communication pour relier toutes les unités et leur présenter les mutations humaines en cours.

Le responsable « gestion de carrières » dans l'entreprise

Souvent bras droit du DRH, le responsable « gestion de carrières » bénéficie plutôt d'une structure légère, une assistante par exemple. Certaines extensions de sa fonction, comme le recrutement, l'amènent quelquefois à étoffer son service d'un ou plusieurs adjoints...

Guide pour les salariés, conseil pour la hiérarchie, sa position d'interface l'amène à côtoyer nombre de responsables et de salariés. Mais sa position de médiateur est claire : il accompagne les individus dans leur progression, dans le strict cadre de la politique de développement de l'entreprise.

La gestion de carrières est confiée à des hommes d'expérience : anciens adjoints au recrutement, chargés des relations avec les grandes écoles ou plutôt experts en animation d'équipes comme les responsables commerciaux, directeurs de production...

La gestion de carrières est souvent une étape vers la DRH ou toute autre direction d'unité, où la mise en œuvre des anticipations programmées prime. A moins que le consultanat séduise.

Côté salaire, tout responsable « gestion de carrières » peut espérer une rémunération comprise entre 250 à 350 KF par an.

Profil du responsable « gestion de carrières »

Les responsables gestion de carrières sont diplômés de l'enseignement supérieur (socio/psychologie, gestion...). S'ils sortent d'une ESC, ils se seront formés aux techniques de développement personnel et à la gestion des ressources humaines (DESS).

Le responsable gestion de carrières est un homme d'écoute et de conseil. Il n'a pas de solutions préétablies. Il conforte les salariés dans leurs choix. La solution vient d'eux. Et c'est à eux de faire leur propre carrière. Technicien de l'humain, le responsable gestion de carrières peut côtoyer des hommes de tous pays et s'adapte à leur culture. Il parle au moins l'anglais.

Conseil auprès de la hiérarchie, il sait négocier une mutation avec les superviseurs et les salariés. A lui de gérer la complexité des paramètres de gestion des cadres : salaires, fiscalité, avantages sociaux, internationalisation des postes offerts, détachement dans filiales éloignées, disponibilité, développement des compétences et aptitudes… Sans compter les dimensions familiales et affectives…

Le responsable « gestion de carrières » est aussi un homme de prospective, d'études et d'audit. Il édite des tableaux de bord, analyse les statistiques… Ce qui implique faculté de jugement, rationalité et esprit de synthèse.

Les grandes écoles et leurs formations spécialisées

Dans les écoles, la gestion de carrière et les ressources humaines, se regroupent parfois sous le titre de « management social ». Quelques écoles, comme l'ESCP, y consacrent un cycle de spécialisation (« Mastère spécialisé de Management social des organisations ») ou Montpellier « DESS de Gestion des ressources humaines ». Néanmoins, toutes les écoles inscrivent à leur programme de troisième année des filières ou des majeures qui aideront l'étudiant intéressé à faire carrière dans les ressources humaines.

LES MOTS-CLÉS DU RESPONSABLE GESTION DE CARRIÈRES

Bilan de compétence : mise à plat de la carrière du salarié. Élaboration d'un projet professionnel à partir d'une réflexion sur ses qualités, ses motivations, ses acquis et aptitudes professionnels. Mise en place d'un plan d'action.

Gestion prévisionnelle : simulation permettant d'évaluer le nombre d'emplois nécessaires au regard de la croissance de l'entreprise.

Référentiel d'emploi ou de compétences : ensemble de fiches descriptives traçant savoir, comportement et savoir-faire indispensables à chaque métier.

Carte d'emploi : représentation graphique des référentiels, souvent sous forme de disques colorés permettant une visualisation globale des emplois de l'entreprise.

Congé individuel de formation : droit ouvert à tous les salariés pour leur permettre de suivre pendant le temps de travail, à leur initiative, une formation à caractère professionnel, culturel ou social.

Organigramme : visualisation de l'organisation générale de la société permettant de situer les différents services ou fonctions les uns par rapport aux autres

Turn-over : rapport entre le nombre de collaborateurs partis de l'entreprise et l'effectif total du personnel.

Out-placement : bilan de carrière réalisé pour dégager des cibles de recherche d'emploi. Entraînement à la mise en œuvre efficace de prospection de nouveaux postes.

Responsable formation en entreprise

Définition

Le responsable formation est chargé de développer les compétences des collaborateurs de l'entreprise, de les adapter aux mutations technologiques en cours et de préparer les reconversions nécessaires. Il leur propose pour cela des formations conformes au développement économique et social souhaité par l'entreprise à court et moyen terme.

Le responsable formation analyse tout d'abord les besoins de formation individuels ou collectifs. Les supérieurs hiérarchiques des différents services de l'entreprise lui apportent bien des éléments nécessaires à ce diagnostic. En effet, les entretiens annuels qu'ils mènent avec leurs collaborateurs apportent une vision assez fine de ces besoins et des potentialités en présence. Le responsable formation peut être amené à recevoir lui-même ces salariés : sur leur demande, pour certains (congé individuel de formation), ou sur celle de la hiérarchie (dans le cadre de bilan de compétence, par exemple).

Le responsable formation passe 30 % de son temps en entretiens et études des besoins en formation, 30 % à construire son plan de formation et à le soumettre, 20 % à le gérer et à en contrôler l'application. Il consacre les 20 % restants à animer les formateurs et à dispenser des enseignements lui-même, puis à s'informer des nouveaux outils et moyens pédagogiques.

La semaine du responsable formation en entreprise

Lundi **14** (03) Mars	Mardi **15** (03) Mars	Mercredi **16** (03) Mars	Jeudi **17** (03) Mars	Vendredi **18** (03) Mars	Samedi **19** (03) Mars
8	8	8	8	8	8
Réunion hebdomadaire avec DRH 9-10-11	*Animation formation* 9-10-11	*Réunion avec responsable gestion de carrières* 9-10-11	*Participation démonstration de nouvelles méthodes d'apprentissage des langues* 9-10-11-12	*Audit formation micro-informatique* 9-10-11	9-10-11
Réunion avec 2 formateurs 12	12	12		*Déjeuner avec un formateur* 12	12
13	13	*Déjeuner avec organisme de formation* 13-14	13	13	13
Entretien avec salarié en congé formation 14-15-16	*Réunion avec responsable financier sur besoins en formation de son personnel* 14-15-16-17-18	15	*Rencontre responsable entreprise de l'ESCP* 14-15-16	*Participation table ronde C.C.I.* 14-15-16	14-15-16
Analyse appréciations de stage 17-18		*Entretien avec salarié retour formation longue* 16-17-18	*Travail sur budget plan de formation* 17-18	17-18	17-18
19	19	19	19	19	19
20	20	20	20	20	20
21	21	21	21	21	21

184

Corinne Dufils, responsable formation chez Compaq France

« A la sortie de mon ESC, je me suis engagée dans la vente. Je fus pendant deux ans ingénieur commercial chez CCMC, constructeur de logiciels de gestion pour expert-comptables et PME. Cette même société m'a proposé ensuite le poste de consultant formateur. Et là, j'ai compris que la formation était un domaine d'activité qui me convenait. J'aime dans ce métier la variété des interlocuteurs, la remise en question du formateur que je suis toujours avant chaque animation, le désir et la nécessité de convaincre qu'il implique...

Je suis depuis trois ans responsable formation externe chez Compaq France, fabricant de matériel informatique, rassemblant dans le monde entier dix mille salariés. Je suis plus particulièrement responsable du développement de la formation commerciale. J'espère pouvoir continuer plus tard au sein des ressources humaines. »

Il construit un plan d'actions annuel, appelé plan de formation, dans lequel il décline toutes les formations à engager : formations courtes, longues, diplômantes ou qualifiantes. Il établit le calendrier, sélectionne les centres de formation externes ou les formateurs internes. Il s'inquiète des aménagements du temps de travail quelquefois indispensables. Certaines formations, longues, peuvent en effet accaparer les salariés et paralyser l'entreprise si le responsable formation et la direction des ressources humaines ne prévoient pas, en accord avec le responsable hiérarchique, une organisation du travail différente, voire l'embauche de personnes supplémentaires.

Le responsable formation négocie avec la direction et les partenaires sociaux le contenu et le budget de ce plan de formation. Enfin, il en assure la réalisation et la gestion : il encadre les formateurs, supervise les consultants externes, dispense lui-même quelquefois certains enseignements. Il s'acquitte des obligations réglementaires en la matière.

Etape ultime de sa mission : l'analyse des résultats obtenus, du niveau de satisfaction des employés comme des responsables hiérarchiques, chose souvent difficile. Il évalue les effets de l'investissement formation et contrôle le rapport qualité/coût en pratiquant des audits. Il établit des statistiques annuelles qu'il transmet à la direction de l'entreprise.

Le responsable formation est quelquefois chargé des relations avec les écoles de formation initiale. Il s'agit pour lui de mieux connaître leurs diplômés et les formations qu'elles dispensent. Le responsable recrutement peut lui disputer cette tâche.

La frontière entre communication interne, gestion de carrière et formation est mince. Les doubles casquettes existent. Et ceci d'autant plus que l'entreprise est petite. L'Apec relève que la fonction responsable formation apparaît plutôt dans les entreprises de cinq cents personnes et plus, cette fonction pouvant, par exemple, être prise en charge par le chef du personnel dans les petites structures.

Le responsable formation dans l'entreprise

Rattaché au directeur des ressources humaines, le responsable formation encadre quelquefois lui-même une équipe de formateurs « maison ». Il les recrute, leur attribue des populations à former ou décide avec eux des méthodes à employer…

Le responsable formation est au cœur du dispositif d'évolution et de mutation de l'entreprise. Il suit pour cela attentivement les réflexions engagées par la direction des ressources humaines sur les métiers futurs, les potentialités en présence. Il participe avec elle à l'anticipation de l'évolution des ressources humaines.

Il développe des contacts extérieurs très diversifiés : organisations institutionnelles, écoles, universités, organismes d'enseignement… Il négocie avec ces derniers l'achat de formations, en déterminant les objectifs, le contenu, la durée et le coût.

Le responsable formation peut espérer gagner 180 à 410 KF par an.

Profil du responsable formation

Le responsable formation est diplômé de l'enseignement supérieur : sciences humaines, droit ou école supérieure de commerce… Il est expérimenté : il a occupé d'autres fonctions dans l'entreprise et/ou fut formateur.

Le responsable formation est un homme d'écoute, de conseil. Il est pédagogue et sait utiliser les outils et méthodes pédagogiques adéquats. Il n'a jamais de solution préétablie. Il conforte les salariés dans leurs choix, les accompagne.

Technicien de l'humain, le responsable formation côtoie des hommes de tout métier, voire de tout pays. Il s'adapte à leur culture, comprend leur langage et parle anglais couramment.

Conseil auprès de la hiérarchie, le responsable formation sait mobiliser et convaincre les supérieurs hiérarchiques de l'utilité d'une formation même si celle-ci oblige à modifier l'organisation du travail. Il concilie d'ailleurs les contraintes budgétaires avec l'évolution qualitative nécessaire aux ressources humaines.

Très organisé, ce gestionnaire est aussi un homme de prospective. Il établit des statistiques, analyse les cartes des métiers futurs de l'entreprise… Ce qui implique faculté de jugement, rationalité et esprit

LES MOTS-CLÉS DU RESPONSABLE FORMATION EN ENTREPRISE

Bilan de compétence : mise à plat de sa carrière. Élaboration d'un projet professionnel à partir des réflexions sur ses qualités, ses motivations, ses acquis et aptitudes professionnels. Mise en place d'un plan d'action.

Compétences : ensemble des connaissances, expériences, méthodes reconnus et validés dans un domaine.

Formation qualifiante : apport de connaissances et de savoir-faire supplémentaires.

Formation diplomante : apport de connaissances assortie d'un diplôme reconnu par l'Etat.

Label : certificat de qualité.

Appréciation de stage : avis des participants recueillis à chaud par le formateur sur la qualité de la formation, son intérêt, ses possibilités d'application immédiate…

Programme : détails du contenu et du déroulement de la formation.

Plan de formation : ensemble des actions engagées en matière de formation du personnel sur une année. Calendrier de ces actions, public concerné, formateurs ou organismes de formation impliqués, budget…

Chef du personnel

Définition

Le chef du personnel élabore et de met en œuvre tous les moyens quantitatifs et qualitatifs nécessaires à l'adaptation des ressources humaines aux finalités de l'entreprise. Nommé dans une unité de production ou une filiale, il se concentre sur la gestion et l'administration du personnel, laissant à la direction des ressources humaines la responsabilité de définir une politique dans le secteur qui lui incombe.

Homme de terrain, le chef du personnel est responsable de la gestion administrative du personnel. Il supervise pour cela l'exécution des travaux liés à la gestion des dossiers individuels des salariés, la paye, le suivi des effectifs, l'absentéisme et la durée du travail... Il veille également à l'application de la réglementation sociale en intégrant les règles et les procédures du droit du travail. Il peut être amené à assurer un rôle de représentation auprès des instances administratives et professionnelles locales.

Le chef du personnel assure également la conduite de la gestion des ressources humaines de l'entreprise ou de l'unité de production... Et ce, dans le cadre des

L'emploi du chef du personnel est lourd. Entre les réunions avec les hiérarchiques et les entretiens qui occupent 40 % de son temps, la gestion administrative des dossiers (30 %), la gestion des compétences (10 %), les relations syndicales et la communication (10 %), le chef du personnel ne trouve guère le temps d'effectuer des études prospectives.

La semaine du chef du personnel

Lundi **14** (03) Mars	Mardi **15** (03) Mars	Mercredi **16** (03) Mars	Jeudi **17** (03) Mars	Vendredi **18** (03) Mars	Samedi **19** (03) Mars
8	8	8	8	8	8
Point avec DRH 9	*Tri de CV* 9	9	*2 Entretiens de recrutement* 9	*Rencontre Délégués du personnel* 9	9
10	*Réunion de service* 10	10	10	10	10
Préparation réunions avec Unités H/F 11	11	*Journée* 11	11	11	11
12	12	*de* 12	*Réunions avec adjoints « paies »* 12	12	12
Réunion unités. usine H 13	13	*séminaire* 13	13	13	13
14	*Groupe de travail RH* 14	*avec* 14	14	*Entretiens avec candidats mutation interne* 14	14
Réunion unité. usine AFI 15	15	*unité 6* 15	*Réunion avec chefs d'unités* 15	15	15
16	16	16	*Préparation rencontre Délégués du personnel* 16	16	16
Entretien recrutement 17	17	17	17	17	17
18	18	18	18	*Travail sur journal interne* 18	18
19	19	19	19	19	19
20	20	20	20	20	20
21	21	21	21	21	21

Marie-Christine Sentis, chef du personnel, division basse tension, Schneider Electric SA

« A l'École, j'étais fortement attirée par la finance. Or mon premier job, de l'analyse financière dans une banque parisienne, ne me passionne pas vraiment ! Je m'essaye ensuite au contrôle de gestion : j'entre dans la grande distribution et rapidement, restructuration oblige, j'ajoute à mes fonctions la gestion du personnel. Je goûte à la fonction personnel et cela me plaît. Je décide d'effectuer un DESS de gestion du personnel.

Je suis depuis huit ans dans les ressources humaines, chez Merlin Gerin, devenu aujourd'hui Schneider Electric SA. A 38 ans, je suis chef du personnel de trois usines et deux centres de distribution de la Division basse tension Schneider Electric-Merlin Gerin et je m'occupe de 1 000 personnes. Dans quelques mois, je ferai de la gestion de cadres dans une division aujourd'hui en gestation. J'ai définitivement épousé, avec grand plaisir, la fonction ressources humaines. »

politiques émises par la DRH. A lui d'apporter, à l'activité dont il a la charge, les ressources humaines nécessaires à son fonctionnement tant sur le plan qualitatif que quantitatif. Il effectue pour cela le recrutement du personnel non-cadre et assiste les hiérarchiques dans l'embauche et la gestion de leurs collaborateurs. Il participe à la gestion des carrières (évolutions salariales, promotions, mutations, formations) et accompagne les changements d'organisation. Il assiste le responsable de l'entreprise ou de l'unité dans ses relations avec les instances représentatives du personnel.

La circulation de l'information, enfin, est pour bien des chefs du personnel une priorité. Elle leur permet d'apprécier le climat social de l'entreprise et de suggérer toute mesure susceptible de l'améliorer. Il se charge de diffuser, en accord avec la direction de la communication, des informations sur l'état des négociations ou les nouveaux systèmes d'organisation...

Le chef du personnel dans l'entreprise

Sous l'autorité directe du responsable de l'entreprise, de l'unité... ou d'un DRH, le chef du personnel peut être accompagné d'adjoints en nombre. Il délègue alors énormément la partie administrative de sa fonction et se focalise sur l'anticipation des besoins de l'entreprise en matière de compétences.

Echanges d'informations administratives, aide au recrutement, assistance à la gestion de carrières... le chef du personnel est en relation quotidienne avec l'ensemble des services. Il accompagne les hiérarchiques dans leurs décisions. A lui de leur donner envie de faire appel à ses compétences, de leur montrer la valeur ajoutée de ses interventions.

L'accès à cette fonction est souvent réservé aux hommes d'expérience. Expérience en ressources humaines et/ou management des hommes : anciens adjoints au recrutement, responsables administratifs du personnel ou chefs des ventes, responsables d'unité...

La fourchette des salaires indiquée par l'Apec est de faible amplitude : 240 à

300 KF par an. L'étendue des fonctions du chef du personnel, voire l'importance de son service expliquent l'existence de rémunérations plus fortes.

Profil du chef du personnel

Le chef du personnel est diplômé de l'enseignement supérieur (droit, psychologie, gestion). S'il sort d'une ESC, il aura privilégié les stages dans le domaine du management des hommes, opté pour des filières correspondantes, suivi une formation complémentaire type DESS de gestion des ressources humaines.

Le chef du personnel est un metteur en œuvre plus qu'un créateur, même s'il bénéfice d'une certaine marge d'innovation dans son secteur. Les politiques s'élaborent ailleurs. Il est là pour les concrétiser.

Gestionnaire d'abord, donc rigoureux dans les processus de gestion des hommes, le chef du personnel est aussi un homme d'écoute, de perception et de jugement. Il lui faut comprendre les gens, éventuellement le non-dit qui les entoure... qu'il s'agisse de candidats ou de hiérarchiques. Il est homme de dialogue. C'est un manager qui sait trancher et prendre des décisions.

Organisé, il sait faire preuve de souplesse. Par exemple, il est capable d'adapter la législation pour en faire une aide à la gestion de personnel, et non un frein ou une contrainte pour la hiérarchie.

Difficulté majeure de la fonction mais qui en fait l'intérêt : sa variété. Le chef du personnel est sur le terrain, il traite beaucoup de dossiers en même temps et il gère du très court terme et du plus long terme...

La fonction nécessite une grande disponibilité et des priorités à définir constamment.

Les grandes écoles et leurs formations spécialisées

Toutes les ESC ont maintenant une spécisalisation de troisième année en ressources humaines. Citons donc pour l'exemple celles qui s'y spécialisent de longue date : l'ESCP, Sup de Co Montpellier, l'ESC Lyon et l'ESC Nantes-Atlantique.

LES MOTS-CLÉS DU CHEF DU PERSONNEL

Grille de classification : nomenclature des catégories de poste et leur rémunération dans une profession ou une entreprise.

Comité d'hygiène et de sécurité du travail : comité consultatif obligatoire dans les entreprises industrielles de plus de 50 personnes, dans les sociétés administratives et commerciales de plus de 330 personnes. Il examine et propose des réformes sur l'hygiène les conditions de travail et la sécurité sur le lieu de travail.

Peser un poste : en évaluer le niveau de compétence et de responsabilité.

Compétences : ensemble des connaissances, expériences, méthodes reconnues et validées dans un domaine.

Aptitudes : caractéristiques intrinsèques de l'individu.

Grille indiciaire : classification des emplois, des traitements et des salaires.

Échelle des salaires : grille indiquant les salaires des employés aux différents échelons de la hiérarchie d'une société.

Directeur des ressources humaines

Définition

Particulièrement stratégique dans les sociétés à taux d'encadrement élevé et dans les sociétés de services, la fonction « directeur des ressources humaines » (DRH) apparaît plutôt dans les sociétés de mille personnes et plus.

La mission du DRH est claire : sélectionner pour l'entreprise des femmes et des hommes compétents et motivés et instaurer une politique de ressources humaines adaptée aux aspirations de tous.

Déterminant les besoins actuels et futurs en hommes, le DRH définit une politique de recrutement et la met en œuvre. Il participe au choix des candidats, essentiellement les cadres, laissant un (ou plusieurs) adjoint(s) procéder au tri des CV et conduire les entretiens. Dans certaines entreprises, le recrutement est du ressort direct des responsables d'unités, le DRH apportant conseil et logistique (publication des annonces, organisation de journées de recrutement…). Auteur et garant de la politique de rémunération de l'entreprise, il délègue la gestion administrative des dossiers (contrats, payes, cotisations sociales, congés…) à des

Le DRH passe près de 30 % de son temps en réunions, 20 % en entretiens et conseils au recrutement, 30 % en audit, étude et prospective, 10 % à coordonner son équipe, 5 % en contact avec des prestataires de services (conseil en recrutement, agence de pub pour petites annonces…), 5 % en échanges professionnels avec ses homologues.

La semaine du dir. des ressources humaines

Lundi **14** (03) Mars	Mardi **15** (03) Mars	Mercredi **16** (03) Mars	Jeudi **17** (03) Mars	Vendredi **18** (03) Mars	Samedi **19** (03) Mars
RDV avec ingénieur sur nouvelle mission (9-10-11)	*Réunion par téléphone transfert de compétences entre divisions* (9-10-11)	*Participation comité communication* (9-10-11)	*Préparation réunion de comité de direction* (8-9-10-11)	*Réunion animation hebdomadaire pour le personnel* (9-10-11)	
Départ pour Lyon (12)	*Déjeuner avec adjoint gestion de carrière* (12-13-14)	*Départ pour l'étranger* (12-13)	*Comité de direction présentation plan de gestion de carrières* (12-13-14-15-16)	*Audit formation* (12-13)	
Présentation bilan formation au comité qualité (14-15-16)	*Entretiens recrutements* (15-16)	*Visite filiale étrangère* (15-16)		*Participation table ronde à la C.C.I.* (14-15-16)	
RDV avec directeur (17-18)			*Rencontre avec directeur marketing sur l'évolution de son service* (17-18-19-20)	*Rencontre consultant RH* (17-18)	
Remise à jour tableaux de bord activités (19-20)					

190

TÉMOIN

Patric Barberousse, directeur des ressources humaines et de la communication de Cap Sesa Régions

« En 1970, mon diplôme en poche, j'ai beaucoup hésité. Non pas pour la fonction (j'était profondément commercial) mais pour le secteur d'activité. La banque, l'informatique ? Les clubs d'investissement me passionnaient. Mais l'informatique, c'était le phénomène de mon siècle, je n'avais pas le droit de l'ignorer. Il était alors très éloigné de mon esprit de rentrer dans les DRH. D'ailleurs, cela ne m'intéressait pas. Trop sédentaire.

Ingénieur commercial pendant cinq ans chez Bull, je deviens patron d'agence et d'une équipe d'une cinquantaine de personnes de Cap Sesa. Trois ans à Paris, puis direction Grenoble, pour diriger la plus ancienne agence de l'entreprise. D'une agence, j'en ai créé trois, conduisant mes adjoints à des postes de direction. 1989, réorganisée, l'entreprise me propose la direction des ressources humaines et de la communication de la division Est Rhône-Alpes de Cap Sesa Régions.

La DRH n'est pour moi qu'une étape vers d'autres responsabilités dans le Groupe Cap Gémini Sogéti, maison mère de Cap Sesa. Je fais confiance à ma hiérarchie. »

adjoints, ou, dans les grandes structures, aux chefs du personnel des différentes unités (*cf.* fiche *Chef du personnel*).

Le DRH porte une attention toute particulière à l'évolution des compétences et du potentiel des hommes. Evolution nécessaire pour répondre à l'émergence de nouveaux métiers dans l'entreprise. C'est d'ailleurs souvent à lui de les définir (*cf.* fiche *Responsable gestion de carrières*). Faire évoluer les individus ou les préparer à de nouveaux métiers amène le DRH :

• à décider de l'effort financier que l'entreprise concède à la formation ;
• à établir seul ou avec un responsable formation un plan d'action déclinant les priorités de formation, les individus concernés, le calendrier des enseignements et le choix des formateurs sélectionnés (cf. fiche *Responsable de formation*).

Gérer les hommes c'est aussi, pour le DRH, rechercher la cohésion interne. Pour ce faire, il participe aux négociations patronales et syndicales et assiste la direction générale dans les comités d'entreprise... Tâche particulièrement ardue, il participe au règlement des conflits sociaux. Enfin, chargé d'informer au quotidien les salariés des évolutions de la société, il met en place les outils de communication appropriés (journaux internes, lettre, etc.)

Le DRH dans l'entreprise

Siégeant dans les instances stratégiques et souvent conseiller direct du PDG, le DRH est accompagné d'un nombre variable d'adjoints au recrutement, à la gestion de carrières, à la formation, à la communication.

Le DRH intervient fonctionnellement à tous les niveaux de l'entreprise, sur tous les aspects à incidence humaine. L'introduction de nouvelles machines dans les ateliers, la délocalisation d'une unité, la construction de nouveaux bâtiments... relèvent également de ses préoccupations.

Gestionnaires, ingénieurs, psychologues, juristes... d'origine, les DRH ont des parcours professionnels très variés. Pour les diplômés d'Ecoles Supérieures de Commerce, apparaissent deux voies principales :

• une, plus ancienne, passe par la reconnaissance de leurs qualités relationnelles et de leurs compétences d'animation des hommes. Exemple : un commercial devenu chef des ventes, puis responsable d'unité, puis DRH ;

• la seconde, empruntée plus largement aujourd'hui, consiste à entrer dans les ressources humaines par des postes d'adjoints au recrutement, à la gestion de carrières, au chef du personnel... et à changer fréquemment d'entreprise pour asseoir ses compétences.

La fourchette des salaires est large : entre 300 KF et 1 million de francs. Mais l'APEC relève deux pointes : l'une à 400 KF, l'autre à 600 KF.

Profil du DRH

Après l'ère de la psychologie, les ressources humaines privilégient la gestion : études, tableaux de bord, budget... sont aujourd'hui des instruments prioritaires. Ce qui devrait encourager les diplômés d'Ecoles de Commerce à investir ce métier en nombre plus important et à un âge moins avancé.

Filière directe ou indirecte d'accès aux postes de ressources humaines, le diplôme d'ESC ne dispense pas l'intéressé de suivre des formations aux techniques et méthodes de gestion des ressources humaines. Un DESS de gestion des ressources humaines est fortement recommandé. Une remise à niveau permanente est nécessaire : formation continue, lectures de revues et ouvrages spécialisés, rencontres entre professionnels et partage d'expérience... lui sont fortement conseillés.

Qu'il soit psychologue, juriste ou gestionnaire de formation, le DRH doit cultiver certaines aptitudes : une qualité d'écoute et une aisance relationnelle, une diplomatie teintée de fermeté dans les négociations, une capacité d'organisation, de planification, de prospective, un esprit créatif, de l'autonomie, et surtout une grande passion de la gestion des hommes et de la communication.

Ouvert aux chiffres, il maîtrise outils et méthodes de recrutement, de motivation et dispose de connaissances en législation sociale. Expert en comportement des hommes et en organisation, il sait passer, en permanence, du général au particulier.

Les grandes écoles et leurs formations spécialisées

Relevons ici, brièvement, les 3e cycles d'HEC ainsi que des ESC Clermont-Ferrand, Dijon, Pau, Paris, Lyon, Marseille, Montpellier et Nantes.

LES MOTS-CLÉS DU DIRECTEUR DES RESSOURCES HUMAINES

Bilan social : Rapport ou tableau de bord qui établit annuellement la situation sociale de l'entreprise (emploi, rémunération, condition de travail, formation...)

Comité d'entreprise : organe de l'entreprise et des représentants du personnel élus pour deux ans. Doté d'un budget pour l'action sociale, il participe aux consultation pour l'amélioration des conditions de travail.

Essaimage : toute forme d'appui et d'accompagnement qu'une entreprise apporte à un salarié ou un groupe de salariés lors d'un projet de création ou de reprise d'entreprise, en vue d'en limiter les risques d'échec.

Manager

Définition

La fonction de dirigeant est celle qui concentre la responsabilité maximale. Le dirigeant est, aux yeux des actionnaires, des clients, des partenaires financiers, des fournisseurs… le garant de la bonne marche de l'entreprise. Il en définit la stratégie et veille à sa mise en œuvre. Il décide des produits, des services à commercialiser et des marchés à occuper. Il apporte les ressources nécessaires à son bon fonctionnement : hommes, machines et finances.

La gestion des hommes est la première de ses préoccupations car avec eux, tout est possible et sans eux, tout s'écroule.

Responsable de la situation financière de l'entreprise, le dirigeant sait faire parler un bilan, un compte d'exploitation et négocie avec les banquiers d'égal à égal. Il suit avec attention le carnet de commandes de l'entreprise et entre même dans l'action. Surtout s'il pilote une PME. Il se réserve souvent la négociation des plus gros contrats.

Le dirigeant maîtrise les techniques propres au métier de son entreprise. Il décide de leur modernisation, de leur évolution…

Le dirigeant passe 40 % de son temps à régler des problèmes humains, 20 % à négocier avec ces clients et à participer à des salons. Entre les experts comptables et les banquiers, il consacre 10 % de son temps à la finance. Il tente, dans les 30 % restants, de définir sa stratégie, observer les concurrents, dresser ses plans d'action… Le dirigeant bouge beaucoup, jusqu'à 50 % de son temps, en France et à l'étranger.

Lundi **14** (03) Mars	Mardi **15** (03) Mars	Mercredi **16** (03) Mars	Jeudi **17** (03) Mars	Vendredi **18** (03) Mars	Samedi **19** (03) Mars
8	8	8	8	8	8
RDV	9	9	*RDV*	9	9
avec adjoint			*banquier*		
10	10	10	10	10	10
Visite des locaux et	11	11	*Négociation achat matière*	11	11
mesure du climat 12		12 *Déjeuner avec* 12	*première* 12	12	12
		un agent	*Point avec*		
Déjeuner avec 13	*Visite* 13	*commercial* 13	*comptable* 13	*Salon* 13	13
responsable production	*clients* 14	14	*RDV* 14	*professionnel* 14	14
15	15	15	*avec expert* 15	*à l'étranger* 15	15
Examen résultat			*comptable*		
analyse marché 16	16	16	16	16	16
17	17	17	*Entretien* 17	17	17
Tél. clients			*d'embauche*		
18	18	18	*Départ pour* 18	18	18
Rencontre fournisseurs 19	19	19	*salon* 19	19	19
20	20	20	*professionnel à l'étranger* 20	20	20
21	21	21	21	21	21

193

Guy Richard, directeur de la Sillanaise de Chaussures

« Mon diplôme d'ESC en poche, c'est à Shell que je débute, en 1968. D'abord attaché commercial à Paris, puis à Londres, je finis, sept ans plus tard, directeur de filiale en Afrique.

Retour en France. Je sors l'entreprise de mon beau-père (fabrication de bancs porteurs de produits vrac) de l'agonie. Cinq ans plus tard, l'entreprise, renflouée, n'a pas besoin de deux patrons.

1981. J'entre alors dans le monde de la chaussure ; je ne le quitterai plus. Je deviens directeur de la production de l'entreprise Richard-Pontvert. J'achète, en 1985, une usine de fabrication en liquidation. Je la restructure, je lance une marque haut de gamme, « Hardrige », chausse les pilotes de l'air, la garde républicaine...

Pour diriger, il faut profondément aimer l'indépendance, être polyvalent, être armé face aux banquiers, aller vite et rester pragmatique. Vous dirigez des hommes. Ils sont à votre image, variés et variables. »

Souvent seul aux commandes lorsqu'il pilote une PME, le dirigeant décide, en grande entreprise, avec l'aval du conseil d'administration. La taille de l'entreprise détermine les conditions d'exercice du dirigeant et influe sur son degré d'autonomie, de décision et de délégation.

Le manager dans l'entreprise

Engagé dans l'opérationnel (PME) ou principalement en charge de stratégie (grande entreprise), le dirigeant est avant tout un chef d'orchestre. Donnant le rythme à son équipe, il côtoie tous les services de l'entreprise. Voire tous les employés si l'entreprise est petite.

Véritable figure de proue, le manager est l'ambassadeur de l'entreprise auprès des banquiers, des actionnaires, des clients, des fournisseurs, des media et du grand public.

Pour accéder à ce poste, 6 à 10 années d'expérience professionnelle sont nécessaires. Et même plus, lorsqu'il s'agit d'une très grande entreprise. Le dirigeant est aujourd'hui diplômé d'une grande école de commerce ou d'ingénieurs. Les autodidactes deviennent rares. Il a occupé des fonctions de responsabilité technique, commerciale, marketing, alternant PME et grande entreprise. Son salaire évolue dans une fourchette allant de 500 KF à 1,5 million de francs par an. Sans compter pour certains, les avantages en nature : logement, véhicule de fonction…

Profil du manager

Le dirigeant est un stratège : il innove et anticipe les mutations ; il donne l'impulsion et veille à la réalisation des objectifs. Son esprit de synthèse lui permet de s'appuyer sur les analyses d'experts et il s'efforce de déléguer les tâches d'organisation et de gestion. Rassembleur, il motive, anime et responsabilise ses collaborateurs. Il les rassure, les accompagne et tente de ne pas laisser transparaître ses propres soucis.

Ambassadeur de son entreprise, il privilégie les contacts extérieurs les plus importants pour l'avenir de celle-ci. Le temps lui est précieux et ses activités si nombreuses. Dans les négociations, il analyse rapidement les potentialités de rentabilité, attire les partenaires et prend les décisions. Homme de finance, de gestion, de marketing, il sait diriger les hommes, régler les conflits…

C'est d'ailleurs dans la pratique du règlement des conflits que se révélera sa réelle valeur de chef. Le management des hommes est aujourd'hui plus affaire de négociation et de respect que de diktat et d'arbitraire. Et si la rigueur financière, l'audace technologique, l'agressivité commerciale font intégralement partie du profil du manager, les résultats de ses efforts ne prendront réellement leur pleine dimension qu'avec l'aide et l'accord des hommes et des femmes de son entreprise. L'art du bon manager sera donc avant tout de mobiliser toutes les énergies disponibles autour d'un projet collectif de développement et pour y parvenir, il saura encourager et rendre fluide la communication interne.

Il pratique couramment l'anglais, et parle souvent une autre langue étrangère. Extrêmement disponible, il vit des journées très extensibles.

Il fait preuve ténacité et de persévérance tout en restant pragmatique. En usine, il fait son résultat 365 jours par an, de 7 h du matin à 7 h du soir.

Les grandes écoles et leurs formations spécialisées

Toutes les écoles supérieures de commerce ont vocation à former des managers de haut niveau. On demande aujourd'hui à ceux qui dirigent d'être compétents, innovants, responsables de l'entreprise dont ils ont la charge. La formation initiale est donc essentielle mais pas suffisante étant donné la mutation constante des contraintes économiques. Tout ne se dirige pas de la même manière. L'ISC et Montpellier par exemple forment à la direction de PME. L'ESC Dijon s'occupe des entreprises culturelles ; Grenoble des entreprises de haute technologie. Lyon propose une formation de management européen. De très nombreuses écoles, enfin, offrent une formation spécialisée à la création d'entreprises pour mettre toutes les chances du côté des audacieux (voir les fiches-écoles en fin d'ouvrage).

LES MOTS-CLÉS DU MANAGER

Rapport annuel : document officiel dans lequel la société expose à ses actionnaires ses activités de l'année écoulée.

Conseil d'administration : organe de gestion des sociétés anonymes, composé de 3 à 12 membres élus par l'assemblée générale des actionnaires ou désignés dans les statuts.

Assemblée générale : réunion des actionnaires que la plupart des sociétés sont juridiquement tenues d'organiser une fois par an.

Management par objectifs : système de management dans lequel les employés se mettent d'accord avec les cadres dirigeants sur les objectifs.

Management participatif : forme de management qui favorise la participation aux décisions, grâce à l'association du personnel, à la définition et la mise en œuvre des objectifs.

Encouragement : tout ce qui incite un salarié à travailler plus vite et mieux.

Alliance : regroupement de deux sociétés en une coopération souple dans ce qu'elles considèrent être leur intérêt commun.

Centre de profit : division indépendante d'une société qui est responsable de ses propres profits et pertes.

LE GUIDE
DES ÉCOLES
QUI AFFICHENT
LEURS SPÉCIFICITÉS

SPÉCIFICITÉS DES ÉCOLES
LES ÉTABLISSEMENTS CONSULAIRES ET UNIVERSITAIRES

Les écoles citées ci-dessous sont, pour la plupart, des établissements ou des services de Chambres de commerce. Mais on trouve aussi des établissements privés, des associations et deux établissements universitaires (IECS Strasbourg et l'ICN de Nancy). Nous indiquons, à la fin de chaque commentaire, la situation de l'école : centre-ville ou campus.

ESC AMIENS-PICARDIE

Dans un site classé, en plein centre ville, l'ESC Amiens concilie l'enseignement rigoureux de la gestion et du marketing, l'apprentissage des comportements professionnels et les applications dans l'entreprise, avec une ouverture internationale.

En relais des cours magistraux et des cas pratiques, des possibilités offertes par le multimédia sont utilisées au quotidien : messagerie élèves/professeurs/administration, études de cas, études des langues, utilisation de banques de données... (Centre-ville)

ESSCA (Angers/Marne-la-Vallée)

L'École Supérieure des Sciences Commerciales d'Angers a été fondée en 1909 au sein de l'Université Catholique de l'Ouest. Membre de la Conférence des Grandes Écoles et de la FESIC (Fédération des Écoles Supérieures d'Ingénieurs et de Cadres), l'ESSCA délivre, après quatre années d'études, un diplôme visé par le ministre de l'Enseignement supérieur. Cette année l'ESSCA va diplômer son 5 000e ancien élève. L'école constitue l'activité majeure du groupe ESSCA dont les programmes de formation à des troisièmes cycles et de formation permanente s'exercent en France et à l'étranger où le groupe est implanté.

La mission de l'école : accompagner la réussite de l'intégration professionnelle de chaque étudiant. Concrètement, cette mission se traduit par une dynamique associant projet pédagogique et projet personnel.

Durant les 4 années d'études, les cinq premiers semestres constituent la base de la formation. Ils développent les connaissances nécessaires à la maîtrise des mécanismes de l'entreprise, tout en favorisant la culture générale, économique et humaine. Les deux premières années d'études peuvent s'effectuer à Angers ou à Marne-la-Vallée. Les trois derniers semestres permettent à chaque étudiant de personnaliser sa formation pour mieux préparer la réussite de son intégration dans la vie professionnelle.

Chaque étudiant vit sa scolarité à travers l'élaboration de son projet personnel. Plusieurs dispositifs contribuent à l'efficacité de cette démarche :

– un suivi individualisé par un tuteur, tout particulièrement durant les trois derniers semestres,

– des périodes régulièrement organisées autour de rencontres avec des acteurs très divers de la vie sociale : dirigeants d'entreprise mais aussi artistes, chercheurs, responsables politiques,

– le séminaire de synthèse en fin de quatrième année. Réunissant l'ensemble de la promotion sortante et plus de 150 professionnels, ce séminaire est l'occasion, pour chaque étudiant, de faire un bilan des compétences acquises et de finaliser sa démarche d'intégration dans l'entreprise. (Campus)

ESC BORDEAUX

Cette école consulaire propose une scolarité reposant sur six semestres avec possibilité d'effectuer un semestre supplémentaire à l'étranger en troisième année.

1993 : mise en place d'un Observatoire des métiers et création de l'Antenne Stages & Carrières.

1994 : lancement d'*tinéraires*. L'école propose aux étudiants de les accompagner dans l'élaboration de leur projet professionnel personnel et, ceci, pendant trois ans de scolarité. Ils sont aidés dans leur recherche par un parrain en entreprise et un « coach » interne (professeur, assistant, administratif).

En outre, chaque étudiant est doté d'un micro-ordinateur portable. (Campus)

INSEEC (Bordeaux/Paris)

Établissement d'enseignement supérieur technique privé, l'Institut des Hautes Études Économiques et Commerciales a été créé à Bordeaux en 1975 et à Paris en 1983.

Le titre de ces deux Écoles reconnues par l'État est délivré et homologué par le ministère de l'Enseignement supérieur, de la Recherche et de l'Industrie.

L'INSEEC Bordeaux délivre un diplôme visé par le Ministre. En ce qui concerne l'INSEEC Paris, les étudiants engagés dans le cursus de l'École antérieurement à la décision ministérielle bénéficieront du visa de leur diplôme à la fin de leur scolarité ; cette décision s'appliquera aux étudiants admis à l'issue des concours de l'année 95. Les deux Écoles adhèrent à l'une des quatre banques d'épreuves conduisant à une école dont le diplôme est visé : la banque INSEECom, dans laquelle Paris et Bordeaux n'appliquent pas les mêmes coefficients. (Centre-ville)

ESC BRETAGNE-BREST

Membre du Chapitre de la Conférence des Grandes Écoles depuis janvier 1993, l'ESC Bretagne participe aux programmes européens ERASMUS,

Tempus et COMETT. Ses étudiants passent un semestre obligatoire à l'étranger en deuxième année (Europe, Australie, États-Unis, Québec). L'école propose également deux mastères : l'un en agro-alimentaire international, l'autre en logistique. L'école a d'autre part passé un accord de formation au bénéfice de l'université de Tachkent (Ouzbékistan). (Campus)

ESC CHAMBÉRY

Sur le magnifique site de Savoie-Technolac, installée dans des locaux inaugurés le 28 octobre 1994, l'École Supérieure de Commerce de Chambéry montre qu'elle dispose du soutien sans faille de sa CCI. Ce soutien, elle l'a obtenu grâce à des atouts uniques.

D'abord un nouveau rythme pédagogique : la semaine est partagée en trois temps alliant cours, autoformation et expérience professionnelle, et combine travail individuel et collectif.

Ensuite grâce à une base de données pédagogiques (concepts, connaissances liées au commerce…) organisée en modules (2 000 modules articulés en 70 unités de valeur), l'ESC Chambéry constitue les bases d'une pédagogie « à la carte » où chaque besoin trouve sa réponse au moment où il s'exprime. La nouvelle architecture autorise, grâce à son équipement informatique et audiovisuel performant, d'utiliser à plein ce nouveau concept.

D'autre part, le CESNI (Centre d'Études des Sportifs de Niveau International), unique en France, permet à des athlètes (20 actuellement dont Florence Masnada – ski – et Laurent Munier – hand –) de bénéficier de la formation modulaire à distance et de concilier le sport, les études et l'entreprise.

Enfin, par ses quinze associations (conseil en entreprise, humanitaire, artistique, sportive…) très intégrées à la vie de l'école, l'ESC Chambéry donne à chacun l'opportunité de s'investir dans un projet et de se rapprocher du monde de l'entreprise. (Campus)

ESC CLERMONT-FERRAND

Outre une très forte ouverture internationale, cette école propose un système original d'intervention sur le terrain, en d'autres termes une initiation au management d'entreprise, baptisée PIMENT. L'école a instauré le tutorat « réel » assuré par des professeurs et des responsables de groupe. Autre originalité du cursus : une année optionnelle en entreprise ou à l'étranger et l'intégration au tronc commun de troisième année d'un module de préparation à la recherche d'emploi.

L'ESC Clermont-Ferrand à mis en route en 1993 un European Master of Business Sciences avec les universités de Birmingham, Manheim, Regensburg et du Pays de Galles. (Centre-ville)

Des écoles qui affichent leurs spécificités

ESC COMPIÈGNE

Immersion des étudiants dans la réalité du monde de l'entreprise au cours de leur scolarité, et formation à l'international largement valorisée complètent les apports théoriques et nous permettent de mettre à disposition des entreprises de jeunes cadres créatifs, rapidement opérationnels et capables de s'adapter. (Centre-ville)

ESC DIJON

Le nouveau programme de l'ESC Dijon a été bâti pour que les élèves répondent pleinement aux attentes des entreprises : ils reçoivent un enseignement polyvalent, concret et pratique.

Par ailleurs, l'appréhension de la dimension internationale est d'abord qualitative et individuelle. L'élève construit son « parcours international » à l'aide de diverses possibilités offertes par l'École sur place comme à l'étranger.

Enfin l'ESC Dijon encourage « l'esprit d'école » au travers d'une vingtaine d'associations réunies en fédération et dont le but est avant tout de permettre à chacun de vivre des expériences riches et éducatives. (Campus)

ISCID (Dunkerque)

Grande école d'université, l'Institut Supérieur de Commerce International de Dunkerque s'est spécialisé dans l'international, comme son nom l'indique. Ses étudiants séjournent deux à quatre mois dans un pays de l'Union Européenne en deuxième année et sortent des frontières de l'Europe pour une durée variant de quatre à six mois en troisième année. Parmi sa population, 10 % d'étrangers suivent le cursus de l'ISCID. L'école a d'autre part développé des actions d'ouverture internationale au cours de l'année 1994 en organisant des colloques américain, canadien, scandinave et russe. Une des écoles aux frais de scolarité les moins élevés. (Centre-ville)

ESC GRENOBLE

École du management technologique et interculturel, l'ESC Grenoble bénéficie du rayonnement économique régional. Installé au cœur d'un centre d'affaires international, le groupe hérite des retombées du Centre de Recherche pour l'Entreprise et le Développement des Organisations (CREDO). Son corps professoral associe des docteurs ès gestion et des scientifiques de haut niveau pour un cursus multiculturel et interdisciplinaire de trois ans, en formation première, avec possibilité de préparer, en formation complémentaire, cinq mastères spécialisés conçus avec des écoles d'ingénieurs françaises partenaires et des universités étrangères. Les échanges d'étudiants, nombreux, sont essentiellement diplômants.

Pour la rentrée 1994, l'ESC Grenoble propose le cursus Sup de Co 2e et 3e années en apprentissage. (Centre-ville)

ESCO GRENOBLE

Intégrer l'ESCO Grenoble, c'est choisir de se projeter dans l'avenir.

L'ESCO Grenoble a été bâtie autour de quelques idées majeures : prendre l'étudiant dans sa dimension globale, révéler sa personnalité, développer ses points forts, le suivre dans son apprentissage de la vie professionnelle à travers l'accompagnement de tous ses projets.

Le projet d'études à forte dimension internationale, conçu comme une progression dans la prise de responsabilités, permet à l'étudiant d'acquérir les connaissances, les techniques, les savoirs qui modèleront l'économie du XXIe siècle.

Le projet professionnel à l'ESCO se développe grâce à onze mois de stage. Les situations de décision abordées au cours du stage de responsabilité managériale en 3e année débouchent sur une réelle intégration dans l'entreprise. (Campus)

SUP DE CO LA ROCHELLE

En 1993, 92 % des jeunes diplômés en recherche active de poste ont trouvé un emploi en moins de six mois avec une rémunération moyenne de plus de 160 KF. Ce résultat est dû à un juste équilibre entre des méthodes de formation reconnues internationalement et les innovations pédagogiques de l'ESC La Rochelle : utilisation systématique de la méthode des cas, tutorat personnalisé pour chaque élève, l'internat (un stage entièrement piloté par un professeur permanent), système d'assurance-qualité pour chaque enseignement, 3e année à l'étranger dans le cadre de trente accords internationaux. Ce fort taux de placement est également dû à une véritable immersion dans le monde industriel au cours des stages ponctuant toute la scolarité ainsi qu'à un système de gestion du premier emploi et de suivi de carrière développé avec l'Association des Anciens. Les dix-huit associations étudiantes de l'École participent aussi à la formation au sens de l'initiative, à la rigueur, à la responsabilité et au dynamisme qui sont les qualités majeures de ses élèves. (Campus)

SUP DE CO LE HAVRE-CAEN – ESC NORMANDIE

Sup de Co Le Havre-Caen a mis en place un enseignement fondé sur la pluri-disciplinarité et sur les choix offerts aux étudiants tout au long de leur cursus.

Les étudiants construisent leur projet professionnel et personnel en choisissant leur majeure de spécialisation, leur séjour à l'étranger (semestre ou année double diplômante), l'apprentissage de deux ou trois langues étrangères, leur forme de stage (4 ou 5 mois en entreprise en France ou à l'étranger à la fin de la 2e année ; ou en alternance de 10 à 12 mois en intégrant un programme de formation de 4 jours par mois) et leur implication dans la vie associative.

Ils peuvent bénéficier s'ils le souhaitent des conseils d'un tuteur (professeur de l'école) et (ou) d'un parrain (cadre ou chef d'entreprise).

Par ailleurs, attentifs aux préoccupations financières des élèves et de leurs familles, Sup de Co Le Havre-Caen propose un plan de financement : maintenir les frais de scolarité sur 3 ans à 28 500 F (1994/1995), proposer un taux d'emprunt à 5 % (taux en vigueur en 94/95) grâce à une bonification de l'école et permettre aux étudiants de poursuivre leurs études en cas d'événement familial grave grâce à une bourse de 20 000 F versés par le fonds de solidarité. Le Havre (Centre-ville), Caen (Campus)

EDHEC (Lille-Nice)

L'EDHEC lance son nouveau cursus et réforme ainsi fondamentalement sa pédagogie. Composé de deux cycles « cycle fondamental » d'un an, « cycle management approfondi » de deux ans), il s'articule autour de quatre dimensions : l'entreprise (quel que soit son secteur d'activité : de la grande distribution aux collectivités locales…), les cours techniques et conceptuels, la préparation méthodologique (apprentissage des méthodes de travail, de recherche et de traitement de l'information) et l'acquisition d'une compétence distinctive à travers le choix d'électifs (1er cycle) et d'options (2e cycle).

La notion d'enseignement ne se limite donc plus à la simple notion de cours. L'étudiant est amené à s'ouvrir sur le monde extérieur, à réfléchir, à construire, à organiser son parcours au sein de l'école en prévision de son itinéraire professionnel. L'enseignement reste généraliste puisque la plupart des cours sont obligatoires et communs mais permet à l'étudiant à travers ses choix d'options, d'activités et d'organisation de créer sa différence. Pour l'aider dans sa démarche chaque étudiant bénéficie d'un « parrain » (professeur). Soixante-seize professeurs permanents constituent le corps professoral. L'international n'est plus une spécificité mais est intégré au sein des cours. Par ailleurs, les étudiants sont amenés à effectuer un stage obligatoire à l'étranger au cours du second cycle soit en entreprise soit en université parmi les trente accords avec des Universités étrangères.

L'EDHEC, implantée sur deux sites, Lille et Nice, reste une seule et même école. Le concours, les enseignements, les examens… sont communs. Enfin, il est délivré aux étudiants un diplôme EDHEC unique.

La vie associative est très riche. Il suffit de citer la Course Croisière… pour évoquer le dynamisme et la notoriété de la plupart des associations étudiantes ! (Centre-ville)

ESC LILLE

Partenaire privilégié du programme pilote européen ECTS Erasmus, l'ESC Lille propose à ses étudiants de passer un semestre ou deux dans un des 28 établissements partenaires (17 pays).

L'ouverture à l'Est s'est traduite par la signature d'un partenariat avec la Hochschule Für Technik Und Wirtschaft de Dresde qui permettra des échanges avec les universités de Prague, Saint-Pétersbourg et Budapest.

Avec la création du « Club ESC International », en collaboration avec le ministère du Commerce extérieur, chacun pourra suivre et accompagner une entreprise de son choix dans son développement international. Les étudiants seront parrainés par un conseiller du Commerce extérieur, qui pourra les orienter durant leurs études et faciliter leurs choix professionnels.

Dès la rentrée 95, l'ESC Lille sera située en plein centre-ville, au cœur du nouveau Centre International des Affaires, Euralille. 11 000 m² consacrés à l'étude, à l'enseignement et à la recherche.

Centré sur une médiathèque et relié à tous les réseaux, le système d'information permettra en outre la liaison directe avec les studios occupés par ses étudiants. Deux grands amphithéâtres peuvent accueillir les rencontres en nombre. Symboles des nouvelles relations professeurs-étudiants, les mini-amphis placent l'enseignant au sein même de sa classe.

Salle de cours, centre informatique, salles de travail en groupe, accueil des clubs d'entreprises, hall d'exposition et d'échanges... l'ESC Lille est un acteur ouvert et dynamique de la vie urbaine et culturelle. (Centre-ville)

IÉSEG (Lille)

L'IÉSEG est reconnu par l'État et délivre un diplôme revêtu du visa du ministre de l'Enseignement supérieur et de la Recherche.

L'IÉSEG accueille, sur concours, des bacheliers pour les préparer en cinq ans aux carrières de la gestion, du commerce, de la finance, du marketing... Cette durée d'études, cinq ans, correspond au nouveau standard européen et permet de construire un programme équilibré : deux années pour l'acquisition des « outils » de base (maths, stats, compta...) suivi de deux années pour la formation générale au management et d'une année de synthèse et de spécialisation. Ce programme est enrichi d'expériences concrètes (stages, projet de communication, mémoire...) et de la possibilité d'un séjour universitaire d'un an à l'étranger.

L'IÉSEG constitue, pour ses étudiants, une école à taille humaine, au cœur du vaste ensemble de l'Université Catholique de Lille regroupant dans un campus en centre-ville, six facultés, trente-cinq écoles, quarante équipes de recherche, une bibliothèque centrale, des résidences et un restaurant universitaires... Au sein de cette université, l'IÉSEG développe son activité de recherche au Labores, laboratoire associé au CNRS et gère un 3e cycle, le DESS « Management des banques et institutions financières ». (Campus)

ESC LYON

L'ESC Lyon se caractérise par :
• Un programme qui donne une dimension managériale à ses étudiants et développe tout à la fois leur capacité de réflexion et leur sens du terrain :
  – Le programme est très exigeant : diversification du cursus, augmenta-

tion du travail personnel, renforcement des disciplines qui développent l'aptitude à la conceptualisation de problèmes complexes.

– L'école propose des filières spécifiques sur l'entrepreneurship qui accueillent un nombre croissant d'étudiants. De plus, Gordon Shenton, directeur de l'ESC Lyon, a mis en place il y a cinq ans, la formule « Une année en entreprise » permettant aux étudiants d'effectuer une année en entreprise entre la 1re et la 2e année de leur scolarité. Cette forme d'alternance est vivement encouragée car elle permet aux étudiants d'acquérir une première expérience du monde des affaires et donc de mieux profiter des enseignements dispensés en 2e et 3e année.

• Un programme très flexible qui encourage la construction de projets personnels adaptés aux ambitions de chacun.

• Une internationalisation très marquée avec deux programmes phares : le « One Year Abroad » destiné aux étudiants qui viennent de réussir le concours et qui souhaitent reporter leur intégration d'un an et le programme double diplôme.

• Une forte diversification des promotions : aux 190 élèves admis sur concours (classes préparatoires) s'ajoutent 80 étudiants admis sur titre français. L'école compte par ailleurs en 94-95 une centaine d'étudiants étrangers qui effectuent une partie de leur cursus à l'ESC Lyon dans le cadre d'accords d'échanges. (Campus)

HESTRAD (Lyon)

Jeune école privée, créée en 1988 à Lyon, l'HESTRAD propose trois options : Gestion-Finance, Marketing-Vente et Internationale. Le cursus prévoit six mois de mission opérationnelle en entreprise en troisième année avec une formation adaptée en alternance, de février à juillet. Vingt-neuf associations à son actif. (Centre-ville)

ESC MARSEILLE-PROVENCE

Ici, le cursus doit « coller à la réalité professionnelle en l'anticipant ». Cela passe donc par de nombreux stages, élaborés en partenariat avec les entreprises et qui font partie intégrante de la pédagogie. A la rentrée 1994, création d'une section d'apprentissage en 2e année renforçant les pratiques de formation en alternance déjà existantes : journées en entreprises, année en entreprises. Ces expériences professionnelles sont relayées par les associations et de nombreuses commissions (culturelle, événementielle, création d'entreprises, sportives, etc.) qui favorisent les relations avec les acteurs économiques. Trente-huit professeurs permanents pour environ 500 intervenants extérieurs. Côté informatique : 210 micro et 400 portables. (Campus)

ESC MEAUX

A 20 minutes de Paris, l'ESC Meaux – Marne la Vallée, établissement consulaire reconnu par l'État, dispose d'un environnement exceptionnel d'infrastructures performantes (accessible par RER, TGV, autoroute ou avion).

Une des particularités de l'ESC Meaux – Marne la Vallée réside dans l'organisation de son concours. En effet, tous les candidats passent les écrits et les oraux. Il n'y a donc pas de barre d'admissibilité pour passer les épreuves orales. De plus, les entreprises sont présentes lors des oraux de sélection afin de les rapprocher du recrutement de type professionnel.

Située à Marne la Vallée, l'école profite de ce vivier d'entreprises pour les faire participer à la vie de l'école sous la forme de conférences, de visites d'entreprises, de séminaires ou grâce à des partenaires permettant aux étudiants de trouver des stages, des emplois et aux associations d'effectuer des missions, notamment pour la junior entreprise.

Avec dix associations, l'école fait jouer aux associations un rôle essentiel, sachant qu'elles constituent une véritable pépinière d'entrepreneurs. (Campus)

ESC MONTPELLIER

Empreinte de la tradition de l'enseignement supérieur à la gestion, au commerce et au management, Sup de Co Montpellier, qui fêtera bientôt son centième anniversaire, a mis en place, depuis deux ans, un programme pédagogique en prise avec les réalités de son temps, celui où l'envergure personnelle devient déterminante dans la conduite et l'évolution d'une carrière.

Développement personnel et professionnel de l'élève par une intensification des mises en situation réelle d'entreprise, et un accompagnement individualisé élaboré en partenariat exclusif avec Hay Management Consultants, leader mondial du conseil en gestion des ressources humaines… Ouverture internationale par une offre diversifiée de séjours à l'étranger, avec la 2e ou la 3e année d'études, des stages, des double-diplômes, des programmes spécialisants après la 3e année…

Deux spécificités de la formation de Sup de Co Montpellier qui s'est fixée comme objectif d'assurer à ses élèves, français et étrangers un accompagnement personnel et professionnel en phase avec l'environnement économique auquel elle les destine. (Centre-ville)

Académie Mercure des Affaires Internationales (Montpellier)

Ce jeune établissement privé a vu en 1993 sa première promotion de diplômés. Après une convention d'échanges avec le Japon, elle a passé des accords avec la Russie, la Hongrie, la Corée et Taïwan. Elle propose trois sessions universitaires d'études – obligatoires – sur les continents européen, asiatique et américain. (Campus)

GROUPE ICN - Institut Commercial de Nancy

A l'ICN, chaque élève consacre un tiers de son temps de formation à des interventions sur le terrain et doit accomplir trois stages au cours de sa scolarité. Il doit également réaliser un « projet-Ecole » qui consiste, au choix, à la participation à la vie associative au sein d'une entreprise étudiante (BDE, JE, BDS, etc.), à l'organisation d'un événement (Nuit de la Pub, Forum Est Horizon, Triathlon ICN des entreprises…), à la réalisation d'un travail pour le compte d'une entreprise. Un jour et demi par semaine est libéré pour ces activités qui sont encadrées, évaluées et notées. L'école offre la possibilité de suivre un cursus dans un établissement étranger (6 à 12 mois) et de préparer un double-diplôme (MBA, Kaufmann, Laurea).

L'école a mis en place un « service de suivi, d'orientation et d'intégration dans l'entreprise » : un enseignant permanent de l'école, conseil en recrutement, guide l'étudiant dans sa recherche de stages et de premier emploi (tests, simulations d'entretien d'embauche, aide à la rédaction du CV, etc.). (Centre-ville)

ESC NANTES-ATLANTIQUE

Dans ses nouveaux bâtiments, les plus grands de France, l'une des spécificités de l'ESC Nantes tient sans doute à ses enseignements transversaux « Culture, Sociétés et Entreprise ». Développés et animés par des universitaires, des chercheurs et des experts dans des domaines aussi divers que l'histoire de l'art, l'épistémologie, la géopolitique, l'éthique et la morale des affaires, l'écologie, le design…, leur importance dans le cursus de formation se traduit par une notation qui entre dans la moyenne générale de l'année. L'école dispose de son propre centre de recherche, le CREA. Partenaire actif des acteurs économiques locaux, régionaux ou nationaux, le Groupe ESC Nantes-Atlantique s'est engagé dans des activités internationales au travers d'accords qui lui permettent d'accueillir plus de 200 étudiants étrangers chaque année. De même, ses « visiting professors » sont invités à enseigner dans les différents programmes du groupe. (Campus)

SUP DE CO NICE - CERAM ESC

Stratège, innovateur et humaniste : tel sera la femme ou l'homme responsable de l'entreprise. La mission pédagogique du CERAM est de répondre aux évolutions du monde des affaires, par une excellente formation généraliste pour les décisionnaires de demain. Le programme CERAM ESC Nice s'articule autour d'un projet pédagogique original et en prise directe avec les entreprises (formation en alternance possible). Les étudiants bénéficient de nombreux accords universitaires internationaux (33), d'échanges constants avec nos partenaires économiques et industriels, et d'un environnement exceptionnel au sein de la Telecom Valley de l'Europe : Sophia Antipolis. Les programmes du CERAM présagent fortement de ce que seront les entreprises de demain : des structures apprenantes s'organisant en réseau, où les talents de chacun seront mis à contribution et développés. (Campus)

EAP (Paris)

Implantée à Paris, Oxford, Berlin et Madrid, l'EAP forme des managers européens qui ont le choix entre deux filières : Paris-Oxford-Berlin et Oxford-Madrid-Paris pour un programme « European Masters in Management » en trois ans (un an dans chaque pays).

L'EAP, école européenne intégrée est la seule Grande École française habilitée à délivrer elle-même deux diplômes : diplôme Grande École française et diplôme allemand Kaufmann.

Au cours des stages de trois mois qu'ils effectuent dans chacun des trois pays, selon la filière retenue, les étudiants doivent mener à bien un projet proposé par l'entreprise.

La 3e année est consacrée à l'approfondissement du management international, des grandes fonctions de l'entreprise (cours et électifs) ainsi qu'à la phase finale du « projet de recherche européen ».

En outre, l'EAP propose un MBA européen et de nombreuses actions de formation continue internationale dans le cadre de l'internationalisation des entreprises.

EDC (Paris)

L'EDC offre un cursus de trois années fondé sur un enseignement permettant aux étudiants d'aborder la problématique de l'entreprise dans son ensemble, puis de choisir à l'issue de deux années de tronc commun une des quatre spécialisations proposées. Les étudiants de l'EDC choisissent en outre, en fonction de leur projet professionnel, un cours optionnel électif (Finance d'entreprise – Bilingue – Information (parrainé par Zenith Data System) – 3e langue).

Dès leur première année les étudiants de l'EDC participent à un projet sur un sujet différent de ceux abordés dans le domaine de leurs études avec pour objectif de développer leur ouverture d'esprit et leur esprit critique.

Les élèves de deuxième et de troisième année de l'EDC peuvent effectuer un ou deux stages à l'étranger et/ou séjourner dans des établissements partenaires pour un semestre ou une année, obtenant ainsi un double-diplôme. Les échanges européens sont inscrits dans le cadre des accords Socrates (exemple : Erasmus).

Au cours des trois années passées à l'EDC, les étudiants ont la possibilité de bénéficier en exclusivité du « Team Management System », test utilisé par un grand nombre d'entreprises pour préfigurer le comportement professionnel de leurs futurs cadres. En complément, un programme d'entraînement et de séances de sensibilisation à la recherche d'emploi et aux techniques d'entretien est mis à la disposition des candidats. (Centre-ville)

ENSADE (Paris)

Propose 2 150 heures d'enseignement sur trois ans et douze mois de stages dont six à l'étranger. L'école accueille de petites promotions d'étudiants – 60 en 1993 – qui travaillent par modules de 12 pour les deux tiers des cours. (Centre-ville)

ESCP (Paris)

La doyenne des grandes écoles françaises de management compte 89 enseignants-chercheurs permanents. Sa formation généraliste s'enrichit d'une ouverture culturelle et d'une action internationale qui s'articule autour d'un partenariat avec 34 universités dont celle, prestigieuse, de Stanford (USA). D'autre part, l'ESCP est à l'origine de la création d'un diplôme européen avec sept partenaires à Berlin, Bruxelles, Londres, Madrid et Rome : l'AMSEC Master (Alliance of Management Schools in European Capitals) : Technische Universität Berlin (TUB) – École de Commerce Solvay, Université libre de Bruxelles – Universidad Complutence, Madrid – City University Business School (CUBS), Londres – University College Dublin – Libera Universita Internazionale degli Studi Sociali (LUISS) – Norwegian School of Management, Sandvika, Oslo. (Centre-ville)

ESG (Paris)

Les trois années d'études à l'École Supérieure de Gestion sont sanctionnées par un diplôme homologué par le ministère du Commerce (mais non visé par l'Éducation nationale). Le cursus comprend des stages de quatre à douze semaines en première année, de six mois en deuxième année et propose une formation alternant périodes en école et périodes en entreprise pour la troisième année. (Centre-ville)

ESLSCA (Paris)

Cette école recrute sur un concours commun avec l'ISC. Contrôle continu de connaissances et examen de fin d'année conditionnent la délivrance du diplôme ESLSCA. Les étudiants qui souhaitent effectuer une partie de leurs études aux États-Unis, au Canada ou au Japon peuvent obtenir un « diplôme MBA sans rallongement de la durée normale de la scolarité »... (Centre-ville)

IEA - Institut Européen des Affaires (Paris)

Après avoir proposé pendant quinze ans une formation Bac + 4, cette école change de statut en 1993 et recrute sur prépas. Enseignements théoriques et apprentissage pratique sur le terrain avec au minimum trois mois de stages dans un ou plusieurs pays européens en première année, et huit mois de missions ou stages en deuxième année. Au total, sur trente-six mois d'études, chaque étudiant travaille au moins douze mois en entreprise, pour la plupart à l'étranger. (Centre-ville)

INT - Institut National des Télécommunications (Région parisienne)

Cet établissement public du groupe France-Télécom a donc son diplôme visé et propose la maîtrise de l'ensemble des techniques de gestion et le développement d'une expertise particulière en systèmes d'information. Sous certaines conditions, on peut même suivre une MSG à Paris-Dauphine ou à l'université d'Evry-Val-d'Essonne. L'INT rassemble sur un même campus une école de gestion, une école d'ingénieurs et une école d'entreprises. Ce rapprochement original en France permet des apports réciproques et un enrichissement mutuel. Le corps professoral est commun aux trois établissements. (Campus)

IPAG (Paris)

Fondée en 1965, l'IPAG est l'une des grandes écoles de commerce et gestion reconnue par l'État, délivrant un diplôme Bac + 4 visé par le ministre de l'Enseignement supérieur et de la Recherche. Elle forme plus de 1 000 étudiants aux fonctions de cadres en entreprises françaises ou étrangères dans ses deux sites de Paris et de Nice.

Le recrutement de ses candidats est assuré dans le cadre du groupement d'épreuves écrites VISA qui réunit l'ESSCA, l'IÉSEG et l'IPAG.

Le 1er cycle de l'IPAG (2 ans) se déroule indifféremment à Paris ou à Nice. Il est consacré aux enseignements fondamentaux du commerce et de la gestion et s'enrichit d'expériences en entreprise.

En fin de 2e année, l'élève choisit entre cinq cursus différents, en fonction de son projet professionnel (spécialisation professionnelle ou spécialisation internationale). Chacun d'entre eux comporte une expérience à l'étranger d'un semestre minimum.

Les programmes d'enseignements préparant aux différents métiers couvrent les domaines suivants : Finances d'entreprise, Comptabilité-Contrôle de Gestion, Banque-Assurance, Marketing opérationnel, Métiers commerciaux, Commerce international, Gestion des ressources humaines.

Les cursus de formation au management international s'appuient sur un réseau de 45 universités d'État à l'étranger. Ils prévoient notamment l'accès à un double-diplôme. Ils sont soutenus par la Communauté Européenne (bourses Érasmus). (Centre-ville)

ISC (Paris)

Cette école recrute sur un concours commun avec l'ESLSCA. L'Institut

Supérieur du Commerce participe aux programmes d'échanges ERASMUS. A ce titre, il offre à ses étudiants la possibilité d'effectuer la deuxième ou la troisième année à l'étranger et de compléter cette expérience par un stage dans le pays d'accueil. Dans le même temps, un étudiant étranger suit le cursus de l'école à Paris. Une des rares grandes écoles de France a être homologuée par le réseau américain AACSB. (Centre-ville)

ISG (Paris)

Le groupe dispose de ses propres établissements à Paris, New York et Tokyo. Former des cadres opérationnels, c'est le leitmotiv de l'école dont l'articulation pédagogique est conçue pour permettre une meilleure adéquation des étudiants aux besoins réels des entreprises. Rencontres régionales, raid africain des grandes écoles, « mercredis de l'info » ont animé l'année 1993. (Centre-ville)

NÉGOSUP (Paris)

NÉGOSUP est la grande école des métiers de la négociation commerciale. A la différence des grandes écoles de gestion elle n'assure pas une formation généraliste, mais directement centrée sur la fonction commerciale. Les enseignements sont à la fois conceptuels et pratiques (nombreuses simulations de négociations) et assurés en étroite collaboration avec les entreprises partenaires réunies dans un conseil d'orientation (l'Oréal – Rank Xérox – IBM – Procter & Gamble – Saint-Laurent – Otis – Arjomari – Tehen).

L'école recrute des titulaires d'un premier cycle universitaire sur concours écrit et oral, ainsi que des élèves de classes préparatoires admissibles à HEC, ESCP, ESSEC, ESC Lyon, EDHEC qui ne passent que des épreuves orales de type recrutement de forces de vente. (Centre-ville)

EPSCI (région parisienne)

Cette école du groupe ESSEC créée en 1975 vient d'obtenir le Visa du ministère pour son diplôme. L'international y est décliné de façon multiple gérant des profils variés.

Diplôme bilingue français-anglais avec deux autres langues obligatoires, doublé d'une approche culturelle, chaque élève doit passer au minimum un semestre dans l'une des trente universités partenaires de l'école suivi de huit mois de stage dans une entreprise à activité internationale.

Le site de l'ESSEC favorise les accès à une des premières médiathèques de France et à une infrastructure privilégiée. (Campus)

ESSEC (région parisienne)

Cette grande école, reconnue comme une des premières en Europe, forme en trois ans des cadres et dirigeants d'entreprise. L'ESSEC a constitué un important réseau d'alliances avec plus de soixante universités étrangères en vue d'échanges d'étudiants et de professeurs visitants. Double-diplôme avec l'université de Mannheim (3 ans + 1). D'autre part, cet établissement innove en proposant aux étudiants de 2e année de poursuivre leurs études sous le régime de l'apprentissage, en alternant études (mêmes cours, même diplôme) et travail salarié en entreprise, sous la direction d'un professeur tuteur. (Campus)

HEC (Région parisienne)

Grande parmi les grandes, son corps professoral comprend plus de cent professeurs permanents. Située sur le campus de 118 hectares de Jouy-en-Josas, HEC offre plus de 1 400 chambres et appartements pour une population moyenne de 1 300 étudiants. Tous cycles confondus, son enseignement repose sur deux principes : immersion dans l'entreprise et international. Alternance avec des stages de nature différente selon le stade des études : ouvrier pré-scolaire, commercial en fin de première année, stage étranger ou mission export en fin de deuxième année et stage professionnel en troisième année. International avec le PIM – Programme International de Management – qui permet à ses étudiants de partir aux États-Unis, au Brésil, à Londres ou au Japon. International encore avec la création d'un diplôme européen reconnu, le CEMS Master. Disposant déjà de moyens pédagogiques impressionnants, HEC a ouvert en février 1994 un Centre de Ressources linguistiques. (Campus)

ESC PAU

L'ESC Pau propose à ses élèves des parcours très différents selon leurs aspirations : la voie classique offre notamment la possibilité de réaliser un stage de six mois, très apprécié des élèves et des entreprises, entre la 2e et la 3e année ; la voie internationale permet à un nombre croissant d'étudiants d'obtenir un deuxième diplôme à l'étranger (Betriebswirt, MBA) ; la voie de formation par l'apprentissage (contrats de deux ans pour les 2e et 3e années à l'École) procure une véritable expérience professionnelle en entreprise, avant même l'obtention du diplôme de l'École.
La pédagogie de l'ESC Pau est avant tout généraliste, et réalise l'intégration progressive de toutes les disciplines de la gestion des entreprises. Elle vise à favoriser au maximum l'emploi des diplômés, grâce à des programmes et à l'efficacité du Service Emploi & Carrières. (Campus)

ESC POITIERS

Cette ESC ne donne pas dans le détail et envoie la totalité de sa promotion de deuxième année dans une université étrangère pendant quatre semaines intégrées au cursus. Elle participe aux programmes européens ERASMUS, COMETT et ECTS. On peut y apprendre – sans supplément de coût – une troisième langue dès la première année. Elle propose trois électifs au choix parmi vingt en deuxième année, et huit possibilités de doubles-diplômes à l'issue d'une troisième année à l'étranger. (Centre-ville)

CESEM REIMS

Préparer de futurs cadres à manier des méthodes et techniques de management dans des univers culturels différents ; développer des comportements utiles en entreprise dans un contexte international, tels sont les deux objectifs du CESEM Reims.

Le programme s'étend sur quatre années. Chaque étudiant passe deux années à Reims (les deux premières ou les deux dernières) et les deux autres dans une institution étrangère correspondant au programme dans lequel il est inscrit.

Sept cycles différents composent le CESEM Reims :
– cycle franco-britannique depuis 1974,
– cycle franco-allemand depuis 1979,
– cycle franco-espagnol depuis 1986,
– cycle franco-américain depuis 1994,
– cycle franco-canadien, cycle franco-irlandais et cycle franco-néerlandais en 1995.

Tous les étudiants qui satisfont aux exigences académiques reçoivent le DESEM et le diplôme de l'institution étrangère. (Campus)

ESC REIMS

La rentrée 1994 de l'ESC Reims est marquée par plusieurs éléments nouveaux :
• création d'un « International Track » qui permet aux étudiants qui le souhaitent de faire toutes leurs formations de spécialisation en environnement international,
• renforcement du tutorat et du « coaching » des étudiants en fin d'études pour faciliter l'insertion professionnelle,
• mise en place de 45 stations multimédias permettant de conduire des travaux utilisant simultanément cassettes vidéo, CD Rom et micro ordinateur.

Campus international, l'ESC Reims accueille 1 700 étudiants dont 250 étrangers, soit 12 nationalités représentées. (Campus)

SUP 'TG REIMS

Former des cadres intermédiaires directement opérationnels en entreprise, tel est le challenge de Sup'TG.

Qu'il s'agisse de fonctions commerciales, comptables ou financières, cette formation de trois ans répond ainsi aux besoins du monde économique en se positionnant entre les Grandes Écoles de management et les formations de type Bac + 2.

Le bachelier qui choisit Sup'TG suit un programme complet lui apportant en deux ans une base culturelle solide et des compétences techniques.

En troisième année, il pourra choisir une des filières suivantes :

– négociation commerciale – vente achats
– assistance de gestion
– banque et assurance
– collaborateur d'expert comptable

Le but principal est de préparer à un métier grâce à une alternance cours et stages, un suivi individualisé de chaque étudiant par un enseignant de l'École et une collaboration étroite avec l'entreprise. (Campus)

ESC RENNES

Durant leurs trois années passées à l'école, les diplômés de l'ESC Rennes ont pu développer, en plus de leurs connaissances théoriques de l'entreprise, une intelligence pratique grâce à une approche réellement professionnalisante : la « Pédagogie de l'Expérience et de l'Initiative » (PEI) et un relationnel étroit avec les entreprises. A l'ESC Rennes, l'international n'est pas considéré comme une spécialité, c'est une dimension essentielle que l'école souhaite apporter à la personnalité de chacun de ses étudiants : séjours à l'étranger pour tous et double-diplôme accessible à tous. Enfin, l'ESC Rennes est le seul établissement français reconnu par le système britannique et agréé par l'Open University. (Campus)

ESC ROUEN

L'ESC Rouen privilégie le partenariat avec les entreprises nationales et internationales. L'École a mis en place en septembre 1994 un nouveau projet pédagogique dont l'objectif principal est d'intégrer encore davantage les apports de ses partenaires entreprises et de ses partenaires universités à l'étranger. La scolarité prévoit un semestre à l'étranger dans l'une des 60 universités partenaires.

La participation des étudiants à un stage en entreprise est obligatoire avant leur entrée en cycle fondamental. La période de stage pendant la scolarité passe de cinq à neuf mois obligatoires tout en conservant le même volume horaire de cours. Situés à des périodes charnières, les stages permettent de renforcer les interactions entre connaissances académiques et applications sur le terrain (un an supplémentaire optionnel. (Campus)

ESC SAINT-ÉTIENNE

Les deux atouts de notre enseignement :

– une forte internationalisation : un réseau de 30 universités étrangères partenaires, une filière et des troisièmes cycles en affaires internationales, un stage à l'étranger obligatoire pour tous d'un minimum de trois mois, des séjours d'études en Europe et en Amérique du Nord débouchant sur des doubles-diplômes, la possibilité de se préparer aux examens des chambres de commerce franco-étrangères, du TOEFL et du GMAT ;

– le développement de la formation en alternance : dans la filière affaires internationales, ainsi que dans les troisièmes cycles.

Les trois points forts de l'école :

– la convivialité due : à sa taille (400 étudiants), à la forte activité associative des étudiants (20 associations et clubs d'étudiants) et à sa localisation dans une ville chaleureuse et accueillante ;

– le sérieux dû : aux contrôles continus fréquents et à une présence aux cours réellement obligatoire ;

– l'expérience : l'école vient de fêter son trentième anniversaire.

(Centre-ville)

IECS STRASBOURG

Établissement universitaire Robert Schuman, l'IECS Strasbourg bénéficie du soutien actif de la Fondation IECS, qui regroupe la CCI de Strasbourg et du Bas-Rhin ainsi qu'une soixantaine d'entreprises régionales. Le cursus comprend trois ans et demi de formation, dont une année d'études obligatoires à l'étranger, dans les 45 universités partenaires, en Europe et en Amérique du Nord. Ici la pratique de trois langues étrangères est obligatoire de même que trois stages qui, répartis sur la totalité du cursus, représentent en moyenne six mois d'expérience professionnelle.

En 1994/95, l'IECS Strasbourg accueille 130 étudiants en provenance des 45 universités partenaires du réseau ERASMUS animé par l'École. Terminons par des frais de scolarité, de l'ordre de 20 000 francs. (Centre-ville)

ESC TOULON

L'École a adapté son cursus au recrutement spécifique de Bac + 2 industriels et scientifiques tandis qu'elle sensibilise les prépas « aux enjeux technologiques ». Pratique l'accueil d'étudiants étrangers sur son campus pour un ou deux semestres. En 1994/95, 30 étudiants toulonnais suivront un semestre d'études dans une université partenaire. (Campus)

ESC TOULOUSE

Forme les futurs dirigeants d'entreprises et d'organisations publiques ou privées dans un environnement international, au centre d'une région fortement dépendante de l'industrie aéronautique et du monde de leurs sous-traitants. Le groupe a son propre centre de recherches, le CRI – Centre de Recherche et d'Intervention - qui anime et coordonne les activités de recherche appliquée, fondamentale et pédagogique. (Centre-ville)

ESC TOURS

Le nouveau cursus pédagogique de l'ESC Tours donne les moyens de maîtriser rapidement les outils de base du management durant les dix-huit premiers mois (Formation Initiale à la Gestion).

Il favorise et simplifie ensuite la démarche des étudiants dans le déroulement des stages et l'insertion professionnelle, grâce à une construction modulaire des enseignements : pendant les dix-huit mois suivants, la Formation Supérieure au Management offre l'opportunité de choix cohérents de matières et de périodes en entreprises flexibles et adaptées, de quatre à neuf mois, ou la formule de l'apprentissage.

L'ouverture internationale reste privilégiée, avec notamment des liens très étroits avec le Japon. (Campus)

ESC TROYES

Créée en 1992, cette école consulaire au diplôme visé par l'Éducation nationale, propose trois filières de troisième année : Marketing et actions marchandes – Management comptable et audit financier – Entreprendre. Ses étudiants suivent six mois de stage de vente en première année et trois mois de recherche et d'application dans leur domaine de spécialisation en troisième année. La deuxième année comporte un semestre dans une université étrangère, obligatoire pour tous les étudiants. L'École a passé plus de 35 d'accords avec des établissements étrangers et appartient à cinq réseaux Erasmus. (Centre-ville)

ISEGSUP (sept implantations sur toute la France)

La formation met l'accent sur la maîtrise des langues, les cours de culture générale où l'on aborde les mouvements d'idée, l'histoire des arts et des civilisations en Europe et à travers le monde, l'esprit de gestion et « l'envergure décisionnaire ». Trois années d'études ponctuées par des stages à l'étranger : deux à quatre mois en première année - quatre mois en deuxième année et une mission internationale pré-professionnelle en troisième année qui peut durer quatre mois. Le groupe ISEG a essaimé à Paris, Bordeaux, Lille, Lyon, Nantes, Strasbourg et Toulouse. (Centre-ville)

ESC AMIENS-PICARDIE

École Supérieure de Commerce
d'Amiens-Picardie

18, place Saint-Michel
80038 Amiens cedex 1
Tél. : 22 82 23 00
Fax : 22 82 23 01

L'ÉCOLE

Dir. du Groupe :	Roger Mezin
Dir. de l'école :	Roger Davis
Resp. Entreprises :	Jean-Marie Egéa
Visa et labels :	Diplôme reconnu et visé par le ministère de l'Éducation nationale. Membre de la Conférence des Grandes Écoles
Accords internationaux :	127 accords incluant les réseaux ISEP et Crépuq

STAGES DURANT LA SCOLARITÉ

- 1re année : Stage « ouvrier » – 1 mois l'été
- 2e année : Stage « généraliste » – 3 mois de janvier à mars ou avril à juin
- 3e année : Stage « spécialiste » – 3 mois de janvier à mars

Tous les stages peuvent avoir lieu en France ou à l'étranger

- AER (Action en Environnement Réel) – Études réalisées pour une entreprise, encadrée par l'école, en 1re et en 2e année

FILIÈRES DE 3e ANNÉE

- Finance I – Audit et contrôle
- Finance II – Politiques et stratégies financières
- Finance III – Contrôle, gestion, DECF)
- Entrepreneurs
- Business communication
- Prospective et nouvelles technologies
- Marketing/Marketing international
- GRH, direction commerciale (France et étranger)

3e CYCLES

- DESS Business communication avec l'université de Picardie Jules Verne

ENTREPRISES PARTENAIRES

Essentiellement autour de 5 secteurs :

- Automobile
- Audit, finances, banque
- Nouvelles technologies
- Agro-alimentaire
- Grande distribution

ASSOCIATIONS

14 associations dont

- AIESEC
- Job Service
- Scope Conseil
- Bureau des Arts…

DIPLÔMÉS

ASCA
18, place Saint-Michel
80038 Amiens cedex 1
Président : Bruno Collache
Annuaire des diplômés :
oui
Nombre d'anciens : ± 2 300

Les diplômés par secteurs d'activité

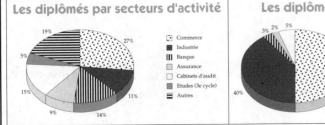

27% Commerce, 19%, 5%, 15%, 9%, 14%, 11% — Industrie, Banque, Assurance, Cabinets d'audit, Études (3e cycle), Autres

Les diplômés par fonctions

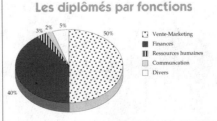

50% Vente-Marketing, 40% Finances, 5%, 2%, 3% — Ressources humaines, Communcation, Divers

ESSCA

École Supérieure des Sciences
commerciales d'Angers

1, rue Lakanal – 49003 Angers cedex 01
Tél. : 41 73 47 47 – Fax : 41 73 47 48
12, boulevard de Lagny – Marne-la-Vallée
77600 Bussy-Saint-Georges
Tél. : (1) 64 76 18 18 – Fax : (1) 64 76 18 19

L'ÉCOLE

Dir. du Groupe : Michel Poté
Dir. de l'école : Jean-Pierre Noblet
Resp. Entreprises : Gilles Bellanger
Visa et labels : Visa du ministère de l'Enseignement
supérieur et de la Recherche.
Membre du Chapitre des Grandes Écoles
et de la FESIC.

STAGES DURANT LA SCOLARITÉ

- 1re année : stage exécutant – 6 à 8 semaines
- 2e année : négociation commerciale – 8 à 12 semaines
- 3e année : mission – 8 à 12 semaines
- 4e année : stage spécialisé – 16 semaines minimum

FILIÈRES DE 3e ET 4eANNÉES

◆ 3 modes de formation :
  - formation alternée
  - formation internationale
  - formation recherche appliquée
◆ 5 filières professionnelles :
  - Finance trésorerie
  - Audit expertise
  - Études prévisions
  - Distribution vente
  - Commerce extérieur

3e CYCLES

Mastère spécialisé Management des échanges Est-Ouest
DESS Sûreté de mission des organisations en collaboration avec
l'Université d'Angers

ENTREPRISES PARTENAIRES

- ICL
- ACL Coopers Librand
- Orangina
- Ford
- Peugeot
- Fiat
- Danone
- France Printemps
- Crédit Mutuel
- Crédit Lyonnais
- Auchan
- France Loisirs
- HSD Ernst Young

ASSOCIATIONS

26 associations dont

- Junior entreprises : 1 000 KF
- AIESEC : 72 KF
- Le P'tit Queniau : 700 KF
- Mercuriale : 400 KF
- BDE : 800 KF…

DIPLÔMÉS

Président : Arnaud d'Herouville
Annuaire des anciens : oui
Nombre d'anciens :
5 000e ancien élève en 1995

Les diplômés par secteurs d'activité — Les diplômés par fonctions

ESC BORDEAUX

École Supérieure de Commerce
de Bordeaux

680, cours de la Libération
33405 Talence cedex
Tél. : 56 84 55 55
Fax : 56 84 55 00

L'ÉCOLE

Dir. du Groupe :	Georges Viala
Dir. de l'école :	Francis Davrat
Resp. Entreprises :	Cécile Debeney
Visa et labels :	Diplôme reconnu par le ministère de l'Éducation Nationale. Membre fondateur du Chapitre des Grandes Écoles et membre la Conférence des Grandes Écoles.
Accords internat. :	19 accords dans 8 pays

STAGES DURANT LA SCOLARITÉ

◆ Tous les stages peuvent avoir lieu en France ou à l'étranger :
- Stage vente 1re année – 1 mois minimum
- Stage optionnel 2e année – 2 mois
- Stage 3e année – 4 mois
- Stage optionnel longue durée, entre 2e et 3e année (année césure)

◆ Projet entreprise 1re année – huit mois à raison d'1/2 journée par semaine – partiellement en entreprise.
Projet entreprise 2e année – 8 mois à raison d'1/2 journée par semaine – partiellement en entreprise.

FILIÈRES DE 3e ANNÉE

- Audit-contrôle de gestion
- Marketing-Vente
- Finance entreprise
- Ingénierie financière,
- Commerce International
- Finance internationale
- Généraliste

3e CYCLES

- Institut Supérieur de Logistique Industrielle, 3e cycle ISLI*
- Insitut du Management de l'Achat Industriel, 3e cycle (MAI)
- Institut du Management des Risques (IMR)*
- Institut du Management des Organisations Publiques (IMOP)*
- Institut du Management patrimonial et de l'Immobilier (IMPI)*
- Institut du Management par la Qualité (ISMQ) *

Mastère spécialisé accrédité par la Conférence des Grandes Écoles

ENTREPRISES PARTENAIRES

- Crédit Lyonnais
- Rank Xerox
- PA Consulting Group
- IBM
- AMORA
- Procter & Gamble
- Papeteries SILL…

ASSOCIATIONS

40 associations réparties par secteurs :

- **Économique**
- AMS Junior Entreprise
- Exécution (marketing tél.)
- Club investissement
- **International**
- AIESEC
- Karel IV (rapprochement franco-tchèque)
- **Communication**
- **Informatique**
- **Humanitaire**
- **Culturel**
- Club théâtre, Club photo, Groupe de rock…
- **Sportif**
- Surf, ski, voile…

DIPLÔMÉS

Annuaire des anciens :
oui
Nombre d'anciens : 6 846

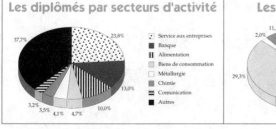

Les diplômés par secteurs d'activité

- Service aux entreprises — 23,8%
- Banque — 13,0%
- Alimentation — 10,0%
- Biens de consommation — 4,7%
- Métallurgie — 4,1%
- Chimie — 3,5%
- Comunication — 3,2%
- Autres — 37,7%

Les diplômés par fonctions

- Direction générale — 21,2%
- Finance — 15,2%
- Gestion — 21,2%
- Marketing — 29,3%
- GRH — 2,0%
- Autres — 11,1%

ESC COMPIÈGNE

École Supérieure de Commerce
de Compiègne

6, avenue Thiers
60200 Compiègne
Tél. : 44 38 55 00
Fax : 44 38 55 09

L'ÉCOLE

Dir. de l'école :	Claude Boissady
Dir. des études :	Claude Boissady
Resp. Entreprises :	Alain Guilldou
Visa et labels :	Association Loi 1901
	École reconnue par l'État (14/05/91)
	Homologuée Niveau II (27/07/93)
Accords internationaux :	18 accords

STAGES DURANT LA SCOLARITÉ

- Courant 1re année : Immersion en entreprise : 15 jours
- Fin 1re année : Découverte d'une fonction : 8 semaines
- Fin 2e année : Stage professionnel : 10 semaines
- Courant 3e année : Stage « cadre » : 5 mois

Tous les stages peuvent se dérouler en France ou à l'étranger

FILIÈRES DE 3e ANNÉE

- Marketing
- Finance-Comptabilité
- Relations Internationales
- Management et Ressources Humaines
- Reprise/Création d'Entreprise

3e CYCLES

ENTREPRISES PARTENAIRES

- Crédit Lyonnais
- Roussel-Volaf
- Décathlon
- Carrefour
- Conforama

ASSOCIATIONS

3 associations en loi 1901
10 associations en interne

- Azimuts : BDE, BDS
- AIESEC : 340 MF
- COM'S : JE – 600 MF

DIPLÔMÉS

Présidente :
Valérie-Anne Moreau
Tél. : 44 86 90 82
Annuaire des diplômés :
oui
Nombre d'anciens : 694

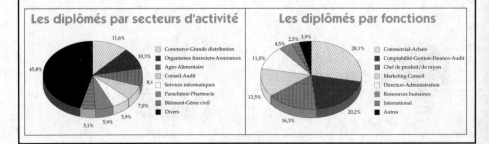

Les diplômés par secteurs d'activité

11,6%
10,3%
8,4
7,0%
5,1% 5,9% 5,9%
45,8%

- Commerce-Grande distribution
- Organismes financiers-Assurances
- Agro-Alimentaire
- Conseil-Audit
- Services informatiques
- Parachimie-Pharmacie
- Bâtiment-Génie civil
- Divers

Les diplômés par fonctions

2,5% 3,9%
4,5%
11,0%
13,5%
16,3% 20,2%
28,1%

- Commercial-Achats
- Comptabilité-Gestion-Finance-Audit
- Chef de produit/de rayon
- Marketing-Conseil
- Direction-Administration
- Ressources humaines
- International
- Autres

ESC DIJON

École Supérieure de Commerce
de Dijon

29, rue Sambin
21000 Dijon
Tél. : 80 72 59 00
Fax : 80 72 59 99

L'ÉCOLE

Dir. du Groupe :	Christian Bérard
Dir. de l'école :	Christian Bérard
Resp. Entreprises :	Serge Jamais
Visa et labels :	Ministère de l'Éducation nationale
	Membre du Chapitre des Écoles de
	Management de la Conférence des
	Grandes Écoles
Accords	
internationaux :	22 accords dans 10 pays

STAGES DURANT LA SCOLARITÉ

- Avant l'intégration : stage d'exécution (4 semaines min.)
- 1re année : stage obligatoire à l'étranger (8 semaines min.)
- 2e année : stage d'étude (10 semaines minimum)
- 3e année : mission en entreprise (3 mois minimum ou 6 mois)

Au total, 34 semaines minimum
Année en entreprise entre la 2e et la 3e année

FILIÈRES DE 2nd SEMESTRE 2e ANNÉE

- Finance
- Comptabilité/Audit/Contrôle
- Management et Changement
- Marketing/Vente
- Gestion Internationale
- Année en université étrangère
- Gestion d'entreprise
- Vocation Action

3e CYCLES

- DEA en Sciences de Gestion en collaboration avec
  l'Université de Bourgogne
- Mastères spécialisés :
  – Management de l'Industrie Pharmaceutique
  – Commerce International des Vins et Spiritueux
  – Européen en Management des entreprises culturelles

ENTREPRISES PARTENAIRES

De nombreux partenariats informels avec les entreprises : stages spécifiques, interventions dans le cadre des cours…

ASSOCIATIONS

19 associations dont

- Junior Entreprise (Dijon Études, Conseil)
- Dijon Direct Système
- ESC Services…

DIPLÔMÉS

29, rue Sambin
21000 Dijon
Président : Frédéric Dunand
Annuaire des diplômés:
oui
Nombre d'anciens : 3 850

Les diplômés par secteurs d'activité

- 7%
- 6%
- 4%
- 6%
- 13%
- 19%
- 15%
- 30%

  Agriculture et agro-alimentaire
  Energie
  Industrie
  Commerce-Transport
  Etudes Conseil
  Assurances-Banques
  Autres services privés
  Service public

Les diplômés par fonctions

- 5%
- 4%
- 19%
- 1%
- 2%
- 4%
- 12%
- 53%

  Direction générale
  Production-Achats
  Ressources humaines
  Marketing-Pub
  Commercial-Vente
  Finance-Gestion-Administration
  Organisation-Informatique
  Autres

ESC GRENOBLE

École Supérieure de Commerce
de Grenoble

12, rue Pierre-Sémard
Europole – BP 127
38003 Grenoble cedex 01
Tél. : 76 70 60 60
Fax : 76 70 60 99

L'ÉCOLE

Dir. du Groupe : Jean-Paul Leonardi
Dir. de la pédagogie : Thierry Grange
Dir. de l'école : Alain Garcia
Resp. Entreprises : Christine Beaudet
Visa et labels : Diplôme visé par le ministère de l'Éducation nationale ; Membre de la Conférence des Grandes Écoles et du Chapitre des Écoles de Management ; Membre de l'EFMD et de l'EDAMBA
Accords internat. : 49 accords dans 14 pays

STAGES DURANT LA SCOLARITÉ

- Production : 1 mois (janvier – FIG)
- Commercial : 2 mois minimum en France ou à l'étranger (fin FIM)
- Management : 3 à 5 mois – Fr./étr. – (fin FSM1)
- Projet de fin d'étude en binôme avec un élève ingénieur : 3 à 6 mois (fin FSM2)

FILIÈRES DE 3ᵉ ANNÉE

- Achat et vente dans un contexte international
- Management de l'évolution de l'entreprise
- Création d'entreprise
- Management comptable et financier
- Management de la PME

3ᵉ CYCLES

◆ 5 Mastères spécialisés :
  - Marketing international des technologies avancées
  - Management technologique
  - Management technologique de l'innovation agro-alimentaire
  - Management du design industriel
  - Entrepreneuriat
◆ Institut de Formation des Entrepreneurs Rhône-Alpes (IFE)
◆ Executive Master of Business Administration (EMBA)
◆ Doctorate of Business Administration (DBA)

ENTREPRISES PARTENAIRES

- Becton Dickinson
- Coopers et Lybrand
- Groupe LVMH
- Hewlett Packard
- Price Waterhouse
- Procter & Gamble
- Rhône-Poulenc
- Schneider Electric
- Ets Raymond
- Groupe BSN
- SGS Thomson
- Sommer Allibert
- Confédération Générale des PME
- BNP   • l'Oréal

ASSOCIATIONS

4 assoc. à but économique
- Stratégie Conseil Entreprise : (CA : 800 KF)
- Job Service : (CA : 650 KF)
- L'Odyssée de l'Entreprise : (CA : 1 150 KF)
- Olympub : (CA : 800 KF)
et 13 autres à buts sportifs, culturels ou humanitaires

DIPLÔMÉS

Même adresse que l'école
Tél. : 76 70 62 00
Annuaire des anciens :
oui
Orientation carrières : oui
Nombre d'anciens : 1 150

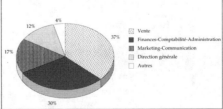

Les diplômés par secteurs d'activité

11%
3%
4%
7%
9%
10%
15%
41%

- Industrie
- Cabinets d'audit
- Banques-Assurances
- Transports-Télécommunication
- Agriculture-IAA
- Distribution
- BTP-Génie civil
- Divers

Les diplômés par fonctions

12%
4%
37%
17%
30%

- Vente
- Finances-Comptabilité-Administration
- Marketing-Communication
- Direction générale
- Autres

ESCO Grenoble

École Supérieure de Commerce et d'Organisation de Grenoble

Campus International de Bissy
17, rue du Tour de l'Eau
38400 Saint-Martin d'Heres
Tél. : 76 51 14 53 ou 76 51 14 00
Fax : 76 42 36 77
Minitel : 3615 ESCO

L'ÉCOLE

Dir. du Groupe :	Alex Lienard
Dir. de l'école :	Alex Lienard
Resp. Entreprises :	Nathalie Koesler
	Ludovic Griboval
Resp. Concours et Dir. adjoint :	Alain Sombardier
Dir. des études :	Dominique Gay-Depassier
Visa et labels :	Reconnu par l'État (en cours)
	Homologation du titre par l'État (dossier déposé sous le n° 1211)
Accords internationaux :	4 accords dans 4 pays

ENTREPRISES PARTENAIRES

- Commissariat de l'Énergie Atomique
- Leroy-Merlin
- Carrefour
- Continent
- Banque Sofinco
- Teisseire
- Philips
- Unilever…

STAGES DURANT LA SCOLARITÉ

- 1re année : Vente : 1 mois en contact direct avec la clientèle
  Commercial : 1,5 mois pour une première expérience du management commercial
- 2e année : Marketing : 2 mois pratique des techniques du marketing
  Organisation : 2 mois d'expérience des problèmes d'organisation d'entreprise et/ou de gestion de production
- 3e année : Option et responsabilité managériale : 4 mois d'expérience de la prise de responsabilité/Mise en situation de l'exercice professionnel

Ces stages peuvent avoir lieu en France ou à l'étranger

ASSOCIATIONS

6 associations
- BDE : 5 membres
- BDS : 5 membres
- BDA : 4 membres
- Jeune Entreprise/Stratège : 4 membres
- Cyclope Communication : 3 membres
- Imagin : 3 membres

FILIÈRES DE 3e ANNÉE

- Marketing négociation
- Marketing communication
- Affaires internationales
- Finance – Comptabilité

DIPLÔMÉS

Association des Anciens
Président : Arnaud Coupe
Annuaire des diplômés :
oui
Nombre d'anciens : 163

Les diplômés par secteurs d'activité

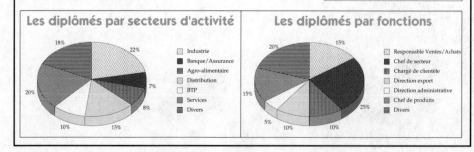

- 18%
- 22%
- 7%
- 8%
- 15%
- 10%
- 20%

Industrie
Banque/Assurance
Agro-alimentaire
Distribution
BTP
Services
Divers

Les diplômés par fonctions

- 20%
- 15%
- 25%
- 10%
- 10%
- 5%
- 15%

Responsable Ventes/Achats
Chef de secteur
Chargé de clientèle
Direction export
Direction administrative
Chef de produits
Divers

SUP DE CO LA ROCHELLE

École Supérieure de Commerce
de La Rochelle

102, rue de Coureilles
17024 La Rochelle cedex
Tél. : 46 51 77 00
Fax : 46 51 77 98

L'ÉCOLE

Dir. du groupe :	Jacques-Louis Keszler
Dir. de l'école :	Jacques-Louis Keszler
Resp. entreprises :	Yves Jardonnet
Visa et labels :	Diplôme visé par le ministère de l'Éducation nationale
Accords internationaux :	38 accords d'échanges

STAGES DURANT LA SCOLARITÉ

- 1re année : 2 mois de juillet à août
  - Internat : 4 mois de mars à juin
- 2e année : Cadre à l'étranger, Ressources humaines : 2 mois de juillet à août
- 3e année : Conduite de projet : 3 mois de juillet à septembre

FILIÈRES DE 2e OU 3e ANNÉE

En France
- Marketing Agro-alimentaire
- Marketing
- Finances

A l'étranger
- Agro-alimentaire
- Ressources humaines
- Marketing
- Finance
- Gestion hôtelière
- Commerce Est-Ouest

3e CYCLES

Prévu pour 1995/1996

ENTREPRISES PARTENAIRES

- Hennessy
- AGF
- BIS
- Fleury Michon
- Crédit Agricole
- Eurial
- Macif
- KPMG
- Manpower
- Gec Alsthom
- Auchan
- Prodim
- Entremont
- Kraft Général Food
- Maaf
- Semat

ASSOCIATIONS

25 associations dont
- BDE
- Atlantic Études (JE)
- La Rochelle Action
- Canal Sup
- Rencontres d'Affaires
- Sup de Co Solidarité
- BDS…

DIPLÔMÉS

Président : Serge Rouxel
Annuaire des diplômés :
oui
Nombre d'anciens : 345

Les diplômés par secteurs d'activité

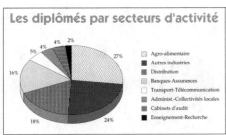

- Agro-alimentaire — 27%
- Autres industries — 24%
- Distribution — 18%
- Banques-Assurances — 16%
- Transport-Télécommunication — 5%
- Administ.-Collectivités locales — 4%
- Cabinets d'audit — 4%
- Enseignement-Recherche — 2%

Les diplômés par fonctions

- Marketing-Commerce — 67%
- Finances-Comptabilité — 19%
- Ressources humaines — 6%
- Direction générale — 5%
- Autres — 3%

Sup de Co LE HAVRE/CAEN
Groupe ESC NORMANDIE

Campus du Havre
30, r. de Richelieu – 76087 Le Havre Cx
Tél. : 32 92 59 99 – Fax : 35 42 11 16
Campus de Caen
Rue Claude Bloch – 14000 Caen
Tél. : 31 47 40 20 – Fax : 31 43 81 01

L'ÉCOLE

Dir. du Groupe :	Michel Poté
Dir. de l'école :	Christiane Tincelin
Resp. Entreprises :	Nathalie Velter
Visa et labels :	Membre du Chapitre des Écoles de Management de la Conférence des Grandes Écoles
	Membre de l'EFMD pour l'Europe et de l'AACSB aux Etats-Unis

Accords internationaux : 55 accords dans 30 pays

STAGES DURANT LA SCOLARITÉ

Fin 1re année : 2 à 3 mois

Fin 2e année : 4 à 6 mois entre mai et octobre ou 10 à 12 mois entre mai et avril avec une formation en alternance (4 jours de formation par mois) ou une année complète entre la 2e et 3e année

FILIÈRES DE 2e OU 3e ANNÉE

- Audit Expertise
- Marketing Interactif : Distribution. Négoce, Vente, Négociation
- Management Industriel et Logistique
- Finance
- Recherche et Décision Marketing
- Entrepreneur

3e CYCLES

IPER : 3e cycle spécialisé en Transport, Export, Logistique
MDT : Master en Management du Développement Territorial

ENTREPRISES PARTENAIRES

- Canon
- Compagnie Bancaire
- Monoprix
- Promodes
- Unilever
- Coopers and Lybrand
- KPMG Judiciaire de France
- Crédit Lyonnais
- Auguste Thouard
- Axa
- Sidel
- Total

ASSOCIATIONS

12 associations dont
- BDE : 375 000 F
- ESC Normandie Junior Conseil : 500 000 F
- Aigue Marine : 80 000 F
- Concours de Vente : 350 000 F
- Concours l'Express : 150 000 F

DIPLÔMÉS

67, rue de Provence
75009 Paris
Président : Pierre Nougué
Annuaire des diplômés : oui
Nombre d'anciens : 2 550

Les diplômés par secteurs d'activité

- Industrie
- Transports
- Commerce
- Intermédiaires (industrie/commerce)
- Administrations
- Enseignement
- Divers

36%, 9%, 3%, 1%, 33%, 4%, 14%

Les diplômés par fonctions

- Direction générale
- Production / Achats
- Administration
- Ressources humaines
- Marketing-/publicité
- Commercial/Ventes
- Finance/Gestion/Comptabilité
- Divers

24%, 8%, 24%, 3%, 4%, 2%, 10%, 25%

EDHEC LILLE/NICE

École de Hautes Etudes Commerciales du Nord

58, rue du Port
59046 Lille cedex
Tél. : 20 15 45 00 – Fax : 20 15 45 01
393, promenade des Anglais – BP 116
06202 Nice cedex 3
Tél. : 93 18 99 66 – Fax : 93 83 08 10

L'ÉCOLE

Dir. du Groupe :	Olivier Oger
Dir. du campus Nice :	Hubert Lefebvre
Dir. du campus Lille :	Jean-Louis Turrière
Resp. Entreprises :	Marc Fauchille
Visa et labels :	Diplôme unique reconnu et visé par le Ministère de l'Enseignement supérieur.
Accords internat. :	28 accords dans 11 pays

STAGES DURANT LA SCOLARITÉ

- 1er cycle : Stage opérationnel (2 mois) et 1 année en entreprise entre la 1re et la 2e année (optionnel)
- 2e cycle : Stage long (5 mois minimum) ou alternance professionnelle (2 jours par semaine)

Tous les stages peuvent s'effectuer en France ou à l'étranger

FILIÈRES DE 3e ANNÉE

- Management international
- Audit et contrôle de gestion
- Expertise comptable
- Finance de marché
- Finance d'entreprise
- Finance d'entreprise internationale
- Marketing inter-entreprises
- Marketing approfondi
- Management du produit et de la consommation
- Fonction personnel
- Gestion juridique des risques de l'entreprise
- Entrepreneurs
- Banque-Assurance

3e CYCLES

Le pôle 3e cycle Edhec comprend :
3 mastères spécialisés :
- Ingénieur d'affaires internationales
- Management et gestion de la qualité totale
- Management agro-alimentaire européen
 + 1 MBA : l'Ingénieur Manager IFSI

ENTREPRISES PARTENAIRES

- La Redoute
- La SNCF
- Eurest
- Peugeot
- Bull
- 3 M France
- Automobiles Citroën
- Henkel
- Peaudouce
- Rank Xerox
- Whirlpool

ASSOCIATIONS

33 associations dont
- CMS : 1 300 000 F
- GPEA : 400 000 F
- CHTI : 3 000 000 F
- Course Croisière : 4 700 000 F
- Transaction
- Le Pitchoun
- ETNA/Cyclope…

DIPLÔMÉS

58, rue du Port
59046 Lille cedex
Président : Thierry Marraud
Annuaire des anciens :
oui
Nombre d'anciens : 5 500

Les diplômés par secteurs d'activité

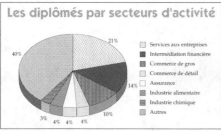

21%
40%
14%
3% 4% 4% 4%
10%

- Services aux entreprises
- Intermédiation financière
- Commerce de gros
- Commerce de détail
- Assurance
- Industrie alimentaire
- Industrie chimique
- Autres

Les diplômés par fonctions

19% 15%
3%
18%
9%
11%
12% 13%

- Finance-Comptabilité
- Commercial-Vente
- Service public
- Marketing-communication
- Direction générale
- Direction opérationnelle
- International
- Autres

IÉSEG

Institut d'Économie Scientifique et de Gestion

3, rue de la Digue
59800 Lille
Tél. : 20 54 58 92
Fax : 20 57 48 55

L'ÉCOLE

Dir. de l'école : Jean-Philippe Ammeux

Resp. Entreprises : Daniel Buyl

Visa et labels : Diplôme visé par le ministère de l'Enseignement supérieur et de la Recherche

Membre de la FESIC

Accords internat. : 8 accords dans 27 universités

ENTREPRISES PARTENAIRES

- Crédit Général Industriel
- Groupe Trois Suisses International
- Banque Scalbert-Dupont
- Auchan

STAGES DURANT LA SCOLARITÉ

- 1re année : stage ouvrier – 1 mois entre juillet et septembre
- 2e année : stage commercial – 1 mois entre juillet et septembre
- 4e année : stage cadre – 3 à 6 mois entre avril et septembre

ASSOCIATIONS

± 20 associations dont

- BDE
- BDS
- IÉSEG Conseil
- Bac au départ
- Club théâtre
- IÉSEG Promotion
- AVI Association Voile
- Action
- PIB (Journal IÉSEG)…

FILIÈRES DE 5e ANNÉE

Trois spécialisations possibles en 5e année :
- Audit et gestion internationale
- Finance
- Marketing

3e CYCLES

DESS « Management des banques et des institutions financières » en lien avec la faculté libre de Sciences Économiques de Lille

DIPLÔMÉS

AAIÉSEG
3, rue de la Digue
59800 Lille
Président : Jean-Marc Hallé
Annuaire des diplômés : oui
Nombre d'anciens : 1 000

Les diplômés par fonctions

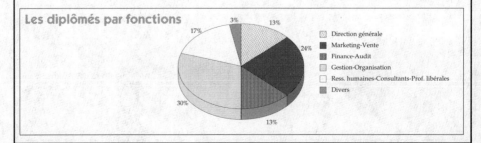

- Direction générale
- Marketing-Vente
- Finance-Audit
- Gestion-Organisation
- Ress. humaines-Consultants-Prof. libérales
- Divers

3% / 13% / 17% / 24% / 30% / 13%

ESC LILLE

École Supérieure de Commerce
de Lille

Avenue Gaston Berger
59045 Lille cedex
Tél. : 20 49 31 31
Fax : 20 49 04 56

L'ÉCOLE

Dir. du Groupe :	Jean-Pierre Debourse
Dir. de l'école :	Jean-Pierre Raman
Resp. Entreprises :	Jacques Guilluy
Visa et labels :	Diplôme reconnu par l'État visé par le ministère de l'Éducation nationale. École Membre Conférence des Grandes Écoles
Accords internationaux :	28 accords dans 17 pays

STAGES DURANT LA SCOLARITÉ

- 1re année : Projet Marketing (étude de jan. à avril) ; Projet RH (étude de oct. à jan.) ; Stage étranger (juin à sep.)
- 2e année : Projet RH (étude de nov. à déc.) ; Nord-Entreprises (1,5 j./Sem. pendant 4 mois de fév. à mai) ; Stage Cadre (juin à nov.) ; Mémoire de fin d'étude

FILIÈRES DE 3e ANNÉE

- Finance de marché • Finance d'entreprise
- Audit contrôle de gestion/Expertise comptable
- Communication • Marketing vente
- Marketing produit • Affaires internationales
- Entrepreneurs • Management des ressources humaines

3e CYCLES

- Finance actuariat gestion de portefeuille
- Finance et gestion de patrimoine
- Financement trésorerie et gestion des risques
- Communication • Audit contrôle de gestion
- Management des collectivités territoriales
- Qualité totale en marketing
- Gestion d'affaires en ingénierie
- Logistique et approvisionnement
- Management qualité industrie et services

ENTREPRISES PARTENAIRES

- Caisse d'Épargne
- Auchan
- La Redoute
- Decathlon
- Banque Scalbert Dupont
- GDF
- Les 3 Suisses
- Groupe Dewavrin
- Groupe SFPI
- Crédit du Nord

ASSOCIATIONS

28 associations dont

- BDE – Catharsis
- BDS – Uppercut
- JE – Noretude
- AIESEC
- Adéquation…

DIPLÔMÉS

ESC Lille
Avenue Gaston Berger
59045 Lille cedex
Président : Alex Sauvage
Annuaire des anciens :
oui
Nombre d'anciens : 4 097

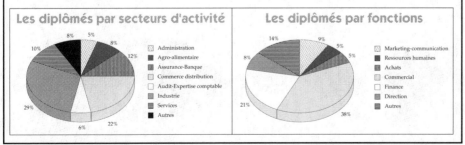

Les diplômés par secteurs d'activité

- 8%
- 5%
- 8%
- 10%
- 12%
- 29%
- 6%
- 22%

Administration
Agro-alimentaire
Assurance-Banque
Commerce distribution
Audit-Expertise comptable
Industrie
Services
Autres

Les diplômés par fonctions

- 14%
- 9%
- 5%
- 5%
- 8%
- 21%
- 38%

Marketing-communication
Ressources humaines
Achats
Commercial
Finance
Direction
Autres

ESC LYON

École Supérieure de Commerce de Lyon

23, avenue Guy de Collongue
69132 Ecully cedex
Tél. : 78 33 78 00
Fax : 78 33 61 69

L'ÉCOLE

Dir. du Groupe :	Bruno Dufour
Dir. de l'école :	Gordon Shenton
Resp. Entreprises :	Éric Charvet
Visa et labels :	Diplôme visé par le ministère de l'Éducation nationale
	Membre de la Conférence et du Chapitre des Grandes Écoles
Accords internationaux :	54 accords dans 22 pays

STAGES DURANT LA SCOLARITÉ

- Une année en entreprise entre la 1re et la 2e année
- 3 à 6 mois à la fin de la 2e année
- Projet de recherche en 3e année

FILIÈRES DE 2e OU 3e ANNÉE

Dominante :
- Contrôle de gestion
- Finance
- Marketing
- Vente

Axes transversaux : Entrepreneurship, Management des Organisations, Leadership et Management, Management Européen, Management International, Management en milieu Industriel et Technologique, Droit et Management.

3e CYCLES

- CESMA MBA
- Mastères : Management des Entreprises de Services, Ingénierie Financière, Stratégie et Marketing International des Entreprises Industrielles, Management de la Technologie

ENTREPRISES PARTENAIRES

- Accor
- Alcatel
- Alsthom
- Crédit Lyonnais
- Ecco
- EDF/GDF
- Ernst & Young/HSD
- Groupe Rhône-Poulenc
- Lyonnaise de Banque
- Plastic Omnium
- SNCF
- Société Générale
- Unilever

ASSOCIATIONS

15 associations dont

- Junior Entreprises
- JET
- Ingecom
- Petit Paumé…

DIPLÔMÉS

23, avenue Guy de Collongue
69130 Ecully
Président : Guy Lescœur
Annuaire des anciens : oui
Nombre d'anciens : 6 570

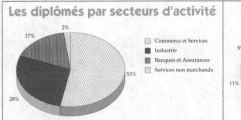

Les diplômés par secteurs d'activité

- Commerce et Services
- Industrie
- Banques et Assurances
- Services non marchands

2%, 17%, 53%, 28%

Les diplômés par fonctions

- Finance - Gestion
- Commerce-Finance-Export
- Marketing-Publicité
- Direction générale
- Organisation-Information
- Achats-logistique
- Ressources humaines
- Autres

9%, 1%, 2%, 3%, 5%, 46%, 11%, 23%

ESC MARSEILLE-PROVENCE

École Supérieure de Commerce
Marseille-Provence

Domaine de Luminy
BP 911
13288 Marseille cedex 9
Tél. : 91 41 24 90 - 91 26 98 00
Fax : 91 26 81 62

L'ÉCOLE

Dir. du Groupe :	Ernest Deraco
Dir. de l'école :	Charles-Henri Besseyre des Horts
Resp. Entreprises :	Mariano Corso
Visa et labels :	Conférence et Chapitre des Grandes Écoles de Commerce. Membre EFMD
Accords internationaux :	35 accords dans 17 pays

STAGES DURANT LA SCOLARITÉ

- 1re année et 2e année : 45 jours minimum, fortement recommandé à l'étranger. De plus, possibilité d'une journée par semaine en entreprise régionale pendant un an.
- 3e année : 3 à 6 mois (stage de fin d'études)
- 1 année en entreprise
- CFA dès la 2e année

FILIÈRES DE 3e ANNÉE

Affaires internationales, Audit/Expertise, Distribution et agro-alimentaire, Entrepreneurs et dirigeants PME, Études marketing, Finance/Banque, Finance/Contrôle de gestion, Finance/Marchés financiers, Gestion des ressources humaines, Management commercial, Management international comparé, Management du sport, Marketing/Chef de produit Marketing des services, Production et logistique

3e CYCLES

- Mastère Ingénierie Financière (avec l'ISEFI)
- Mastère MICA (Immobilier)
- Mastère Qualité et Technologique (ESIM)
- Mastère Entreprises de Santé
- Master of Art Management du Sport (DRJS)
- Master of Art Distribution Agro-Alimentaire
- Mastère Rehabilitation Urbaine (École d'Architecture)

ENTREPRISES PARTENAIRES

- France Télécom
- Renault
- BPPC
- Rank Xerox
- BDA
- Bull
- Orangina
- Ricard
- Casino

ASSOCIATIONS

5 associations
- BDE
- BDS
- AIESEC
- COBFI
- Marketing Méditerranée – JE

DIPLÔMÉS

Annuaire des diplômés :
oui
Nombre d'anciens :
+ de 4 000 en activité

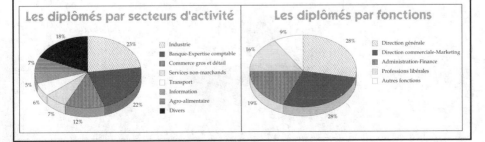

Les diplômés par secteurs d'activité

18% / 23% / 7% / 5% / 6% / 7% / 12% / 22%

- Industrie
- Banque-Expertise comptable
- Commerce gros et détail
- Services non-marchands
- Transport
- Information
- Agro-alimentaire
- Divers

Les diplômés par fonctions

9% / 28% / 16% / 19% / 28%

- Direction générale
- Direction commerciale-Marketing
- Administration-Finance
- Professions libérales
- Autres fonctions

ESC MONTPELLIER

École Supérieure de Commerce
de Montpellier

2300, avenue des Moulins
BP 3139
34034 Montpellier cedex 1
Tél. : 67 10 25 00
Fax : 67 45 13 56

L'ÉCOLE

Dir. du Groupe :	Didier Jourdan
Dir. de l'école :	Didier Jourdan
Dir. Dévelop. :	Michel Aslanian
Visa et labels :	Établissement consulaire, reconnu par l'État. Membre du Chapitre des Écoles de Management. Membre de la Conférence des Grandes Écoles. Membre AACSB, EFMD, CLADEA
Accords internationaux :	49 accords dans 16 pays

STAGES DURANT LA SCOLARITÉ

• 1re année : Stage Découverte Action (2 mois)
• En fin de 1re ou 2e année possibilité d'une année en entreprise
• 2e année : Stage d'application (3 mois minimum)
• 3e année : Stage d'option (6 mois minimum)

FILIÈRES DE 3e ANNÉE

Options :
• Audit : achat industriel
• Contrôle de gestion
• Filière industrielle et hospitalière
• Entreprise et marchés financiers
• Gestion des Risques de l'Entreprise
• Gestion opérationnelles des ressources humaines
• Management PME/PMI – Négociation vente
• Négociation en Environnement Public

3e CYCLES

• DESS Gestion Ressources Humaines
• DESS Finance Management Européen
• DESS Carrières Technico Commercial de l'informatique
• Master Centre International des Aménagements Touristiques (CIAT)

ENTREPRISES PARTENAIRES

• Coca-Cola
• La Poste
• Société Générale
• France Télécom
• EDF/GDF
• Laboratoire Chauvin
• Mutuelle Force Sud
• Toshiba
• Hay Management Consultants…

ASSOCIATIONS

14 associations dont :
• BDE
• BDS
• ESC Service (Junior Entreprise)
• Axe finance
• Alter Ego
• Sup d'Éole
• Sup de Cœur…

DIPLÔMÉS

Annuaire des diplômés :
oui
Nombre d'anciens : 3 995

Les diplômés par fonctions

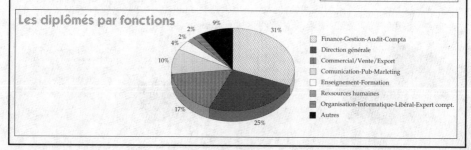

- 31% Finance-Gestion-Audit-Compta
- 25% Direction générale
- 17% Commercial/Vente/Export
- 10% Comunication-Pub-Marleting
- 4% Enseignement-Formation
- 2% Rexsources humaines
- 2% Organisation-Informatique-Libéral-Expert compt.
- 9% Autres

ICN
Institut Commercial de Nancy

13, rue Michel Ney
54037 Nancy cedex
Tél. : 83 39 64 50
Fax : 83 39 64 80

L'ÉCOLE

Dir. du Groupe :	Jacques Thévenot
Dir. de l'école :	Jacques Thévenot
Resp. Entreprises :	Sofy Mulle
Visa et labels :	Chapitre des Écoles de Management de la Conférence des Grandes Écoles Membre de l'EFMD (European Foundation for Management Development)
Accords internationaux :	48 accords dans 21 pays

STAGES DURANT LA SCOLARITÉ

1re année : stage à l'étranger (4 semaines minimum)

2e année : stage professionnel (8 semaines minimum)

3e année : stage cadre (14 semaines minimum)

FILIÈRES DE 2e et 3e ANNÉE

• Affaires internationales
• Audit
• Entrepreneurs
• Finance
• Gestion des ressources humaines
• Marketing/Direction des ventes
• Systèmes d'information et organisation

3e CYCLES

• DESS Gestion commerciale des produits
• DESS Audit et conception des systèmes d'information

ENTREPRISES PARTENAIRES

• Pont-à-Mousson SA
• Caisse d'Épargne
• Procter & Gamble
• SNCF   • BPL
• Vittel   • BNP
• Danone   • EDF/GDF
• Nestlé   • Rank Xerox
• Kléber   • Renault
• Sollac   • IBM
• Strafor…

ASSOCIATIONS

35 associations dont
• Junior Entreprise
• Bureau des Élèves
• Forum Est Horizon
• ICN Multimédias
• Le Fil d'Ariane
• Bureau des Arts
• Trophée ICN des Entreprises
• Objectif Pub…

DIPLÔMÉS

Président :
Jean-Claude Lebrun-Bonhote
Annuaire des diplômés :
oui
Nombre d'anciens : 3 290

Les diplômés par secteurs d'activité

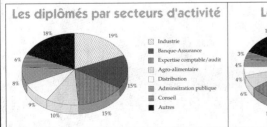

Industrie, Banque-Assurance, Expertise comptable/audit, Agro-alimentaire, Distribution, Admisitration publique, Conseil, Autres

Les diplômés par fonctions

Contrôle de gestion-Audit, Ventes, Marketing-Promotion, Gestion administrative, Fonctions bancaires, Import/export, Informatique de gestion, Autres

ESC Nantes Atlantique

École Supérieure de Commerce Nantes Atlantique

8, route de la Jonelière
44003 Nantes
Tél. : 40 37 34 34
Fax : 40 37 34 07

L'ÉCOLE

Dir. du Groupe : A. Dermouche
Dir. de l'école : S. Henaff
Resp. Entreprises : Florence Nicolas
Visa et labels : Visa de l'Éducation Nationale - Membre du Chapitre de Management de la Conférence des Grandes Écoles. Membre de : ENBS – EFMD – AACSB.
Accords internationaux : 57 accords dans 17 pays

STAGES DURANT LA SCOLARITÉ

- fin 1re année : "Comprendre l'entreprise" (1 à 2 mois) ou *
- * année de projet individuel (jusqu'à 12 mois en contrat à durée déterminée en entreprise)
- fin de cycle : "Agir en entreprise" (3 mois à 5 mois et demi)

Ces stages peuvent se dérouler indifféremment en France ou à l'étranger

FILIÈRES DE 2e OU 3e ANNÉE

- Finance/Banque/Assurance
- Marketing/Vente
- Gestion des Ressources Humaines
- Audit/Contrôle de gestion

3e CYCLES

EMP – European Management Programme MBA européen

ISMA – Institut Supérieur de Management

MOS – Mastère Management Organisations de Sport

ENTREPRISES PARTENAIRES

- Albert SA
- Besnier SA
- Breheret, Leroux et Lotz
- Caisse d'Épargne Pays de la Loire
- CMMC Vaslin Bucher
- Crédit Lyonnais
- Exco Atlantique
- KPMG – Fiduciaire de France
- Les Mutuelles du Mans
- Point Carburants
- Saunier-Duval
- Transports Graveleau
- VM Matériaux
- Waterman
- BPBA
- CIO
- Tipiak
- Catimini
- Soaf
- UPLA

ASSOCIATIONS

13 associations dont
- Junior Entreprise (Nantes Services Conseil)
- AIESEC (échanges internationaux dont stages)
- Atlantique Plus (Jobs pour étudiants)
- Sup de Communication (études et missions de communication)…

DIPLÔMÉS

Annuaire des diplômés : oui
Nombre d'anciens : 4 596

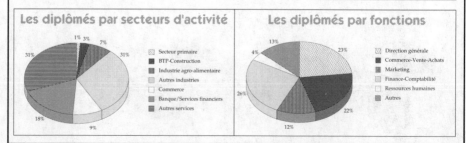

Les diplômés par secteurs d'activité

- 1%
- 3%
- 7%
- 31%
- 31%
- 18%
- 9%

  ▨ Secteur primaire
  ▨ BTP-Construction
  ▨ Industrie agro-alimentaire
  ▨ Autres industries
  ▢ Commerce
  ▨ Banque/Services financiers
  ▨ Autres services

Les diplômés par fonctions

- 13%
- 4%
- 23%
- 26%
- 22%
- 12%

  ▨ Direction générale
  ▨ Commerce-Vente-Achats
  ▨ Marketing
  ▢ Finance-Comptabilité
  ▢ Ressources humaines
  ▨ Autres

SUP DE CO NICE (CERAM ESC)

Nice Sophia Antipolis
School of Management

BP 085
06902 Sophia Antipolis
Tél. : 93 95 45 45
Fax : 93 65 45 24

L'ÉCOLE

Dir. du Groupe : Maxime A. Crener
Dir. du programme : Michel Bernasconi
Resp. Entreprises : Camille A. Bouge
Visa et labels : Ministère de l'Enseignement supérieur et de la Recherche – Chapitre et Conférence des Grandes Écoles – Membre fondateur du CIAM (HEC, ESCP, ESSEC, ESC Lyon)
Accords internationaux : 33 accords dans 11 pays

STAGES DURANT LA SCOLARITÉ

- 1re année : Stage de vente – 1 à 2 mois
- 2e année : Stage d'application – 5 mois (France/Étranger)
- 3e année : Stage cadre – 2 mois minimum (France/Étranger)

FILIÈRES DE 3e ANNÉE

- Finance de marchés
- Finance d'entreprise
- Ressources humaines
- Marketing
- Affaires internationales
- Audit comptabilité
- Management des systèmes d'information (rentrée 95)

3e CYCLES

- Finance : Back-office/Ingénierie et gestion internationale de patrimoine
- Informatique : Génie informatique/Réseau et informatique distribuée/Bases de données et intégration de systèmes
- Économie et Management : Intelligence économique/Management de projet et développement international

ENTREPRISES PARTENAIRES

- Aérospatiale
- Allergan
- Amadeus
- Andersen Consulting
- Basf
- Cordis
- Crédit Agricole
- IBM
- Robertet
- Télémécanique
- Virbac…

ASSOCIATIONS

19 associations dont
- BDE (450 KF)
- BDS
- AIESEC
- Azur Junior
- Conseil (CA : 1,5 MF en 94)
- Festival de théâtre des Grandes Écoles (3e manifestation estudiantine de France)

DIPLÔMÉS

Association CERAM ESC
c/o CERAM – BP 85
06902 Sophia Antipolis cedex
Président : P. Girard
Annuaire des anciens :
oui
Plus de 2 000 anciens

Les diplômés par fonctions

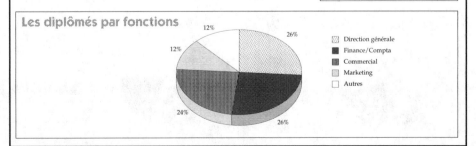

12% 26%
12%
26%
24%
26%

- Direction générale
- Finance/Compta
- Commercial
- Marketing
- Autres

EAP

École Européenne des Affaires
Paris – Oxford – Berlin – Madrid

6, avenue de la Porte de Champerret
75838 Paris cedex 17
Tél. : 44 09 33 52
Fax : 44 09 33 92

L'ÉCOLE

Dir. Europe :	M. Raimbault
Dir. France :	H. Jolles
Resp. Entreprises :	A.-M. Levet
Visa et labels :	Diplôme visé par l'État.
	Diplôme allemand Kaufmann.
Accords internationaux :	Implantation dans 4 pays et accords avec Universités de Turin, Dublin, Luxembourg, Lisbonne, Copenhague

STAGES DURANT LA SCOLARITÉ

- 1re année : 3 mois en France ou Grande-Bretagne
- 2e année : 3 mois en Grande Bretagne ou Espagne
- 3e année : 3 mois en Allemagne ou France

FILIÈRES

- 2 filières d'étude : Paris-Oxford-Berlin ou Oxford-Madrid-Paris – 1 an dans chaque pays
- Projet de recherche européen conduit sur les 3 ans
- 3e année : électifs de management international (en plus des cours)

3e CYCLES

ENTREPRISES PARTENAIRES

- Rhône-Poulenc
- 3 M France
- Thomson CSF
- Société Générale
- Crédit Lyonnais
- British Télécom
- Villeroy & Bosch
- Banco Central Hispano
- l'Oréal
- BSN
- Bull
- Elf
- BNP
- KPMG
- Coca-Cola
- Nestlé
- Andersen
- Beiersdorf
- Bosch

ASSOCIATIONS

6 associations
- BDE
- Euroconsultants
- Europromo
- Rabelais
- Eurasia
- Association sportive

DIPLÔMÉS

Association européenne des Anciens Élèves
Annuaire des diplômés : oui
Nombre d'anciens : 1 800

Les diplômés par secteurs d'activité

31% Industrie
8% Banque/Assurance/Finance
5% Consultant
6% Services
16% Informatique/Electronique
17% Distribution
17% Divers

Les diplômés par fonctions

23% Export commercial
6% Markting/Marketing internat.
5% Conseil/Audit
18% Managemlent
19% Finance internationale/Banque
15% Gestion
15% Autres

EDC
École des Cadres

L'ÉCOLE

Dir. du Groupe : Christian Regnier
Dir. délégué : Alain Duverdier
Resp. Entreprises : Noël Equilbey
Visa et labels : Etablissement reconnu par l'Etat Diplôme visé par le Ministère de l'Education Nationale. Homologué niveau II (maîtrise).

Accords
internationaux : 17 accords dans 8 pays

STAGES DURANT LA SCOLARITÉ

- Fin de 1re année : stage de 8 semaines minimum
- Fin de 2e année : stage de 20 semaines minimum
- Possibilité d'effectuer un ou deux stages à l'étranger en 2e année

FILIÈRES DE 3e ANNÉE

- Commerce International
- Marketing
- Gestion et Développement des PME
- Gestion Financière

3e CYCLES

3e cycle de Marketing et Management sportifs
3e cycle Gestion et Finance d'Entreprise
3e cycle Trade Marketing et Distribution
MBA USF-EDC, accrédité AACSB (Program for executives)

ENTREPRISES PARTENAIRES

- Rank Xerox
- Microsoft
- Hewitt Associates
- Crédit Lyonnais
- Guerlain
- Manpower
- Félix Potin
- France Télécom
- Crédit Agricole
- Cartier
- Matra
- ELF
- Kodak…

ASSOCIATIONS

12 associations dont
- BDE
- Club Œnologie
- EDC Entreprise
- AIESEC
- Actuacom
- Défense Études…

DIPLÔMÉS

Force EDC
49, Galeries des Damiers
La Défense 1
92400 Courbevoie
Président : A.-D. Perrin
Annuaire des diplômés :
oui
Nombre d'anciens : 10 400

Les diplômés par secteurs d'activité

- Marketing
- PME-Gestion/Création
- Gestion-Finance
- Commerce International
- Finance et expertise
- Ingeniérie informatique
- Ressources humaines
- Autres

Les diplômés par fonctions

- Cadre
- Directeur de département
- PDG ou Gérant
- Cadre supérieur
- Directeur général
- Profession libérale
- Agent de maîtrise
- Autres

Groupe ESCP

Groupe École Supérieure
de Commerce de Paris

79 avenue de la République
75011 Paris
Tél. : 49 23 20 00
Fax : 48 05 06 10

L'ÉCOLE

Dir. du Groupe : Véronique de Chanterac
Dir. des études : Philippe Dobler
Resp. Entreprises : Gilles Gouteux
Visa et labels : Diplôme visé par l'État
Accords internationaut : 33 accords dans 22 pays

STAGES DURANT LA SCOLARITÉ

- 1re année : 4 à 8 semaines
- 2e année : 6 à 11 semaines
- 3e année : 12 à 16 semaines

L'un des trois stages doit être obligatoirement effectué à l'étranger
Année en alternance : facultative
En 1994 : 150 élèves candidats

MAJEURES DE 3e ANNÉE

- Affaires internationales
- Finance
- Marketing
- Audit
- Contrôle de gestion
- Management juridique et fiscal
- Management et action publics
- Création et reprise d'entreprise

3e CYCLES

♦ *12 Mastères*
- Audit et conseil
- Finance et trésorerie
- Management de la qualité
- Management social des organisations
- Communication et marketing
- Gestion de patrimoine
- Management de l'édition
- Droit et management des affaires internationales
- Management des projets internationaux
- Management des systèmes d'information
- Informations médias
- Management médical

♦ *MBA part time*
  (Entrainement à l'action managériale)

ENTREPRISES PARTENAIRES

Groupes nationaux
- Paribas
- SNCF
- l'Oréal
- Indosuez
- EDF/GDF
- Danone
- Michelin…

Groupes Internationaux
- Coopers International
- Ernst & Young
- Procter & Gamble
- Arthur Andersen
- Unilever…

ASSOCIATIONS

40 associations
- BDE
- JE – ESCP Conseil
- AIESEC
- ESCP Études
- Logi Contact
- Missions Économiques
- Accede

ANCIENS

79, avenue de la République
75011 Paris
Annuaire des anciens :
oui
Nombre d'anciens : 11 700

Les diplômés par fonctions

29% — Audit
15%
3%
5%
6%
11%
15%
16%

- Audit
- Marketing
- Finance
- Commercial
- Conseil
- Contrôle de Gestikon
- Systèmes d'information
- Autres

ESG
École Supérieure de Gestion

25, rue Saint-Ambroise
75011 Paris
Tél. : 43 55 44 44
Fax : 43 55 73 75

L'ÉCOLE

Dir. du Groupe : Pierre Azoulay
Dir. de l'école : Pierre Azoulay
Visa et labels : Établissement reconnu par l'État. Diplôme homologué niveau II

STAGES DURANT LA SCOLARITÉ

- 1re année : 4 à 12 semaines
- 2e année : 6 mois
- 3e année : alternance école-entreprise

FILIÈRES DE 2e et 3e ANNÉE

- Marketing et management
- Management financier
- Management international
- Expertise comptable
- Création et reprise d'entreprise

3e CYCLES (Masters ESG)

- Finances et marchés des capitaux
- Audit et contrôle de gestion
- Gestion internationale du personnel
- Marketing et publicité
- Management du tourisme d'affaires et de relations publiques
- Commerce international
- Droit international et fiscalité des affaires
- Management public
- Master in european marketing and management
- Gestion des entreprises
- Master's degree in business administration

ENTREPRISES PARTENAIRES

- Compagnie Bancaire
- La Mondiale
- Rank Xerox
- SAARI
- Sodexho
- Microsoft
- BNP
- Sobea
- Elf
- Arthur Andersen
- Danone
- Air France

ASSOCIATIONS

30 associations dont

- BDE
- Bureau des Sports
- JE
- Junior Banque
- Bureau des arts...

DIPLÔMÉS

25, rue Saint Ambroise
Président : C. Convert
Annuaire des diplômés:
oui
Nombre d'anciens : 3 500

Les diplômés par fonctions

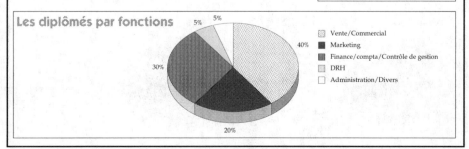

- 40% Vente/Commercial
- 20% Marketing
- 30% Finance/compta/Contrôle de gestion
- 5% DRH
- 5% Administration/Divers

ESLSCA

École Supérieure Libre des
Sciences Commerciales appliquées

1, rue Bougainville
75007 Paris
Tél. : 45 51 32 59
Fax : 47 05 74 75

L'ÉCOLE

Dir. du Groupe :	Alain Joseph
Dir. de l'école :	Alain Joseph
Resp. Entreprises :	Marie-Christine Dorol
Visa et labels :	Fondée en 1949. Reconnue par l'État. Diplôme visé par le ministère de l'Éducation nationale. Membre de l'EFMD.
Accords internationaux :	23 accords dans 12 pays

STAGES DURANT LA SCOLARITÉ

• Fin de 1re année : stage d'exécution, 1 mois
• Fin de 2e année : stage d'étude, 3 mois de juillet à octobre
• 3e année : temps partiel
Les stages peuvent s'effectuer en France ou à l'étranger

FILIÈRES DE 3e ANNÉE

• Affaires Internationales
• Audit Européen
• Expertise Contrôle
• Finance Approfondie
• Finance Entreprise
• Juridique et Fiscale
• Marketing
• Organisation
• Programme International MBA

3e CYCLES

• Finance et Négoce International-Trading
• Ingénierie Financière
• Management des Entreprises
• Gestion de Patrimoine
• Planification Stratégique et Contrôle de Gestion

ENTREPRISES PARTENAIRES

• Bull-Zénith
• Microsoft
• Francis Lefebvre
• Banque Worms
• Cabinet Berlioz
• Coopers & Lybrand
• Eurostaf Dafsa
• Ingelog SA
• Pallas Venture
• Raymond James Térétare
• Shipmar…

ASSOCIATIONS

42 associations dont
• AIESEC
• Enjeu Capital
• Connexion
• Les Mots de Têtes
• Riboules Dingues
• SK'Aventure
• SK'Golf   • SK'Valier
• Ski-Club   • Profil
• India   • Invesca
• Com'Voile…

DIPLÔMÉS

AAE – 1, rue Bougainville
75007 Paris
Président :
Régis de Saint-Germain
Annuaire des diplômés:
oui
Nombre d'anciens : 7 000

Les diplômés par secteurs d'activité

20% Expertise comptable-Audit
Banque-Assurances
Industrie
Conseil-Publicité Marketing
Distribution
Agro-alimentaire
Transport-Tourisme-Restauration
Administration/Secteur publics
5%, 7%, 8%, 8%, 8%, 17%, 27%

Les diplômés par fonctions

Direction générale
Ressources humaines
Etudes-Communication Marketing-Commercial
Gestion-Comptabilité-Finances
3%, 2%, 52%, 43%

ESSEC
École supérieure des Sciences Économiques et Commerciales

Avenue Bernard Hirsch
BP 105
95021 Cergy-Pontoise cedex
Tél. : 34 43 30 00
Fax : 34 43 30 01

L'ÉCOLE

Dir. du Groupe : Jean-Pierre Boisivon
Dir. de l'école : Maurice Thévenet
Resp. Entreprises : Josée Lasserre

STAGES DURANT LA SCOLARITÉ

- Immersion : 3 mois minimum (fin de 2e semestre de la 1re année, en France ou à l'étranger)

- Application : 3 mois minimum, (peut être effectué à partir de la fin de la 2e année, en France ou à l'étranger)

- Stage libre

FILIÈRES DE 2e OU 3e ANNÉE

2e et 3e années : années d'approfondissement pas de filière

3e CYCLES

Mastères spécialisés en :

- Techniques financières

- Gestion marketing

- Management des systèmes d'information et de décision

- Management et ingénierie logistique

- Droit des affaires internationales et management

- Gestion des achats internationaux

- Gestion des entreprises agro-alimentaires

- Assurance-finance

- Gestion des collectivités locales et environnement urbain

- Programme doctoral avant DEA et post DEA

ENTREPRISES PARTENAIRES

ASSOCIATIONS

60 associations dont
Les professionnelles

- Junior Entreprise

- ESSEC Direct Service

- ESSEC Entreprise International

- Héraclès…

DIPLÔMÉS

Association des diplômés
34, rue de Liège
75008 Paris
Président : Guy Stievenart

Annuaire des anciens :
oui

Nombre d'anciens : 10 440

HEC

École des Hautes Études Commerciales

1, rue de la Libération
78351 Jouy-en-Josas cedex
Tél. : 39 67 70 00
Fax : 39 67 71 06

L'ÉCOLE

Dir. délégué de l'école : Jean-Marc De Leersnyder
Dir. des relations avec les entreprises : Joël Pinkham
Visa et labels : Diplôme visé par le ministère de l'Éducation nationale. École membre de la Conférence des Grandes Écoles et du Chapitre des Grandes Écoles françaises de Management
Accords internat. : 27 accords dans 16 pays

STAGES DURANT LA SCOLARITÉ

- Stage ouvrier (pré-scolaire) : 4 semaines
- Stage commercial (fin de 1re année) : 6 semaines
- Stage à l'étranger ou mission export (fin de 2e année) : 8 semaines
- Stage professionnel (3e année) : 13 semaines

FILIÈRES DE 3e ANNÉE

- Management International
- Audit Conseil Expertise
- Contrôle de Gestion et Conseil en Organisation
- Entrepreneurs
- Finance
- Marketing
- Stratégie Juridique et Fiscale Internationale
- Stratégic Management
- Économie

3e CYCLES

- Mastère spécialisé HEC Entrepreneurs
- Mastère spécialisé HEC Finance Internationale
- Mastère spécialisé HEC Intelligence Marketing
- Mastère spécialisé Stratégic Management
- Mastère spécialisé European Manufacturing Management

ENTREPRISES PARTENAIRES

41 entreprises dont :
- BNP
- Bouygues
- CGE
- Crédit Lyonnais
- Ecco
- EDF/GDF
- France Télécom
- IBM France
- La Poste
- Mars & Co…

ASSOCIATIONS

+ de 50 associations dont :
- BDE
- Junior Entreprise
- Carrefours HEC
- Conférences HEC
- Nuit de la Pub
- Club Allemand
- HEC Communication…

DIPLÔMÉS

9-11, avenue Franklin Roosevelt – 75008 Paris
Président : Jacques Lehn
Tél. : 53 77 23 23
Annuaire des anciens : oui
Nombre d'anciens : 16 200

Les diplômés par secteurs d'activité

- 38,3 % Audit-Expertise comptable-Conseil
- 20,0 % Finance-Banque
- 3,7 % Agro-alimentaire
- 3,0 % Avocats-Conseils jurid./fiscaux
- 6,0 % Chimie/Parachimie-Energie
- 3,0 % Assurances
- 3,0 % Communication
- 23,0 % Autres

Les diplômés par fonctions

- 39,7 % Conseil -Audit
- 19,1 % Finance
- 11,8 % Marketing
- 5,2 % Contrôle de gestion
- 4,4 % Commercial-Vente
- 1,5 % International-Export
- 1,0 % Ressources humaines
- 17,3 % Autres

INSEEC
Institut des Hautes Études Économiques et Commerciales

35, cours Xavier-Arnozan, 33000 Bordeaux
Tél. : 56 44 95 97
Fax : 56 81 34 73
31, quai de la Seine, 75019 Paris
Tél. : 42 09 99 17
Fax : 42 05 63 61

L'ÉCOLE

Dir. du Groupe :	José Soubiran
Dir. de l'école :	M. Fouquet (Bdx), J.-E. Garcia (Paris)
Resp. Entreprises :	B. de la Vega
Visa et labels :	Reconnu par l'État ; titre homologué par le ministère de l'Enseignement supérieur et de la Recherche. Diplôme visé (Bordeaux) ; les étudiants admis à l'INSSEEC-Paris à l'issue des concours 95 bénéficieront du visa de leur diplôme par anticipation.
Accords internationaux :	31 accords dans 8 pays (éligibilité au programme Erasmus)

STAGES DURANT LA SCOLARITÉ

- Stage de pré-rentrée (1 mois)
- Mission européenne (3 mois) : 1re année
- Mission vente (6 semaines) : 2e année
- Mission import-export (1 mois 1/2) : 2e année
- Mission de fin de cycle (4 mois) : 3e année

FILIÈRES DE 2e OU 3e ANNÉE

- 2e année : Majeure Management Marketing ou Majeure Management Financier
- 3e année : Électif au choix :
  – Création ou reprise d'entreprise
  – Management des Affaires Culturelles
  – Management des Systèmes d'information
  – Stratégies agro-alimentaires…

3e CYCLES

- Management des Systèmes d'Information
- Création et Développement des industries alimentaires
- Marketing des Produits de Grande Consommation
- International Marketing Management

ENTREPRISES PARTENAIRES

Entreprises adhérant :
- à la FICIME
- à la DFCG

- Decathlon
- Kiabi
- Matra
- Hachette
- Darty
- IBM…

ASSOCIATIONS

27 associations dont
- Junior Entreprise Action (membre CNJE)
- Mission humanitaire Inter Grandes Écoles
- Bureau des Sports
- INSEEC Mission…

DIPLÔMÉS

Présidents :
Vincent Guiraudie
(INSEEC Bordeaux)

Aymeric Durandy
(INSEEC Paris)
Annuaire des diplômés :
oui
Nombre d'anciens : 3 763

Les diplômés par secteurs d'activité

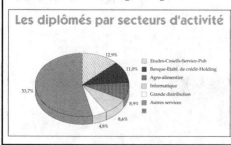

53,7% — 12,9% — 11,0% — 8,9% — 8,6% — 4,8%

- Études-Cnseils-Service-Pub
- Banque-Etabl. de crédit-Holding
- Agro-alimentaire
- Informatique
- Grande distribution
- Autres services

Les diplômés par fonctions

33,2% — 16,0% — 50,8%

- Présidence-DG-Administration
- Commerce – Com.international-marketing
- Gestion-Finance-Audit
- Contrôle de gestion-RH

IPAG
École Supérieure de Commerce

IPAG Paris – 184, bd St-Germain
75006 Paris
Tél. : 42 22 08 55 – Fax : 45 44 40 46
Centre de Formation Internationale – IPAG
4, bd Carabacel – 06000 Nice
Tél. : 93 13 39 00 – Fax : 93 13 39 13

L'ÉCOLE

Directeur de l'école : Joël Kretly
Dir. de la communication, des concours et des relations extérieures : Virginie Munch
Visa et labels : Visa du ministère de l'Enseignement supérieur et de la Recherche (Bac + 4)
Accords internat. : 45 accords dans 10 pays. Relations privilégiées avec les USA, l'Australie, Hong Kong. Soutien de l'Union Européenne. Accords de double diplôme avec l'Allemagne, l'Angleterre, La Suède, la Finlande, les Pays Bas.
1 050 élèves dont 150 étrangers.

STAGES DURANT LA SCOLARITÉ

- stage ouvrier
- stage vente
- mission pour une entreprise
- mission export
- stage à l'étranger
- stage de pré-emploi en France ou à l'étranger

CURSUS

◆ 1re et 2e années : à Paris ou Nice
◆ 3e et 4e années : à Paris ou Nice selon le cursus choisi en fonction des quatre objectifs professionnels suivants :
  - préparation à un métier en France
  - préparation à un métier dans le pays étranger choisi
  - spécialisation géographique sur un ou plusieurs pays étrangers
  - obtention d'un double diplôme : diplôme IPAG + diplôme d'une université étrangère
◆ 7 spécialisations professionnelles : • Finances • Comptabilité-contrôle de gestion • Banque-Assurance • Commerce international • Gestion des ressources humaines • Marketing opérationnel • Métiers commerciaux

ENTREPRISES PARTENAIRES

- Adidas
- Air Liquide
- BNP
- Bouygues
- Nathan
- Carrefour
- CIC
- France Loisirs
- Hermès
- Rank Xerox
- UAP
- Louis Vuitton
- Renault
- Manpower
- Alcatel
- Leroy Merlin
- La Compagnie Générale des Eaux
- Encyclopédie Universalis
- Schlumberger Besançon
- Société Générale
- Hachette
- Crédit Agricole
- Décathlon
- Fiat Auto France
- France Télécom
- Groupe Accor
- Hertz France SA
- Thomson CSF…

ASSOCIATIONS

20 associations

DIPLÔMÉS

Annuaire « Parcours de la réussite »
Journal « Trait d'Union »
Nombre d'anciens : 1 800

Les diplômés par fonctions

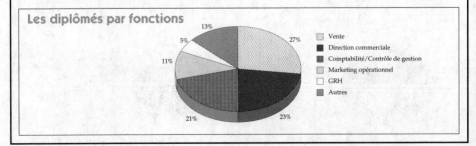

13%
5%
27%
11%
21%
23%

- Vente
- Direction commerciale
- Comptabilité/Contrôle de gestion
- Marketing opérationnel
- GRH
- Autres

ISC
Institut Supérieur du Commerce

22, boulevard du Fort de Vaux
75017 Paris
Tél. : 40 53 99 99
Fax : 40 53 98 98

L'ÉCOLE

Dir. du Groupe :	Claude Riahi
Dir. de l'école :	Claude Riahi
Resp. Entreprises :	Pierre Freidenberg
Visa et labels :	Diplôme visé par le Ministère de l'Éducation Nationale
Accords internationaux :	22 accords

STAGES DURANT LA SCOLARITÉ

- 1ʳᵉ année : 2 mois (juin à septembre)
- 2ᵉ année : 6 mois (juin à décembre)

OPTIONS DE 3ᵉ ANNÉE

- Marketing, stragétie
- Petites et moyennes entreprises
- Entrepreneur
- Finance
- Affaires internationales
- Expertise audit et contrôle
- Distribution
- Audit d'organisation et ressources humaines
- Droit et fiscalité des affaires et du patrimoine

3ᵉ CYCLES

- Gestion et administration d'entreprise
- Ingénierie et négoce international
- Audit et management des ressources humaines
- Marketing et gestion commerciale
- Gestion de patrimoine
- Audit et conseil
- Marketing, logistique et distribution
- Finance, trésorerie et ingénierie financière

ENTREPRISES PARTENAIRES

- Compagnie Bancaire
- Crédit Lyonnais
- Hay management
- Hewlett Packard
- Crédit du Nord
- Kraft Jacobs Suchard
- Usinor Sacilor
- Coface
- ANDCP
- Auchan
- Danone
- Gan
- IBM
- KPMG
- La Mondiale
- Philips
- Rank Xerox
- SNCF

ASSOCIATIONS

26 associations

- BDE
- AIESEC
- Forum
- Génération ISC
- GPJ
- ISC Contact
- ISC Média
- ISC Promo-Études
- Network
- Stages…

DIPLÔMÉS

22, bd du Fort de Vaux
75017 Paris
Président : François Moizart
Annuaire des anciens :
oui
Nombre d'anciens : 3 400

Les diplômés par fonctions

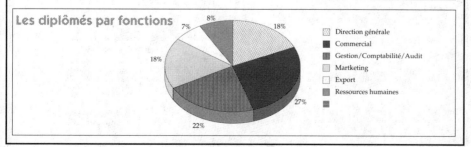

- 18% Direction générale
- 27% Commercial
- 22% Gestion/Comptabilité/Audit
- 18% Martketing
- 8% Export
- 7% Ressources humaines

ISEG SUP

Institut Supérieur Européen de Gestion et Management

L'ÉCOLE

Dir. du Groupe :	Marc Sellam
Dir. de l'école :	Adrienne Jablanczy
Resp. Entreprises :	Guillemette d'Argoeuves
Visa et labels :	Diplôme d'Etat, DECF.
	Diplôme international (homologation en cours d'instruction)

STAGES DURANT LA SCOLARITÉ

1re année : Stage ouvrier employé commercial (France)

2e année : Stage à responsabilité (France ou étranger)

3e année : Stage spécialisé de fonction marketing/finance (France ou étranger)

4e année : Stage en mission lié au projet professionnel : stage de pré-emploi

FILIÈRES DE 2e OU 3e ANNÉE

- Ingénierie d'entreprise :
  - marketing et action commerciale
  - commerce international
  - communication publicitaire
- Gestion financière
- Management et Affaires internationales

3e CYCLES

Masters d'Études Approfondies (MEA)
- MEA de marketing et gestion d'entreprises
- MEA de commerce et échanges internationaux
- MEA de marketing et communication publicitaire

ISEG BORDEAUX
23/25, rue des Augustins
33000 Bordeaux
Tél. : 56 91 33 02

ISEG LILLE
6/8, bd Denis Papin
59000 LILLE
Tél. : 20 85 06 96

ISEG LYON
86, bd Vivier Merle
69003 LYON
Tél. : 78 62 37 37

ISEG NANTES
28, rue Armand Brossard
44000 NANTES
Tél. : 40 89 07 52

ISEG PARIS
7-9, cité d'Hauteville
75010 PARIS
Tél. : 42 46 41 40

ISEG STRASBOURG
10, rue du Gén. Castelnau
67000 STRASBOURG
Tél. : 88 36 02 88

ISEG Toulouse
14, rue Claire Pauilhac
31000 Toulouse
Tél. : 61 62 35 37

ENTREPRISES PARTENAIRES

- Société Générale
- Smerep
- Coca-Cola

ASSOCIATIONS

4 associations
- IMS/Junior Conseil (1 MF)
- Finance étude
- 2AE
- BDE

DIPLÔMÉS

10, rue de Valenciennes
75010 Paris
Président : Michel Lefevre
Annuaire des anciens : oui
Nombre d'anciens : 5 000

Les diplômés par fonctions

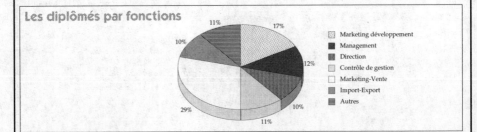

11%
17%
10%
12%
29%
10%
11%

- Marketing développement
- Management
- Direction
- Contrôle de gestion
- Marketing-Vente
- Import-Export
- Autres

NEGOSUP

École Supérieure de
Négociation Commerciale

8, avenue de la Porte
de Champerret
75838 Paris cedex 17
Tél. : 44 09 32 48
Fax : 44 09 32 98

L'ÉCOLE

Dir. de l'école :	Nicole Ferry
Resp. Entreprises :	Sylvie Mallet
Visa et labels :	Diplôme visé par le ministère de l'Éducation nationale

STAGES DURANT LA SCOLARITÉ

- 1re année : Vente à consommateur (boutique et grande surface) – 2 mois minimum à partir de mai
- 2e année : Vente à professionnel – 3 mois minimum à partir d'avril
- 3e année : Gestion et développement de réseaux commerciaux – 5 mois minimum à partir de février

FILIÈRES DE 2e OU 3e ANNÉE

Approfondissement sectoriel en 3e année :

- Industrie
- Service
- Grande consommation
- Secteur public

3e CYCLES

ENTREPRISES PARTENAIRES

- Procter & Gamble
- l'Oréal
- IBM
- Rank Xerox
- Otis
- Schweppes
- Saint Laurent
- Arjoman Distribution
- Tehen

ASSOCIATIONS

3 associations

- BDE
- Junior Entreprise
- Association sportive et culturelle

DIPLÔMÉS

Première promotion
Annuaire des diplômés :
non

Première promotion en cours

ESC PAU
École Supérieure de Commerce de Pau

3, rue Saint-John Perse
64000 Pau
Tél. : 59 92 64 64
Fax : 59 92 64 55

L'ÉCOLE

Dir. du Groupe :	Laurent Hua
Dir. de l'école :	Laurent Hua
Resp. Entreprises :	Arnaud Gimenez
Visa et labels :	Diplôme visé par le Ministère de l'Éducation Nationale
Accords internationaux :	26 accords dans 12 pays Possibilité de double diplôme : MBA américain, anglais, espagnol, Kaufmann et Betriebswirt allemands

STAGES DURANT LA SCOLARITÉ

- Fin de 1re année : 3 mois (juin à septembre)
- Fin de 2e année, début 3e année : 6 mois (juin à décembre)
- "Année Plus" entre la 2e et la 3e année

APPRENTISSAGE

Création d'un CFA depuis juin 94
Les 2e et 3e années de l'ESC peuvent être suivies sous contrat d'apprentissage

FILIÈRES DE 2e OU 3e ANNÉE

- 7 options en 2e année, préparation au DECF
- 13 options en 3e année, préparation au DECF
Possibilité d'étudier une 3e langue dès la première année

3e CYCLES

3e cycles : Commerce et Management avec l'Espagne
Management et Organisation des Entreprises
Mastère : Audit expertise

ENTREPRISES PARTENAIRES

- Crédit Agricole
- Siemens
- Leclerc
- Messier Bugatti
- Groupe Bongrain
- Sony
- Legrand
- Caisse d'Epargne
- Décathlon
- Elf Aquitaine

ASSOCIATIONS

17 associations
- BDE
- AIESEC
- BDS
- Gala
- Aller Simple (sports extrêmes)
- Art' Image
- Coupe Pyrène
- Azimut
- Junior Entreprise (Oxygène)
- Pau d'échappement
- DTDP (Dom Tom de Pau)
- Dyonisos…

DIPLÔMÉS

Annuaire des anciens : oui
Nombre d'anciens : 1 586

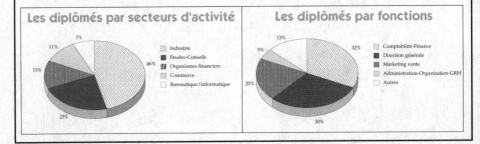

Les diplômés par secteurs d'activité
- Industrie
- Etudes-Conseils
- Organismes financiers
- Commerce
- Bureautique/informatique

7% · 11% · 13% · 23% · 46%

Les diplômés par fonctions
- Comptabilité-Finance
- Direction générale
- Marketing vente
- Administration-Organisation-GRH
- Autres

13% · 5% · 20% · 30% · 32%

ESC REIMS

École Supérieure de Commerce
de Reims

59, rue Pierre Taittinger
BP 302
51061 Reims cedex
Tél. : 26 08 06 04
Fax : 26 04 69 63

L'ÉCOLE

Dir. du Groupe :	Pierre Lamborelle
Dir. de program. :	Christophe Bouteiller
Resp. Entreprises :	Odile Renaut
Visa et labels :	Diplôme visé et homologué

STAGES DURANT LA SCOLARITÉ

- Stage opérationnel : Formation initiale au Management (2 à 3 mois en France ou à l'étranger)
- Stage de responsabilité : Formation approfondie au Management (6 à 10 mois en France ou à l'étranger)

FILIÈRES DE 2ᵉ OU 3ᵉ ANNÉE

- Gestion de l'exportation • Management et marketing international • Finance contrôle • Audit • Banque et Management • Maîtrise de la gesiton et conseil en organisation • Analyse gestion et politique financière • Marchés financiers et gestion de portefeuille • Comptabilité et fiscalité des groupes et sociétés • Chef de marque • Trade marketing vente • Stratégie internationale • Recherche marketing • Management et organisation industrielle • Management et organisations des systèmes d'information • Ressources humaines et structures • Communication et publicité • Management social • Management logistique • Affaires internationales asiatiques • Gestion et organisation de la fonction achats • « Summer programmes » : Économies en transition, International Business, The European challenge.
Le diplôme (en fonction des modules de spécialisation) donne les équivalences pour les UV 3, 4, 5 et 7 du DECF.

3ᵉ CYCLES

- CEFA MBA
- Mastère Spécialisé en Expertise et Consulting PME/PMI

ENTREPRISES PARTENAIRES

- BSN
- Esso
- Nestlé
- Kraft Général Foods
- IBM
- l'Oréal
- Rank Xerox
- Michelin
- Peugeot
- Philips
- Procter & Gamble
- Rhône Poulenc

ASSOCIATIONS

15 associations dont
- BDE
- BDS
- Junior Entreprise
- Junior Agence de Promotion
- Association Bourse Finance
- Association des Missions d'Exportation…

DIPLÔMÉS

59, rue Pierre Taittinger
Président :
Jean-Philippe Bouillé
Annuaire des diplômés :
oui
Nombre d'anciens : ± 4 500

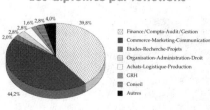

Les diplômés par secteurs d'activité

40,3% Services divers/Conseil
Banques-Assurance
Industries agro-alimentaires
Chimie-Pharmacie-Pétrole
Autres industries
Distribution
BTP/Immobilier
Autres

2,4% 5,6% 7,1% 14,3% 7,6% 9,1% 13,6%

Les diplômés par fonctions

39,8% Finance/Compta-Audit/Gestion
Commerce-Marketing-Communication
Etudes-Recherche-Projets
Organisation-Administration-Droit
Achats-Logistique-Production
GRH
Conseil
Autres

1,6% 2,8% 4,0% 2,8% 2,0% 44,2%

CESEM REIMS

Centre d'Études Supérieures
Européenne de Management

59, rue Pierre Taittinger
BP 302
51061 Reims cedex
Tél. : 26 08 06 04
Fax : 26 04 69 63

L'ÉCOLE

Dir. du Groupe :	Pierre Lamborelle
Dir. de l'école :	Philip McLaughin
Resp. Entreprises :	Odile Renaut
Visa et labels :	Visa et homologation du diplôme
Accords internationaux :	9 accords

STAGES DURANT LA SCOLARITÉ

- Stage à insertion dans la vie des affaires en 2e année (6 mois dans le pays I)
- Stage de responsabilité en 3e année (6 mois dans le pays II)

FILIÈRES DE 2e OU 3e ANNÉE

Trois enseignements sont à choisir parmi la liste des optionnels :
- Finance internationale
- Marketing
- Management des produits de consommation
- Comptabilité
- Finance
- Contrôle de gestion
- Management social
- Droit logistique international
- Informatique

3e CYCLES

ENTREPRISES PARTENAIRES

- BSN
- Esso
- Nestlé
- Kraft Général Foods
- IBM
- l'Oréal
- Rank Xérox
- Michelin
- Peugeot
- Philips
- Procters et Gamble
- Rhône Poulenc…

ASSOCIATIONS

15 associations dont
- BDE
- BDS
- Junior Entreprise
- Junior Agence de Promotion
- Association Bourse Finance
- Association des Missions d'Exportation…

DIPLÔMÉS

Président de l'association :
Benoit Collache
Annuaire des diplômés :
oui
Nombre d'anciens : ± 2 000

Les diplômés par secteurs d'activité

9,7% 1,1% 24,6% 10,9% 21,7% 13,2% 11,4% 7,4%

- Services divers
- Banques/assurances
- Industries Agro-alimentaire
- Chimie-Pharmacie-Pétrole
- Autres industries
- Distribution
- BTP/Matériaux BTP/Immobilier
- Autres

Les diplômés par fonctions

6,3% 6,9% 1,1% 5,1% 3,4% 3,4% 22,9% 50,9%

- Finance/Compta-Audit Gestion
- Commercial/VenteMarketing/Pub/Communication
- Etudes/Recherche/Projet
- Organisation/Gestion administ./Services juridique
- Achats/Logisqtique/ Production
- Gestion de ressources humaines
- Conseil
- Autres

SUP'TG REIMS

École Supérieure des Métiers
de la Vente

59, rue Pierre Taittinger
51061 Reims cedex
BP 302
Tél. : 26 08 06 04
Fax : 26 04 69 63

L'ÉCOLE

Dir. du Groupe :	Pierre Lamborelle
Dir. de l'école :	Catherine Parissier
Resp. Entreprises :	Odile Renaut
Visa et labels :	Visa et homologation en cours

STAGES DURANT LA SCOLARITÉ

- Stage opérationnel en 1re année (4 à 6 semaines)
- Alternance stage/école en 3e année (18 semaines)

FILIÈRES DE 2e OU 3e ANNÉE

- Assistant de gestion
- Banque et assurance
- Collaborateur d'expert comptable
- Négociation commerciale achat/vente

3e CYCLES

ENTREPRISES PARTENAIRES

- BSN
- Esso
- Nestlé
- Kraft Général Foods
- IBM
- l'Oréal
- Rank Xérox
- Michelin
- Peugeot
- Philips
- Procters & Gamble
- Rhône Poulenc…

ASSOCIATIONS

15 associations dont :
- BDE
- BDS
- Junior Entreprise
- Junior Agence de Promotion
- Association Bourse Finance
- Association des Missions d'Exportation…

DIPLÔMÉS

Annuaire des diplômés :
non
Nombre d'anciens :

Les diplômés par secteurs d'activité

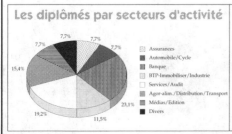

Assurances
Automobile/Cycle
Banque
BTP-Immobiliser/Industrie
Services/Audit
Agor-alim./Distribution/Transport
Médias/Edition
Divers

Les diplômés par fonctions

Industrie Finance/Compta/Audit
Commercial
Marketing/Pub
Conseil
Autres

GROUPE ESC RENNES

Groupe École Supérieure de
Commerce de Rennes

2, rue Robert d'Abrissel
35065 Rennes cedex
Tél. : 99 54 63 63
Fax : 99 33 08 24

L'ÉCOLE

Dir. du Groupe : Bertrand Duchéneaut
Dir. de l'école : Bertrand Duchéneaut
Resp. Entreprises : Laurence Lambert
Visa et labels : Visa de l'Éducation Nationale
Visa de l'Open University britannique

**Accords
internationaux :** 48 accords dans 13 pays

STAGES DURANT LA SCOLARITÉ

30 semaines de stage sur 3 ans :
• 1re et 2e année : Stage vente-marketing – Stage action dans
l'entreprise
• Année sandwich en entreprise entre 1re et 2e ou 2e et
3e année)
• 3e année : Projet pré-professionnel – Études de faisabilité –
Recherche approfondie

FILIÈRES DE 2e et 3e ANNÉES

• 1re année : Diploma of Higher Education in International
Business accrédité par l'Open University britannique.
• 2e année : Bachelor of Arts in International Business accrédité par l'Open University britannique
• 3e année : Diplôme ESC Rennes visé par le ministère de
l'Éducation nationale et Master of Arts in International
Business (avec un mémoire de recherche) accrédité par
l'Open University britannique

3e CYCLES

ESCIR/MBA en Commerce International
Diplôme MBA accrédité par l'Open University britannique

ENTREPRISES PARTENAIRES

• Bull
• BNP
• Banque de Bretagne
• Axa Assurances
• Bridel
• Groupement
Les mousquetaires
• Comptoirs Modernes
Économique de Rennes
• Smith Kline Beecham

ASSOCIATIONS

23 associations dont
•Entre' Rennes
(Junior Entreprise)
• AIESEC
• Association Contact
Entreprise
• Forum
• ESC' Press
• Associations humanitaires,
sportives, culturelles…

DIPLÔMÉS

Président : Julien Danne
Annuaire des diplômés:
en réédition

Statistiques établies sur la première promotion (1990-1993)

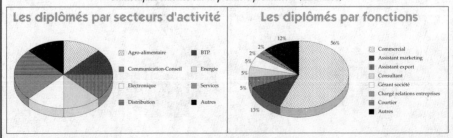

Les diplômés par secteurs d'activité

Agro-alimentaire — BTP
Communication-Conseil — Energie
Electronique — Services
Distribution — Autres

Les diplômés par fonctions

56%
12%
2%
5%
5%
5%
13%

Commercial
Assistant marketing
Assistant export
Consultant
Gérant société
Chargé relations entreprises
Courtier
Autres

IECS STRASBOURG

Institut d'Études Commerciales
Supérieures de Strasbourg

47, avenue de la Forêt Noire
67082 Strasbourg cedex
Tél. : 88 41 77 50
Fax : 88 41 77 01

L'ÉCOLE

Dir. du Groupe :	André Boyer
Dir. de l'école :	André Boyer
Resp. Entreprises :	Didier Kahn
Visa et labels :	Diplôme homologué sur le plan national au niveau II (Bac + 4)
Accords internationaux :	45 universités partenaires dans 16 pays en Europe et en Amérique du Nord

STAGES DURANT LA SCOLARITÉ

- Fin de 1ère année : 6 semaines minimum (30/06 – 16/09)
- Fin de 2e ou 3e année : 8 semaines minimum (30/05 – 16/09)
- Fin d'études : 10 semaines minimum dans une entreprise internationale (30/01 – 30/04)

FILIÈRES DE 2e OU 3e ANNÉE

Cursus sur 3 ans 1/2. Filières de spécialisation dès la 2e année
- Vente/Marketing
- Finance/Comptabilité/Contrôle
- Logistique/Production

Important : Tous les étudiants effectuent une année d'études à l'étranger (la 3e) dans les 45 universités partenaires, sans frais supplémentaires.

3e CYCLES

- DESS Commerce International
- DESS Achat International
- DESS Audit
- DEA en Sciences de Gestion (en collaboration avec l'Université Louis Pasteur – Strasbourg)

ENTREPRISES PARTENAIRES

- Strafor Facom
- Brasseries Kronenbourg
- Crédit Mutuel Centre Est Europe
- De Dietrich
- Timken France
- Baco
- Banque Populaire
- Sogenal
- Électricité de Strasbourg
- Crédit industriel d'Alsace et de Lorraine

ASSOCIATIONS

5 associations
- CEREGE (Junior-Entreprise) CA : 400 MF
- AIESEC
- Association Jobs
- BDE (Bureau des Élèves)
- BDA (Bureau des Arts)

DIPLÔMÉS

Même adresse que l'école
Président :
Luc Buckenmeyer
Annuaire des diplômés :
oui
Nombre de diplômés :
3 000

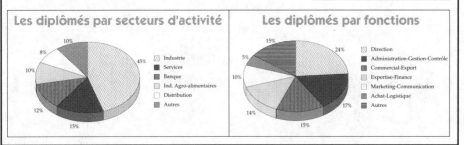

Les diplômés par secteurs d'activité
- Industrie
- Services
- Banque
- Ind. Agro-alimentaires
- Distribution
- Autres

Les diplômés par fonctions
- Direction
- Administration-Gestion-Contrôle
- Commercial-Export
- Expertise-Finance
- Marketing-Communication
- Achat-Logistique
- Autres

ESC TOURS

École Supérieure de Commerce de Tours

1, rue Léo Delibes
BP 0535
37005 Tours cedex
Tél. : 47 71 71 71
Fax : 47 71 72 10

L'ÉCOLE

Dir. du Groupe :	Guy Leboucher
Dir. de l'ESC :	Charles Croué
Resp. Entreprises, Dir. commercial :	Alain Martinès
Visa et labels :	Diplôme visé par le ministère de l'Éducation nationale – Ecole consulaire
Accords internat. :	34 accords dans 15 pays

STAGES DURANT LA SCOLARITÉ

- 1re année, 2 mois (juin/sept.) : observer/interpréter
- 2e année, 2 mois (juin/sept.) : stage d'étude/vente
- 3e année, 3 à 4, 5 mois (janvier/mai) : stage pré-professionnel

1 an en entreprise possible entre 2e et 3e année.

Formule de l'apprentissage possible (2e et 3e années)

FILIÈRES DE 3e ANNÉE

- Finance-Audit
- Logistique
- Marketing-Vente
- Management des collectivités locales

3e CYCLES

- Mastère Santé
- Troisièmes cycles : – Finance : innovation financière et métiers de la finance
  – Logistique et Systèmes d'information
  – Achats
  – Management et gestion de l'entreprise

ENTREPRISES PARTENAIRES

- AGF Assufinance
- Mars Incorporated
- CAT Logistique
- TAT
- Taittinger
- L'Oréal
- Schneider
- Afflelou

ASSOCIATIONS

44 associations regroupées dans 5 pôles

- Pôle humanitaire
- Pôle économique
- Pôle sportif
- Pôle culturel
- Pôle service « école »

DIPLÔMÉS

Association des anciens
adresse à l'École
Présidents :
Pascal Peltier
Didier Serrant
Annuaire des diplômés:
oui
Nombre d'anciens : 1 070

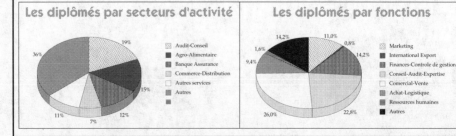

Les diplômés par secteurs d'activité

19%, 36%, 15%, 11%, 7%, 12%

- Audit-Conseil
- Agro-Alimentaire
- Banque Assurance
- Commerce-Distribution
- Autres services
- Autres

Les diplômés par fonctions

14,2%, 11,0%, 0,8%, 1,6%, 14,2%, 9,4%, 26,0%, 22,8%

- Marketing
- International Export
- Finances-Controle de gestion
- Conseil-Audit-Expertise
- Comercial-Vente
- Achat-Logistique
- Ressources humaines
- Autres

LISTE DES ÉCOLES DE COMMERCE RECRUTANT SUR PRÉPA

(ORGANISÉE PAR CONCOURS PUIS PAR NOM DE VILLE)

Concours H.E.C.
(Organisé par la CCIP)

ESC AMIENS
18, place Saint Michel
80038 Amiens Cedex 1
Tél. : 22 82 23 00

ESC BRETAGNE-BREST
2, avenue de Provence
BP 214
29272 Brest Cedex
Tél. : 98 34 44 44

ESSEC
Avenue de la Grande Ecole
BP 105
95021 Cergy Pontoise
Tél. : 34 43 30 00

ESC CLERMONT-FERRAND
4, boulevard Trudaine
63037 Clermont-Ferrand
Tél. : 73 98 24 24

ESC DIJON
29, rue Sambin
21000 Dijon
Tél. : 80 72 59 00

ESC LYON
23, avenue Guy de
Collongue
BP 174
69132 Ecully Cedex
Tél. : 78 33 78 00

INT GESTION
9, rue Charles Fourier
Les Epinettes
91001 Evry Cedex
Tél. : 60 76 40 40`

ESC GRENOBLE
Europole - BP 127
12, rue Pierre Sémard
38003 Grenoble Cedex 01
Tél. : 76 70 60 60

HEC
1, rue de la Libération
78350 Jouy en Josas
Tél. : 39 67 70 00

ESC LA ROCHELLE
102, rue de Cormeilles
17024 La Rochelle Cedex
Tél. : 46 51 77 00

ESC CHAMBERY
Savoie Technolac
73381 Le Bourget du Lac
Tél. : 79 25 32 54

ESC LE HAVRE-CAEN
30, rue de Richelieu
76087 Le Havre Cedex
Tél. : 32 92 59 99

EDHEC Lille
58, rue du Port
59046 Lille Cedex
Tél. : 20 15 45 00

ESC LILLE
Avenue Gaston Berger
59045 Lille Cedex
Tél. : 20 49 31 31

ESC MONTPELLIER
2300, avenue des Moulins
BP 3139
34034 Montpellier Cedex 1
Tél. : 67 10 2514

ESC NANTES-ATLANTIQUE
8, route de la Jonelière
BP 72
44003 Nantes
Tél. : 40 37 34 34

EDHEC Nice
393, promenade des
Anglais
06200 Nice
Tél. : 93 18 99 66

ESC NICE – SOPHIA-ANTIPOLIS
Sophia Antipolis
BP 20
06561 Valbonne Cedex
Tél. : 93 95 45 45

ESCP
79, avenue de la
République
75011 Paris
Tél. : 49 23 20 00

EAP

6, avenue de la Porte-
Champerret
75838 Paris Cedex 17
Tél. : 44 09 33 51

NEGOSUP / NEGOCIA

8, avenue de la Porte-
Champerret
75017 Paris
Tél. : 44 09 31 00

ESC PAU

Campus Universitaire
3, rue Saint-John Perse
64000 Pau
Tél. : 59 92 64 64

ESC POITIERS

11, rue de l'Ancienne
Comédie
BP 5
86001 Poitiers Cedex
Tél. : 49 60 58 00

ESC RENNES

2, rue Robert d'Abissel
BP
35065 Rennes Cedex
Tél. : 99 54 63 63

ESC SAINT-ETIENNE

21, rue d'Arcole
42000 Saint-Etienne
Tél. : 77 32 87 85

IECS

47, av. de la Forêt Noire
67000 Strasbourg
Tél. : 88 41 77 51

ESC TOULOUSE

20, boulevard Lascrosse
31068 Toulouse Cedex
Tél. : 61 29 49 49

ESC TOURS

1, rue Léo Delibes
BP 0535
37005 Tours
Tél. : 47 27 42 43

ESC TROYES

217, avenue Pierre
Brossolette
BP 710
10002 Troyes Cedex
Tél. : 25 71 22 22

ECRICOME ❖❖

ESC BORDEAUX

680, cours de la Libération
33450 Talence Cedex
Tél. : 56 84 55 55

ESC MARSEILLE-PROVENCE

Domaine de Luminy
Case 911
13288 Marseille Cedex 9
Tél. : 91 26 98 00

ICN

Pôle Lorrain de Gestion
13, rue Michel Ney
CO n° 75
54037 Nancy
Tél. : 83 39 64 39

ESC REIMS

59, rue Pierre Taittinger
BP 302
51061 Reims
Tél. : 26 08 06 04

ESC ROUEN

Boulevard André Siegfried
BP 188
76130 Mont Saint Aignan
Tél. : 32 82 74 00,

Concours ESLSCA-ISC ❖❖

ISC

22, bd du Fort de Vaux
75017 Paris
Tél. : 40 53 99 99

ESLSCA

1, rue Bougainville
75007 Paris
Tél. : 45 51 32 59

Concours INSEECom ❖❖

INSEEC Bordeaux

35, cours Xavier Arnozan
33000 Bordeaux
Tél. : 56 44 95 97

INSEEC Paris

31, quai de la Seine
75019 Paris
Tél. : 42 09 99 17

Concours indépendant ❖❖

ESCI

1, rue du port de valvin
77215 Avon-Fontainebleau
Cedexx
Tél. : 60 72 27 37

ESC COMPIÈGNE

6, avenue Thiers
60200 Compiègne
Tél. : 44 38 55 00

EDC

70, galerie des Damiers
La Défense 1
92400 Courbevoie
Tél. : 47 73 63 41

ISCID

129, avenue de la Mer
BP 69
59240 Dunkerque Cedex
Tél. : 28 29 29 28

HESTRAD

4, rue Nicolas Sicard
69005 Lyon
Tél. : 78 36 10 14

**ESC MEAUX
MARNE- LA VALLEE**

Parcd'activités de Pariest
2, rue de la maison rouge
Lognes
77322 Marne la Vallée Cx 2
Tél. : 60 06 31 74

ESG
25, rue Saint Ambroise
75011 Paris
Tél. : 43 55 44 44

ISG
8, rue de Lota
75116 Paris
Tél. : 45 53 60 00

IEA
49-51, rue de Ponthieu
75008 Paris
Tél. : 42 25 22 22

ENSADE
11, rue pradier
75019 PARIS
Tél. : 42 40 61 08

ESCO
17/21, rue du Tour de
l'eau
38400 Saint-Martin d'Hères
Tél. : 76 51 14 53

ESC TOULON
BP 261
ZI Toulon Est
83078 Toulon Cedex 09
Tél. : 94 22 81 00

❖❖
Concours ISEG

ISEG Bordeaux
23/25, rue des Augustins
33000 Bordeaux
Tél. : 56 91 33 02

ISEG Lille
6/8, boulevard Denis
Papin
59000 Lille
Tél. : 20 85 06 96

ISEG Lyon
27, rue de la Villette
69003 Lyon
Tél. : 72 33 23 57

ISEG Nantes
28, rue Armand Brossard
44000 Nantes
Tél. : 48 89 07 52

ISEG Paris
7-9, cité d'Hauteville
75010 Paris
Tél. : 42 46 41 40

ISEG Strasbourg
10, rue du Général
Castelnau
67000 Strasbourg
Tél. : 88 36 02 88

ISEG Toulouse
14, rue Claire Pauillac
31000 Toulouse
Tél. : 61 62 35 37

LISTE DES ÉCOLES AVEC PREPA

259

LISTE DES ÉCOLES BAC +3/4 RECRUTANT À PARTIR DU BACCALAURÉAT

❖

Voici une sélection des Ecoles de Commerce qui acceptent des étudiants avec le bac. Nous les avons classé par département.

Chacune comporte le niveau auquel elles recrutent et le type de diplôme auxquelles elles conduisent. Nous avons en outre distingué :

- les cinq établissements du concours Visa, dont le diplôme est visé par le ministère de l'Education nationale (ESSCA Angers et Marne-la-Vallée, IÉSEG Lille, IPAG Paris et Nice ;

- les écoles internationales de la banque d'épreuve S.E.S.A.M.E (Cesem Méditerranée Marseille, Cesem Reims, EBP France à Bordeaux , EPSCI à Cergy-Pontoise, ESCE à Paris, IFI à Rouen et SUP Europe à Caen) ;

- les Sup'TG qui ont une banque d'épreuves et une charte pédagogique communes et intègrent par concours ;

- les EGC qui sont des écoles niveau bac recrutant par le biais d'un concours d'entrée commun ;

- les écoles qui recrutent après le bac, donnant accès à un diplôme Bac + 3 et offrant souvent la possibilité de suivre une 4e année de spécialisation.

06

IDRAC Nice
Institut pour la Diffusion de la Recherche Active Commerciale de Nice
29, avenue de la Marne
06100 Nice
Tél. : 93 84 83 58
Bac + 4

ESICAD NICE SOPHIA ANTIPOLIS
Ecole Supérieure de Commerce de Gestion d'Informatique et de Publicité
Hibiscus Park
150, boulevard des Jardiniers
06200 Nice cedex
Tél. : 93 29 83 33
Bac + 4

EAI
Euro American Institute
694,· avenue du Docteur Donat
06251 Mougins
Tél. : 92 92 02 02
Bac+ 4

ESPEME NICE (GROUPE EDHEC)
393, promenade des Anglais
06200 Nice
Tél. : 93 18 99 66
Internationale

IPAG
4, boulevard Carabacel
06000 Nice
Tél. : 93 13 39 00
VISA

08

SUP'TG
18, avenue Georges Corneau
08106 Charleville-Mézières
Tél. : 24 56 62 61
Sup'TG

12

EGCI RODEZ
10, place de la Cité
12000 Rodez
Tél. : 65 77 77 00
EGC

13

ESARC Aix
Ecole Sup. d'Action et de Recherche Commerciales
3, rue Irma Moreau
13100 Aix-en-Provence
Tél. : 42 26 49 74
Bac + 3

ESDE
Ecole Supérieure des
Dirigeants d'Entreprise de
Marseille
25, cours Pierre Puget
13006 Marseille Cedex
Tél. : 91 55 05 48
Bac + 4

ESIG
24, traverse marcel Maridet
13012 Marseille
Tél. : 91 49 49 00
Bac + 4

IMADE
Ecole de Commerce
2, rue Jean Andréani
13084 Aix-en-Provence
Cedex 2
Tél. : 42 38 79 63
Bac + 4

CESEM MEDITERRANEE
Groupe EIA
Domaine de Luminy
Case 921
13288 Marseille Cedex 09
Tél. : 91 26 98 00
Internationale SESAME

■■■■■■■■■■■■■■■■ **14**

ESIG
avenue de Cambridge
14000 CAEN
Tél. : 31 44 12 39
Bac + 4

SUP EUROPE
Groupe ESC Normandie
Rue Claude Bloch
14000 Caen
Tél. : 31 47 40 20
Internationale SESAME

■■■■■■■■■■■■■■■■ **16**

EGC ANGOULEME
Ecole de Gestion et de
Commerce
Zone industrielle N° 3
16310 L'Isle d'Espagnac
Tél. : 45 69 17 00
EGC

■■■■■■■■■■■■■■■■ **17**

EPTG
Ecole Pratique de
Technologie et de Gestion
Avenue du Général de
Gaulle
17340 Chatelaillon Plage
Tél. : 46 56 23 11
Bac + 3

SUPGECO
École superieure de gestion
et de communication
102, rue de coureilles
17024 La Rochelle Cedex
Tél. : 46 51 77 00
Recrutement Bac + 2

■■■■■■■■■■■■■■■■ **18**

ESAE BOURGES
Ecole Supérieure
d'Administration des
Entreprises de Bourges
Route d'Issaudun
18000 Bourges
Tél. : 48 21 54 54
Bac + 4

■■■■■■■■■■■■■■■■ **19**

EGC BRIVE
Ecole de Gestion et de
Commerce
10, avenue du Maréchal
Leclerc
19100 Brive
Tél. : 55 74 32 32
EGC

■■■■■■■■■■■■■■■■ **20**

EGC BASTIA
Ecole de Gestion et de
Commerce
CCI
BP 223
20293 Bastia
Tél. : 95 31 16 45
EGC

■■■■■■■■■■■■■■■■ **26**

EGC VALENCE
Ecole Supérieure de
Management
52/74, rue Barthélémy de
Laffemas
26010 Valence
Tél. : 75 75 70 85
Bac + 3

■■■■■■■■■■■■■■■■ **28**

EGC CHARTRES
Centre de Formation
Avenue Marcel Proust
28000 Chartres
Tél. : 37 30 03 03
EGC

■■■■■■■■■■■■■■■■ **31**

ESIG
1, rue Camaran
31000 Toulouse
Tél. : 61 62 00 62
Bac + 3

ESARC Toulouse
Ecole Supérieure d'Action
et de Recherche
Commerciales
Campus International de
Bissy
Labège Innopole – Voie 4 –
BP 677
31319 Labège cedex
Tél. : 61 39 97 98
Bac + 3

CEFIRE Toulouse
Centre Européen de
Formation et
d'Inter-Recrutement des
Entreprises
Campus Intern. de Bissy
Labège Innopole
Voie 4 – BP 677
31319 Labège Cedex
Tél. : 61 39 97 98
Bac + 4

ESICAD TOULOUSE
Ecole Supérieure de
Commerce de Gestion
d'Informatique et de
Publicité
Eurocampus
Voie N° 4
BP 657
31319 Labège Innopole Cx
Tél. : 61 39 03 63
Bac + 4

EGCI TOULOUSE
Ecole de Gestion,
Commerce et Informatique
de Toulouse
7, boulevard Delacourtie
31400 Toulouse
Tél. : 61 52 61 73
EGC

LISTE DES FORMATIONS BAC + 3/4

EUA TOULOUSE
European University
Toulouse
10, rue des Arts
31000 Toulouse
Tél. : 61 33 01 01
Internationale

IEDN
20, boulevard Lascrosses
31068 Toulouse
Tél. : 61 29 49 88
Internationale

33

ESARC Bordeaux
Ecole Supérieure d'Action
et de Recherche
Commerciales
Campus International de
Bissy
83-97, avenue Bon Air
33700 Mérignac
Tél. : 56 47 29 20
Bac + 3

ECE Bordeaux
Ecole de Commerce
Européenne
91, quai des Chartrons
33000 Bordeaux
Tél. : 56 81 64 74
Bac + 4

ESIG
1, cours Xavier Arnozan
33000 Bordeaux
Tél. : 56 81 43 16
Bac + 4

EBP FRANCE
Groupe ESC Bordeaux
Domaine de Raba
680,cours de la libération
33405, Talence Cedex
Tél. : 56 84 55 60
Internationale SESAME

SUP'TG
Groupe ESC Bordeaux
680, cours de la Libération
33405 Talence cedex
Tél. : 56 80 70 50
Sup'TG

34

ESICAD MONTPELLIER
Ecole Supérieure de
Commerce de Gestion
d'Informatique et de
Publicité
Eurocampus - Parc
Euromédecine
1702, rue de Saint Priest
34097 Montpellier Cedex
Tél. : 67 61 16 16
Bac + 4

ACADEMIE MERCURE
Eurocampus
1702, rue de Saint-Priest
34097 Montpellier
Tél. : 67 61 16 16
Bac + 4

IDRAC Montpellier
Institut pour la Diffusion
de la Recherche Active
Commerciale de
Montpellier
Parc Euromédecine
499, rue de la Croix Verte
34196 Montpellier Cedex 5
Tél. : 67 52 04 66
Bac + 4

CEFIRE Montpellier
Centre Européen de
Formation et
d'Inter-Recrutement
des Entreprises
Campus International de
Bissy
Route de Ganges – BP 36
34981 Saint-Gély-du-Fesc
Tél. : 67 61 06 60
Bac + 4 (Recrutement Bac + 2)

35

ESIG
39, rue du Capitaine
Maignan
35000 Rennes
Tél. :
Bac + 4

WELLER RENNES
1, place du Maréchal Juin
35000 Rennes
Tél. : 99 30 33 66
Bac + 4

ESCIR
Ecole Supérieure
Internationales de Rennes
2, rue Robert d'Arbrissel
35000 Rennes
Tél. : 9933 23 51
Bac + 5

EGC BRETAGNE
Ecole de Gestion et de
Commerce
BP 6
35430 Châteauneuf-d'Ille-
et-Vilaine
Tél. : 99 81 91 70
EGC

37

ESIG
26, rue Henri Barbusse
37000 Tours
Tél. : 47 39 37 37
Bac + 4

38

ESARC Grenoble
Ecole Supérieure d'Action
et de Recherche
Commerciales
Campus International de
Bissy
15-17, rue du Tour de l'Eau
38400 Saint-Martin-
d'Hères
Tél. : 76 51 14 00
Bac + 3

**ESICAD GRENOBLE
EUROPOLE**
Ecole Supérieure de
Commerce de Gestion
d'Informatique et de
Publicité
27, rue Pierre Sémard
38000 Grenoble
Tél. : 76 70 34 56
Bac + 4

ESIG
19, avenue Félix Viallet
38000 Grenoble
Tél. : 76 87 00 36
Bac + 4

CEFIRE Grenoble
Centre Européen de
Formation et
d'Inter-Recrutement
des Entreprises

Campus International de
Bissy
15-17, rue du Tour de l'Eau
38400 Saint-Martin-
d'Hères
Tél. : 76 51 14 00
Bac + 4 (Recrutement Bac + 2)

ESA GRENOBLE
Ecole Supérieure des
Affaires
1, rue Voltaire
38000 Grenoble
Tél. : 76 44 34 57
Bac + 5 (Recrutement Bac + 2)

![41]
SUP'TG
6, rue Anne de Bretagne
41034 blois
Tél. : 54 57 25 15
Sup'TG

![42]
EGC SAINT-ETIENNE
Ecole de Gestion et de
Commerce
21, rue d'Arcole
42000 Saint-Etienne
Tél. : 77 32 87 85
EGC

![44]
ESIG
Acropole, 1, allée Baco
44000 Nantes
Tél. : 40 35 38 38
Bac + 4

ISEDE
Institut Supérieur
d'Enseignement à la
Direction des Entreprises
11, rue des Saumonières
44300 Nantes
Tél. : 40 29 38 14
Bac + 4

EGC NANTES – IPAC
Institut de Préparation à
l'Action Commerciale
4, rue Bisson
44000 Nantes
Tél. : 40 44 42 00
EGC

EGC SAINT-NAZAIRE
Ecole de Gestion et de
Commerce
BP 152
44603 Saint-Nazaire Cedex
Tél. : 40 90 50 60
EGC

![45]
ESIG
2, rue Girodet
45000 Orléans
Tél. : 38 53 12 20
Bac + 4

EGC ORLEANS
Ecole de Commerce
et de Gestion
BP 639
45016 Orléans Cedex 1
Tél. : 38 77 89 00
EGC

![49]
ESIAME
Ecole Supérieure pour
l'Innovation et l'Action
vers les Métiers de
l'Entreprise
Domaine Universitaire
3, rue de la Louisiane
49300 Cholet
Tél. : 41 65 71 15
Bac + 3

ESSCA
Ecole Supérieure des
Sciences Commerciales
d'Angers
1, rue Lakanal
BP 348
49003 Angers Cedex 01
Tél. : 41 73 47 47
VISA

![50]
EGC SAINT-LO
ICOM
Rue de l'Oratoire
50180 Agneaux Saint-Lô
Tél. : 33 05 09 41
EGC

![51]
SUP'ENTREPRISE
40, place des Arcades
51200 Epernay
Tél. : 26 51 05 51
Bac + 3

![51]
CESEM REIMS
Centre d'Etudes
Supérieures Européennes
de Management
59, rue Pierre Taittinger
BP 102
51061 Reims Cedex
Tél. : 26 08 06 04
Internationale SESAME

SUP'TG
120, avenue d'Epernay
BP 97
51054 Reims cedex
Tél. : 26 04 61 77
Sup'TG

![52]
SUP'TG
9/11, rue de la Maladière
52006 Chaumont Cedex
Tél. : 25 30 32 90
Sup'TG

![58]
EGC NEVERS - ICI
Ecole de Gestion et de
Commerce
15, bis rue du Dr Léveillé
58000 Nevers
Tél. : 86 60 55 69
EGC

![59]
IPRA
45, boulevard Leclerc
59100 Roubaix
Tél. : 20 73 10 18
Bac + 3

WELLER Lille
12, rue de Jemmapes
59800 Lille
Tél. : 20 06 30 22
Bac + 3

ESIG
41, rue d'Amiens
59000 Lille
Tél. : 20 30 06 80
Bac + 4

ESCT CAMBRAI
1461, avenue du cateau
BP 105
59402 Cambrai Cedex
Tél. : 27 81 22 26
Bac + 4

ESPEME Lille (Groupe EDHEC)
23, rue Delphin Petit
59046 Lille cedex
Tél. : 20 15 45 85
Internationale

IESEG
Institut d'Economie
Scientifique et de Gestion
3, rue de la Digue
59800 Lille
Tél. : 20 54 58 92
VISA

62

SUPTERCOM
Ecole Supérieure
d'Ingénierie Commerciale
1, rue de l'Abbé Hallouin
62008 Arras cedex
Tél. : 21 71 20 90
Bac + 3

ESCIP
Ecole Supérieure
de Commerce
du Pas-de-Calais
2, rue de l'Europe
62510 Arques
Tél. : 21 38 85 00
Bac + 4

63

ESIG
67,bd Cote Blatin
63000 Clermont-Ferrand
Tél. : 73 35 44 88
Bac + 4

64

EGC BAYONNE
50-51, allée Marines
64102 Bayonne
Tél. : 59 46 58 58
EGC

66

EGC PERPIGNAN
Ecole de Gestion et de
Commerce
Route de Thuire
BP 2013
66011 Perpignan
Tél. : 68 56 52 22
EGC

67

ESIAE Strasbourg
CIMES
15-17, rue des magasins
67000 Strasbourg
Tél. : 88 32 85 08
Bac + 4

ESIG
17, rue des Magasins
Cimes
67000 Strasbourg
Tél. : 88 37 59 02
Bac + 4

EPC-FAX
15 / 17, rue des magasins
67000 Strasbourg
Tél. : 88 32 85 08
Bac + 4

69

ISEM
87, rue de Sèze
69006 Lyon
Tél. : 78 24 88 39
Bac + 3

WELLER Lyon
133, grande rue de la
Guillotière
69007 Lyon
Tél. : 78 58 40 15
Bac + 3

3A
Ecole Internationale de
Commerce et de Gestion
3,chemin des cytises
69340 Francheville
Tél. : 78 34 51 60
Bac + 3

ECE Lyon
21, rue Alsace-Lorraine
69001 Lyon
Tél. : 78 29 80 28
Bac + 4

CEFAM
Centre d'Etudes Franco-
Américain du
Management
107, rue de Marseille
69007 Lyon
Tél. : 72 73 47 83
Bac + 4

ESIG
9, avenue Leclerc
69007 Lyon
Tél. : 72 71 51 81
Bac + 4

ABS
American Business School
24, avenue Joannes Masset
69009 Lyon
Tél. : 78 64 15 31
Bac + 4

IDRAC Lyon
Institut pour la Diffusion
de la Recherche Active
Commerciale de Lyon
20, rue du Général Dayan
69100 Villeurbanne
Tél. : 78 93 06 25
Bac + 4

ESIAE Lyon
119, bd de Stalingrad
69100 Villeurbanne
Tél. : 78 94 37 17
Bac + 4

70

EGC VESOUL
27, avenue Aristide Briand
70000 Vesoul
Tél. : 84 96 71 17
EGC

71

EGC CHALON-SUR-SAONE
Ecole de Gestion et de
Commerce
BP 218
71105 Chalon-sur-Saône
Tél. : 85 48 79 54
EGC

72

ESAE du Maine
7, avenue des Platanes
72100 Le Mans
Tél. : 43 72 87 12
Bac + 3

75

ISCT
Institut Supérieur de
Commerce et Télématique
8, place Vendôme
75001 Paris
Tél. : 42 96 24 16
Bac + 3

ISEEC
Institut Supérieur
Européen d'Economie et
de Commerce
19, rue de Jussieu
75005 Paris
Tél. : 44 08 11 11
Bac + 3

ACMP/ igefi
94, rue Saint-Lazare
75009 Paris
Tél. : 48 74 33 15
Bac + 3

ECOSEM
31, rue du Faubourg
Poissonniere
75009 Paris
Tél. : 40 22 04 30
Bac + 3

CENTRE CPSS TRUDAINE
39, avenue Trudaine
75009 Paris
Tél. : 49 70 61 94
Bac + 3

ISEM
16, boulevard Montmartre
75009 Paris
Tél. : 42 46 98 48
Bac + 3

ISEG
International Institut
Supérieur Européen de
Gestion et Affaires
Internationales
9, c ité d'hauteville
75010 Paris
Tél. : 42 46 41 40
Bac + 3

ESAM
Ecole Supérieure d'Assis-
tantes de Management
12, rue Alexandre Parodi
75010 Paris
Tél. : 40 03 15 20
Bac + 3

EPPREP
8 bis, rue de la fontaine-au-
roi
75011 Paris
Tél. : 48 05 11 88
Bac + 3

IEMI
Institut Européen de
Management International
37/39, rue Saint-Sébastien
75011 Paris
Tél. : 43 38 61 62
Bac + 3

ECCIP-CFTE
Ecole de la CCIP
3 , rue Armand-Moissant
75015 Paris
Tél. : 43 20 08 82
Bac + 3

ESARC Paris
Ecole Supérieure d'Action
et de Recherche
Commerciales
11, avenue Ferdinand
Buisson
75016 Paris
Tél. : 49 10 99 22
Bac + 3

EPEIGE
3, rue de Logelbach
75017 Paris
Tél. : 47 27 67 55
Bac + 3

ESACI
Ecole Supérieure Privée
d'Administration du
Commerce et de l'Industrie
3, sente des Dorées
75019 Paris
Tél. : 48 03 33 55
Bac + 3

ISEC
Institut Supérieur
d'Enseignement
Commercial
Tour Maine Montparnasse
33, avenue du Maine
BP 147
75759 Paris cedex 15
Tél. : 45 38 74 72
Bac + 3

NEGOCIA
Chambre de Commerce et
D'industrie de Paris
8, avenue de la Porte-
Champerret
75838 Paris
Tél. : 44 09 32 00
Bac + 3

ESVE
19, rue de Sébastopol
75001 Paris
Tél. : 40 26 26 24
Bac + 4

ESIG
28, rue des francs
Bourgeois
75001 PARIS
Tél. : 42 72 46 13
Bac + 4

ICS BÉGUÉ
Institut Commercial
Supérieur Privé Bégué
15, place de la République
75003 Paris
Tél. : 42 72 20 76
Bac + 4

MBA Institute
IMIP/MBA Institute
38, rue des Blancs
Manteaux
75004 Paris
Tél. : 42 78 95 45
Bac + 4

AUP
American University
of Paris
31, avenue Bosquet
75007 Paris
Tél. : 40 62 06 00
Bac + 4

ILERI
12, rue des Saints Pères
75007 Paris
Tél. : 42 96 51 48
Bac + 4

EMP
Ecole Marketing Publicité
61, rue Pierre Charron
75008 Paris
Tél. : 43 59 07 79
Bac + 4

GROUPE IPSA
71, rue du faubourg Saint-
Honoré
75008 Paris
Tél. : 42 66 40 70
Bac + 4

LISTE DES FORMATIONS BAC + 3/4

IGS
Institut de Gestion Sociale
25, rue François 1er
75008 Paris
Tél. : 47 23 72 94
Bac + 4

EST
62, rue de Miromesnil
75008 Paris
Tél. : 45 62 87 60
Bac + 4

GROUPE EAC
Groupement des écoles
d'art
13, rue de la Grange-
Batelière
75009 Paris
Tél. : 47 70 23 83
Bac + 4

ACE
Association des
Comptables - Société
d'Enseignement
82, rue Saint-Lazare
75009 Paris
Tél. : 48 74 34 64
Bac + 4

ENGDE
Ecole Nouvelle de Gestion
et de Droit des Entreprises
44 ,quai de Jemmapes
75010 Paris
Tél. : 42 38 60 60
Bac + 4

ICD
Institut International de
Commerce et Distribution
12, rue Alexandre Parodi
75010 Paris
Tél. : 40 03 15 30
Bac + 4

ESGC
25, rue Saint Ambroise
75011 Paris
Tél. : 43 55 44 44
Bac + 4

WELLER Paris
24, rue Léon Frot
75011 Paris
Tél. : 43 79 45 29
Bac + 4

IHEDREA
11, rue Ernest Lacoste
75012 Paris
Tél. : 46 28 38 96
Bac + 4

HEIG
13 / 15, avenue d'Italie
75013 Paris
Tél. : 44 24 98 98
Bac + 4

IFAM
Institut Franco Américain
de Management
19, rue Cépré
75015 Paris
Tél. : 47 34 38 23
Bac + 4

ESIAE Paris
Ecole Supérieure
Internationale
d'Administration
des Entreprises
63, boulevard Exelmans
75016 Paris
Tél. : 46 51 51 26
Bac + 4

ECSEL
65, rue du Théâtre
75017 Paris
Tél. : 45 77 11 61
Bac + 4

IDRAC Paris
Institut pour la Diffusion
de la Recherche Active
Commerciale de Paris
14, rue de la Chapelle
75018 Paris
Tél. : 42 05 83 19
Bac + 4

ESA   PARIS
Ecole Supérieure
d'Assurances
25, rue Pajol
75018 Paris
Tél. : 46 07 80 55
Bac + 4

EPR / DCF
13,rue de la Chapelle
75018 Paris
Tél. : 42 09 11 72
Bac + 4

IICP
2-12, rue Bellevue
75019 Paris
Tél. : 42 40 47 47
Bac + 4

ESA3
24, rue Hamelin
75116 Paris
Tél. : 47 04 95 22
Bac + 4

ESDE-SUP
Ecole Supérieure des
Dirigeants d'Entreprise
de Paris
15, avenue de la Grande
Armée
75116 Paris
Tél. : 40 67 99 00
Bac + 4

EDEP
Ecole de Direction
d'Entreprises de Paris
10, rue de la Madone
75018 Paris
Tél. : 45 84 93 16
Bac + 4

IFAG
Institut de Formation
Alternée à la Gestion
37, quai de Grenelle
75015 Paris Cedex 15
Tél. : 40 59 31 05
Bac + 4 (Recrutement Bac + 2)

EPEC
74, rue du Temple
75003 Paris
Tél. : 45 58 17 33
Bac + 5

**AMERICAN UNIVERSITY
OF PARIS**
31, avenue Bosquet
75007 Paris
Tél. : 45 51 36 03
Internationale

LIBS
65, rue du Théâtre
75015 Paris
Tél. : 45 77 11 61
Internationale

S.I.U
Schiller International
University
32, boulevard de
Vaugirard
75015 Paris
Tél. : 45 38 56 01
Internationale

NEGOCIA-ACI
Académie commerciale
Internationale
8, avenue de la Porte-
Champerret
75017 Paris
Tél. : 44 09 32 00
Internationale

EBS
27, boulevard Ney
75018 Paris
Tél. : 40 36 92 93
Internationale

ESCE
Ecole Supérieure de
Commerce Extérieur
63, rue Ampère
75017 Paris
Tél. : 42 27 99 37
Internationale SESAME

IPAG
Institut de Préparation
Administration et Gestion
184, boulevard Saint-
Germain
75006 Paris
Tél. : 42 22 08 55
VISA

════════════ **76**

ESIG
16, place Saint-Marc
76000 Rouen
Tél. : 35 70 00 50
Bac + 4

EGC ROUEN
Ecole de Gestion et de
Commerce ISPP
5, rue du Maréchal Juin
76134 Mont-Saint-Aignan
Tél. : 35 75 30 02
EGC

IFI
Institut de Formation
Internationale
Campus Consulaire
3, rue de Maréchal Juin
BP 213r
76136 Mont-Saint-Aignan
Tél. : 35 75 66 66
Internationale SESAME

════════════ **77**

SUP'TG
UTEC
Boulevard Olaf Palme
BP 24
77184 Emerainville
Tél. : 60 37 41 41
Sup'TG

ESSCA
12, boulevard de Lagny
Marne-la-Vallée
77600 Bussy-Saint-Georges
Tél. : 64 76 18 18
VISA

════════════ **78**

ESTC
Ecole Supérieur des
Techniques Commerciales
2, impasse du débarcadère
78000 Versailles
Tél. : 39 50 00 28
Bac + 4

ESTC ST QUENTIN
Ecole Supérieure des
Techniques Commerciales
centre commerciale
78885 Saint Quentin en
Yvelines
Tél. : 30 54 46 46
Bac + 4

════════════ **79**

SUP'TG NIORT
CCI des Deux-Sèvres
10, place du Temple
79009 Niort
Tél. : 49 28 79 66
Sup'TG

════════════ **80**

ISAM
18, place Saint-Michel
80038 Amiens Cedex
Tél. : 22 82 23 00
Bac + 3

════════════ **81**

EGC AVIGNON
Ecole de Gestion et de
Commerce
Chemin des Amandiers
BP 660
81032 Avignon
Tél. : 90 87 40 40
EGC

════════════ **82**

EGC MONTAUBAN
Ecole de Gestion et de
Commerce
61, avenue Gambetta
82000 Montauban Cedex
Tél. : 63 21 71 00
EGC

════════════ **83**

ESIAE Hyères
359, rue Saint Joseph
83400 Hyères
Tél. : 94 91 25 02
Bac + 4

════════════ **86**

ESIG
27, boulevard Solférino
86000 Poitiers
Tél. : 49 37 25 25
Bac + 4

════════════ **88**

EGC SAINT-DIE
Ecole de Gestion et de
Commerce
ECOGE
2, place Jules Ferry
88100 Saint-Dié
Tél. : 29 56 32 48
EGC

════════════ **91**

EITC
24, avenue de Sénart
91230 Montgeron
Tél. : 69 03 52 99
Bac + 4

EGC EVRY
Ecole de Gestion et de
Commerce
2, cours Monseigneur
Roméro
91004 Evry
Tél. : 60 91 65 00
EGC

LISTE DES FORMATIONS BAC + 3/4

ABS
Américan Business School
120, rue Danton
92303 Levallois Perret
cedex
Tél. : 47 59 90 43
Bac + 3

CESMI
93, avenue François Arago
92000 Nanterre-La Défense
Tél. : 46 95 10 00
Bac + 4

ISTEC
102, rue du Point du Jour
92100 Boulogne-
Billancourt
Tél. : 46 21 41 23
Bac + 4

EUROPEAN UNIVERSITY
137, avenue Jean Jaurès
92140 Clamart
Tél. : 46 44 39 39
Bac + 5

ISMAG
Institut Supérieur de
Marketing et de Gestion à
Vocation Internationale
9/11, rue Georges Enesco
94008 Créteil
Tél. : 49 80 36 45
Internationale

COMPTASUP MARKETING
1, avenue de la division-
Leclerc
95350 Saint-Brice-sous-
Fôret
Tél. : 34 19 56 99
Bac + 3

ISMV
Institut Supérieur de
Marketing Vente
Centre des Trois Fontaines
rez de terrasse
Porte B
BP1040
95003 Cergy-Pontoise
cedex
Tél. : 33 38 14 07
Bac + 4

EIAM Noisy-sur-Oise
45, rue de Beaumont
95270 Noisy-sur-Oise
Tél. : 30 34 59 33
Bac + 4

ESCG
Ecole Supérieure de
Comptabilité et de Gestion
6, avenue du Maréchal-
Foch
95500 Gonesse
Tél. : 39 85 52 33
Bac + 4

EPSCI
Ecole des Praticiens du
Commerce International
Avenue Bernard Hirsch
95021 Cergy-Pontoise
Cedex
Tél. : 34 43 30 00
Internationale SESAME

**EGC DE FORT DE FRANCE
(EIAM)**
30,route de l'Union
97200 Fort de France
Tél. : 596 64 58 63
EGC

**EGC SAINT-DENIS -
DE-LA-REUNION**
13, rue Pasteur
97400 Saint-Denis de la
Réunion
Tél. : 262 41 44 44
EGC

EGC NOUMEA
Ecole de Gestion et de
Commerce
Avenue du Gén. Mangin
BP 10
Nouméa -
Nouvelle Calédonie
Tél. : 687 27 25 51
EGC

REMERCIEMENTS

La réalisation d'un tel ouvrage ne pourrait être menée à bien sans l'aide d'un grand nombre de personnes. Nous aurions voulu n'oublier personne. Craignant que ce ne soit pas possible, à l'heure où nous bouclons le guide, nous adressons ici à ceux que nous ne nommons pas dans la liste ci-dessous nos plus vifs remerciements en même temps que nos excuses. Un grand merci, donc, à :

Elisabeth Baudy, Fédération Française des sociétés d'Assurances

Martine Bigot, FNSAGA

Philippe Cavoit, assureur

Olivier de Champris

Jean-Louis David, secrétaire général de l'AFDCC

Benoit Gambert, Schweppes France, Levallois

Stéphanie Garnier, Darty, Bondy

Gérald Massenet, responsable de projets internationaux, Crédit Lyonnais,

Yves Ollier, expert comptable

Philippe Sabatier, Gan, Paris

Jacques Vergnaud, EDF

l'APEC pour sa documentation

l'Assocation des Trésoriers d'Entreprise

l'Association Française des Crédit-manager, l'AFDCC

**LE GUIDE RÉUSSIR LES MÉTIERS
APRÈS LES ÉCOLES DE COMMERCE**

est une publication

ESPACE ÉTUDES ÉDITIONS,
un département du magazine Espace Prépas

Création
Didier Visbecq

Conception, maquette et réalisation
B&C
Poy Kow Ung

Achevé d'imprimer sur les presses
de l'imprimerie IBP
à Fleury Essonne 91
Tél. : (1) 69.43.16.16
Dépot légal : Janvier 1995

ISBN n° 2-906938-12-2
n° d'imprimeur : 6189

BON DE COMMANDE

**Coupon à renvoyer (avec chèque de règlement) à Espace Prépas
28, rue de La Trémoille – 75008 Paris – Tél. : 42 93 21 46**

❖ **Je commande le(s) ouvrage(s) suivant(s) :**

❑ **Le GUIDE Réussir les écoles de commerce** (200 pages)
   au prix de 59 francs (+ 15 F. de frais de port)

❑ **Les Annales H.E.C. et ISC/ESLSCA 94** (400 pages)
   au prix de 120 francs (frais de port offert)

❑ **Les annales S.E.S.A.M.E. 94** (184 pages)
   au prix de 37 francs (+15 francs de frais de port)

❑ **Les annales VISA 94** (160 pages)
   au prix de 37 francs (+15 francs de frais de port)

❑ **L'Entretien, Mode d'emploi** (144 pages)
   au prix de 68 francs (frais de port offert)

❑ **Je m'abonne à la Revue Espace Prépas** (nos 43-44-45-46-47-48)
   Les 6 numéros de l'année prépa 94/95 au prix de 120 francs

❖ **Je désire également profiter de l'offre spéciale :**

❑ **Les Annales S.E.S.A.M.E 93** (192 pages)
   35 F + 15 francs de frais de port

❑ **Les Annales H.E.C. et ISC-ESLSCA 93** (400 pages)
   au prix de 90 francs (frais de port offert) - au lieu de 120 F

❑ **Les Annales H.E.C. 92** (270 pages)
   au prix de 90 francs (frais de port offert) – au lieu de 120 F

Nom : ....

Adresse : ....

....

Code Postal : .... Ville : ....

❖ **Je joins un chèque global de :** ....

   Chèque bancaire ❑   Chèque Postal ❑